Literatur in Osteuropa
Russland und Polen

Akademie Studienbücher

Literaturwissenschaft

Herausgegeben von
Iwan-Michelangelo D'Aprile

Christa Ebert

Literatur in Osteuropa

Russland und Polen

Akademie Verlag

Die Autorin:
Prof. Dr. Christa Ebert, Jg. 1947, Professorin für Literaturwissenschaft/osteuropäische Literaturen an der Europa-Universität Viadrina Frankfurt/Oder

Bibliografische Information der Deutschen Nationalbibliothek
Die Deutsche Nationalbibliothek verzeichnet diese Publikation in der Deutschen Nationalbibliografie; detaillierte bibliografische Daten sind im Internet über http://dnb.d-nb.de abrufbar.

ISBN 978-3-05-004537-5
© Akademie Verlag GmbH, Berlin 2010

www.akademie-studienbuch.de
www.akademie-verlag.de

Das eingesetzte Papier ist alterungsbeständig nach DIN/ISO 9706.
Alle Rechte, insbesondere die der Übersetzung in andere Sprachen, vorbehalten. Kein Teil dieses Buches darf ohne schriftliche Genehmigung des Verlages in irgendeiner Form – durch Fotokopie, Mikroverfilmung oder irgendein anderes Verfahren – reproduziert oder in eine von Maschinen, insbesondere von Datenverarbeitungsmaschinen, verwendbare Sprache übertragen oder übersetzt werden.

Einband- und Innenlayout: milchhof : atelier, Hans Baltzer Berlin
Einbandgestaltung: Kerstin Protz, Berlin, unter Verwendung des Gemäldes
  Leo Tolstoj (1900) von Michail Wassiljewitsch Nesterow. Staatliches Russisches Museum, St. Petersburg. akg-images.
Satz: Druckhaus „Thomas Müntzer" GmbH, Bad Langensalza
Druck und Bindung: CS-Druck CornelsenStürtz GmbH, Berlin

Printed in Germany

Literatur in Osteuropa
Russland und Polen

1	**„Osteuropa" als Forschungsthema**	9
1.1	Mental mapping – Zum Begriff „Osteuropa"	11
1.2	Binnendifferenzierungen	13
1.3	Slawistik – gestern und heute	16
1.4	Methodische Schlussfolgerungen	19
2	**Sprachentwicklung und Kulturtransfer**	25
2.1	Sprache – Religion – Literatur	27
2.2	Epochenproblematik	32
2.3	Aspekte der Literaturrezeption	36
3	**Macht und Ohnmacht der Literatur**	41
3.1	Literatur und Nation in Polen	43
3.2	Literatur und Staat in Russland	45
3.3	Von der Adelskultur zur Intelligenzia	48
3.4	Die Verstaatlichung der Literatur	51
4	**Lichter der Aufklärung**	57
4.1	Aufklärung von oben	59
4.2	Druckereiwesen und Verlage	63
4.3	Ambivalente Lichtmetaphorik in Russland	66
5	**Zwei Dichterfürsten: Puschkin und Mickiewicz**	73
5.1	Romantik in Osteuropa	75
5.2	Der Byronische Held in Kunst und Leben	76
5.3	Puschkins Antwort auf Byron: *Eugen Onegin*	80
5.4	Kontroverse Russlandbilder	83
6	**Nationale Mythen**	89
6.1	Warum Litauen? – Mickiewiczs *Pan Tadeusz*	91
6.2	Ukraine als „Grenzland" – Gogols *Taras Bulba*	94
6.3	Messianismus und Slawophilie	98
7	**Orientalismus im Osten?**	103
7.1	Orientalisches in Osteuropa	105
7.2	Krim-Visionen	107
7.3	Die literarische Eroberung des Kaukasus	111

INHALT

8 Gesellschaftsbilder im realistischen Roman — 117
8.1 Realismus in Russland und Polen — 119
8.2 Iwan Turgenjew: *Väter und Söhne* — 122
8.3 Bolesław Prus: *Die Puppe* — 125

9 Stadt versus Land — 131
9.1 Dostojewskis düsteres Petersburg — 133
9.2 Reymonts *Gelobtes Land* — 136
9.3 Tolstois patriarchalische Idylle: *Anna Karenina* — 138
9.4 Reymonts *Bauern*-Epos — 141

10 Theater als Forum der Moderne — 147
10.1 Facetten der Moderne in Russland und Polen — 149
10.2 Wyspiańskis symbolistisches Drama — 152
10.3 Tschechows Erneuerung des Theaters — 156

11 Subversive Prosa — 163
11.1 Literatur als Wortkunst — 165
11.2 Platonow und Bulgakow — 167
11.3 Witkacy und Gombrowicz — 172

12 Lyrik als authentisches Sprechen — 179
12.1 Lyrik im 20. Jahrhundert — 181
12.2 Mandelstam und Achmatowa — 182
12.3 Różewicz und Herbert — 189

13 Feminismus ohne Feminismus — 197
13.1 Genderdiskurs in Osteuropa — 199
13.2 Frauenliteratur in Russland und Polen — 200
13.3 „Mütter" bei Petruschewskaja und Ulizkaja — 202
13.4 „Mütter" bei Tokarczuk und Gretkowska — 206

14 Kultur im Umbruch – Literatur im Aufbruch? — 211
14.1 Paradigmawechsel — 213
14.2 Die postsowjetische Postmoderne — 216
14.3 Die neue Lust am Fabulieren — 219

15 Serviceteil — 225
15.1 Allgemeine bibliografische Hilfsmittel — 225
15.2 Zeitschriften und Periodika — 228
15.3 Internetportale — 231
15.4 Osteuropastudiengänge — 232

16	**Anhang**	233
16.1	Zitierte Literatur	233
16.2	Abbildungsverzeichnis	243
16.3	Personenverzeichnis	244
16.4	Glossar	248

1 „Osteuropa" als Forschungsthema

Abbildung 1: Carte Générale: la France et l'Empire, la Pologne et la Russie (Allgemeine Karte: Frankreich und das (Heilige) Römische Reich, Polen und Russland), Frontispiz (1768)

Die Europakarte, die einer Reisebeschreibung nach Sibirien („Voyage en Sibérie" von Chappe d'Auteroche) aus dem Jahre 1768 entnommen wurde, verzeichnet in ihrem oberen Teil eine Reiseroute, die den Kontinent Europa vom westlichen Punkt England bis weit in den Norden und Osten ins russische Jekaterinburg und Tobolsk durchkreuzt. Diese Wegmarkierung von Westen nach Osten wird mit einer allegorischen Ausdeutung Europas verbunden: Den Westen, bis weit in die Mitte hinein, besetzen die in prunkvolle göttliche Gewänder gehüllten Figuren Frankreich und Heiliges Römisches Reich, den Osten – an den Rand gedrängt, doch mit sehnsuchtsvoll gen Westen gerichteten Blicken – das bodenständige, naturverhaftete Polen und das noch jugendliche Russland. Die Körperhaltungen lassen keine Zweifel aufkommen, wer den Kontinent beherrscht und wo seine Grenzen verlaufen: Das Licht fällt hell auf die westlichen Göttinnen, streift am Rande das jungfräuliche Russland und markiert damit zwei deutliche Pole: den Westen als Ort der Kultur und Zivilisation, den Osten als noch im Stadium der Entwicklung befindliches Naturwesen. Dazwischen steht Polen, ärmlich zwar, aber bereits aufgerichtet, stolz und militant, dem Westen näher, dennoch aber deutlich von ihm getrennt und auf Abstand gehalten.

Diese symbolische Landkarte Europas enthält die wesentlichen Elemente einer mentalen Topografie, die bis in unsere Tage die Diskussion um Position und Bedeutung Osteuropas bestimmt. Der Fall des Eisernen Vorhangs, die Prozesse der Globalisierung und der europäischen Integration haben diese Diskussion neu auf die Agenda gesetzt, ihre zentralen Fragen sind bisher allerdings nicht gelöst. Eine Neukonstituierung von Osteuropastudien ist ebenso unerlässlich wie eine Neukonstituierung der traditionellen Philologie. Literaturgeschichte kann ein Medium sein, das beide Bereiche verbindet:

Ein Überblick über die Gegenstände und Diskursfelder beider Disziplinen soll in die Osteuropa-Problematik einführen und methodische Ansätze für heute daraus ableiten.

1.1 **Mental mapping – Zum Begriff „Osteuropa"**
1.2 **Binnendifferenzierungen**
1.3 **Slawistik – gestern und heute**
1.4 **Methodische Schlussfolgerungen**

1.1 Mental mapping – Zum Begriff „Osteuropa"

Um den Begriff Osteuropa sinnvoll zu gebrauchen, ist es notwendig sich klarzumachen, dass es sich um ein ideelles Konstrukt handelt, das eine lange Geschichte durchlaufen hat.

Die Entstehung des Osteuropabegriffs zeigt bereits, dass es nicht einfach um eine neutrale geografische Raumkategorie geht, die keinem Zweifel unterliegt, da Himmelsrichtungen ohnehin feststehen. Der Osteuropahistoriker Hans Lemberg weist darauf hin, dass Autoren des 18. Jahrhunderts Russland und Polen häufig nicht zum Osten, sondern zum Norden Europas zählten und dass diese Betrachtungsweise bis ins 19. Jahrhundert hinein Gültigkeit behielt. In der deutschen Dichtung der Freiheitskriege (1813–15) wird der Retter in Gestalt der russischen Truppen aus dem Norden erwartet; Theodor Körner singt etwa: „Frisch auf, mein Volk, die Flammenzeichen rauchen,/ Hell aus dem Norden bricht der Freiheit Licht ..." (Körner 1813 in: Lemberg 1985, S. 53). In wissenschaftlichen Bibliotheken des 19. Jahrhunderts rangierten Russland und Polen demzufolge häufig unter der Rubrik „Scandinavia". Lemberg stellt die Frage „Seit wann liegt Russland im Osten?" und führt damit zum Kern des modernen Osteuropabegriffs, denn die Beweggründe, die die Verschiebung Russlands vom Norden in den Osten verursacht haben, sind konzeptioneller und nicht geografischer Art.

<small>Russland im Norden</small>

Die neuere Forschung sieht die Wurzel der mentalen Nord-Süd-Vorstellung in der Tradition des antiken Weltbildes, das den Norden als Heimat der unzivilisierten Völker, der Barbaren, vom zivilisierten Süden abgrenzte – eine Vorstellung, die zwar nicht ungebrochen wirkte, die aber im Zeitalter der Renaissance und des Humanismus wieder auflebte (vgl. Lemberg 1985, S. 58f.).

<small>Antikes Weltbild als Muster</small>

Im 19. Jahrhundert habe sich „die Windrose" der Zweiteilung Europas in eine zivilisierte und eine unzivilisierte Hälfte von der Nord-Süd-Achse in Richtung Ost-West-Achse gedreht (Lemberg 1985, S. 80). Die Verschiebung Russlands und auch Polens (das nunmehr teilweise zum Russischen Imperium gehörte) von Nordeuropa nach Osteuropa habe sich dann hauptsächlich zwischen den Napoleonischen Kriegen und dem Krim-Krieg 1854/55 vollzogen. Der amerikanische Historiker Larry Wolff, der besonders Texte englischer und französischer Ost-Reisender auswertete, stellt diese Richtungs-Drehung bereits zum Ende des 18. Jahrhunderts im Diskurs der Aufklärung fest (vgl. Wolff 1994).

<small>Entstehung des Begriffs Osteuropa im 19. Jahrhundert</small>

Als eine Ursache für die mentale Verschiebung Russlands und Polens vom Norden in den Osten wird von den Historikern übereinstimmend die zunehmend positive Konnotierung von Nordeuropa im Zuge der Weiterentwicklung der Philologie gesehen: Die „Nordistik" wurde als Teil der Germanistik etabliert, der Norden wurde nun mit Skandinavien assoziiert. Gleichzeitig bildete sich die Slawistik als Philologie heraus, die sich nicht auf geopolitische Zugehörigkeiten, sondern auf sprachlich-kulturelle Gemeinsamkeiten gründet.

Entstehung von Nordistik und Slawistik

Eine wichtige Rolle für die Ostverschiebung Russlands und Polens spielte außerdem die Entdeckung des Orients als Forschungsfeld und Imaginationsraum, die im 18. und frühen 19. Jahrhundert begann. Die Welle der Orientbegeisterung, die sich nach Napoleons Ägyptenfeldzug von Frankreich aus über ganz Europa ergoss, blieb nicht ohne Folgen für die Betrachtung des Ostens in Europa.

Entdeckung des Orients

Die Romantik entdeckte den Orient als eine geheimnisvolle terra inkognita. Zugleich war seit jeher – und zusätzlich genährt durch die aggressive Eroberungspolitik des Osmanischen Reichs – der Begriff „Orient" mit Bedrohung, Gewalt, Despotie assoziiert. Orient war das Fremde, das andere von Europa – Asien. Die Geschichtsphilosophie der Romantik entwarf eine welthistorische Ost-West-Dichotomie, die sich auf den klassischen kulturellen Gegensatz zwischen Okzident und Orient berief. Als nun die slawische Welt dem Osten zugeordnet wurde, entstand eine Ambivalenz des Begriffs, die die Geschichte der Osteuropaforschung fortan begleitete. Osteuropa konnte jetzt, je nach politischer Interessenlage, dem (asiatischen) „Orient" oder dem eigenen (europäischen) Okzident zugeschlagen werden.

Osteuropa als Orient?

Was bedeutete das für die Selbstwahrnehmung der beiden Länder? Russland hatte die nordische Metaphorik lange Zeit für sich akzeptiert. Das wird z. B. ersichtlich in der Beschreibung der neuen, 1703 gegründeten Hauptstadt Petersburg als „Palmyra des Nordens" oder an den Namen der etwa 25 Zeitungen und Zeitschriften, die zwischen 1804 und 1917 in Moskau und Petersburg erschienen und die z. B. *Nördlicher Bote* oder *Polarstern* hießen. Zugleich rückte mit dem Europäisierungsprojekt Peters des Großen der Begriff des „Westens" als positiver Wert, als das nachzuahmende Vorbild in den Mittelpunkt politischer und kulturphilosophischer Überlegungen. Die geografische Vermessung Russlands, die ebenfalls zu dieser Zeit erfolgte, legte die Grenzen zu Asien fest. Auch wenn der Grenzverlauf mehrmals geändert wurde, blieb als unumstößliche Tatsache: Russland besteht aus einem europäischen und einem asiatischen Teil. Der Blick der politischen und kulturellen Eliten richtete sich jedoch gen Westen, und der geistesgeschichtliche Diskurs konzentrierte sich seit dem 18. Jahrhundert auf die Frage: Gehört Russland zum Westen

Russland zwischen Westen und Osten

oder stellt es aufgrund seiner Zwischenlage eine eigenständige kulturelle Einheit dar? Eine Selbstzuordnung Russlands zum Osten fand – mit wenigen Ausnahmen, etwa im Eurasismuskonzept, das an der Wende vom 19. zum 20. Jahrhundert entstand – dagegen nicht statt.

Mit Polen verhält sich die Sache komplizierter und einfacher zugleich: Politisch seit dem 18. Jahrhundert zersplittert und insgesamt drei Großreichen zugehörig (Russland, Habsburger Reich, Deutsches Kaiserreich), blieb das kulturelle Selbstbewusstsein seiner Bewohner ein ungebrochen europäisches. Der „Westen" wurde nicht als Pendant betrachtet, da man sich selbst dem Westen zugehörig fühlte. Erst mit der Errichtung und dem Fall des Eisernen Vorhangs gewann die Ost-West-Rhetorik auch in Polen eine politisch und mental konnotierte Bedeutung.

Polens Selbstverortung in Europa

1.2 Binnendifferenzierungen

Welche Konsequenzen ergeben sich daraus für eine moderne Osteuropaforschung? Gibt es Argumente, die es erlauben, Osteuropa jenseits der begrifflichen Imagination als eine Einheit zu betrachten?

Den Versuch einer umfassenden geokulturellen Vermessung Osteuropas legt der Berliner Slawist Siegfried Tornow vor, der in seinem Handbuch *Was ist Osteuropa?* die historische Realität Osteuropas gegen die „postmoderne Kulturologie" verteidigt. Für ihn ist Osteuropa keine „geistige Landkarte, sondern das Europa der Leibeigenschaft" (Tornow 2005, S. 13). Hinzu kommen weitere Binnendifferenzierungen innerhalb Osteuropas, die durch die christliche Missionierung aus Rom und Byzanz entstanden sind; sie haben den östlichen Teil des Kontinents im 10. Jahrhundert noch einmal in das katholische Ostmitteleuropa und das orthodoxe Europa zweigeteilt (vgl. Tornow 2005, S. 13). Unter Berücksichtigung struktureller (gesellschaftlicher, politischer) Faktoren einerseits und kultureller (religiöser, sprachlicher) Faktoren andererseits sieht Tornow seit dem Zeitalter von Reformation und Humanismus Osteuropa in vier Bereiche unterteilt: Südliches Ostmitteleuropa, Nördliches Ostmitteleuropa, Nordosteuropa und Südosteuropa. Das entspricht etwa der von dem Osteuropahistoriker Klaus Zernack vorgeschlagenen Klassifizierung, der allerdings Russland und Ostmitteleuropa als jeweils eigene Regionen behandelt (vgl. Zernack 1977, S. 32).

Osteuropa als historisches Faktum

Strukturelle und konzeptionelle Aspekte

Als ein strukturelles Merkmal für ganz Osteuropa erscheint bei Tornow der Rückstand im Prozess der Modernisierung. Die methodische Konsequenz eines solchen Herangehens ist, dass die Zivilisation des Westens als die Norm angesehen und Osteuropa vor allem durch die Abweichungen von dieser Norm beschrieben wird.

Der Osteuropahistoriker Manfred Hildermeier wiederum warnt vor einem normativen Europabegriff in der Forschung. Er betrachtet sowohl Europa als auch Osteuropa weniger als eine historisch unumstößliche Tatsache, sondern vielmehr als einen wissenschaftlichen und machtpolitischen Diskursraum, in dem sich Argumente und Gegenargumente kreuzen und in dem unterschiedliche Perspektiven eingenommen werden können. Das zeigt sich an der wechselnden Prioritätensetzung der deutschen Geschichtswissenschaft:

> Osteuropa als Diskursraum

In der osteuropäischen Geschichtswissenschaft galt Russland seit der Wende zum 20. Jahrhundert unumstößlich als Repräsentant Osteuropas, zumal das Russische Reich mit seinem polnischen Teilgebiet bis an das Deutsche Kaiserreich heranreichte. Fragen der Abgrenzung und Begründung des osteuropäischen Raums standen in „auffälliger Korrespondenz zu Veränderungen der politischen Landkarte und des ‚Zeitgeistes'" (Hildermeier 2006, S. 1).

> Dominanz der Russlandforschung

Im Zuge des Ersten Weltkrieges wurde nicht nur die staatliche Souveränität Polens wiederhergestellt, sondern aus der Erbmasse der österreichisch-ungarischen Doppelmonarchie eine ganze Region politisch neu geformt: Ostmitteleuropa. Daran knüpfte sich die bis heute währende Debatte, ob diese Region nun „Osteuropa" zuzuschlagen sei oder dem Westen. Es ist eher eine ideologische Diskussion, denn der „Westen lag dabei immer in ‚Europa', der Osten, für diejenigen, die nicht dazugehören wollten, außerhalb" (Hildermeier 2006, S. 2). Dem stand eine andere Tendenz gegenüber, nämlich die Besonderheit und Selbstständigkeit Ostmitteleuropas seit dem frühen Mittelalter zu belegen: Den drei Kernstaaten Polen, der Tschechoslowakei und Ungarn wurde eine eigene historische Tradition zugesprochen, die im 18. und 19. Jahrhundert durch russische Hegemonie überlagert, nicht aber zerstört worden sei. Eine ähnliche Diskussion flammte in der Mitte der 1980er-Jahre auf, als mit dem Zusammenbruch des Ostblocks die geistig-kulturelle Identität der ostmitteleuropäischen Länder neu zur Disposition stand.

> Diskurs über Ostmitteleuropa

Gerade für die Zwischen- und Grenzsituation Ostmitteleuropas bieten sich unterschiedliche Beschreibungsmuster an. Die Argumente, die für eine eigenständige Ostmitteleuroparegion vorgebracht worden sind, lauten:

> Argumente pro

- Durch die Ostkolonialisation der Siedlungsgebiete der Westslawen entstand die Region der Germania Slavica, die sich durch eine Ge-

mengelage von Volksgruppen, Nationen, Sprachen, Konfessionen auszeichnet.
- Mit den Siedlern wanderten westliche Rechtsinstitutionen samt sozialer und wirtschaftlicher Organisationen Richtung Osten.
- Die Zugehörigkeit zum Katholizismus brachte Polen, Ungarn und Böhmen in einen Gegensatz zu Russland.
- Der Adel verfügte gegenüber der monarchistischen Zentralgewalt über politischen Einfluss und politische Rechte.

Dem stehen ebenso gewichtige Gegenargumente gegenüber, die die Nähe zum russischen Osteuropa bekräftigen:

<small>Argumente contra</small>

- Der gemeinsamen Agrarverfassung wegen war Osteuropa bis zum Ural von Leibeigenschaft geprägt.
- Das Gewicht der Städte war gering, das Bürgertum als soziale Schicht und ökonomischer Wachstumsfaktor wenig entwickelt.
- Die Industrialisierung erfolgte später als in Westeuropa.
- Die Existenz von Vielvölkerreichen währte länger als in Westeuropa.

Die Binnendifferenzierung in Osteuropa kann also auf verschiedenen Ebenen vorgenommen werden und führt dann zu unterschiedlichen Graden der Übereinstimmung: Während die sozialen Bedingungen (Agrargesellschaft, Leibeigenschaft) sich gleichen, gibt es nicht nur Unterschiede in den konfessionellen Zugehörigkeiten, sondern auch in den politischen Systemen: Autokratie in Russland und Wahlkönigtum in Polen. Auch die kulturellen Orientierungen unterschieden sich: am lateinischen Westen in der Slavia latina und am griechischen Osten in der Slavia orthodoxa. Hildermeier plädiert für einen unvoreingenommenen Vergleich, „der ohne vorgängiges Verständnis von Europa und seinen normativen Inhalten auskommt" und der „seine Einheiten nicht nach Staatsgrenzen" wählt (Hildermeier 2006, S. 5).

<small>Ebenen der Binnendifferenzierung</small>

Bei der Beschreibung der osteuropäischen Regionen hilft nicht nur der Vergleich, sondern es muss auch die Beziehungs- und Transfergeschichte betrachtet werden, die in jedem Einzelfall neu zu (re-)konstruieren ist. Dann erst wird deutlich, ob und in welcher Weise die „Geschichten" der betroffenen Regionen miteinander verbunden sind. Dies gilt für Russland und Polen, Deutschland und Polen oder Deutschland und Böhmen/Tschechien. Für solche Verschränkungen werden in der neueren Geschichtswissenschaft Konzepte der „geteilten Geschichte" (*histoire croisée* oder *entangled history*) vorgeschlagen (→ ASB BUDDE/FREIST/GÜNTHER-ARNDT, KAPITEL 9). Diese Konzepte sind angesichts der zunehmenden internationalen Integrations- und Austauschprozesse in der Tat wegweisend, um „aus der Osteuropäischen Geschichte (wechselnder, jeweils zu ‚konstruierender' Demarka-

<small>Entangled history</small>

tion) die Geschichte des östlichen Europas" werden zu lassen (Hildermeier 2006, S. 6). Hier bieten sich Anknüpfungspunkte für eine zeitgemäße Betrachtung der Literaturgeschichte Osteuropas, die sich zwar im nationalen Rahmen konstituiert, aber keineswegs auf ihn beschränkt bleibt.

1.3 Slawistik – gestern und heute

Gegenstand der Slawistik

Die sich im 19. Jahrhundert konstituierende Slawistik folgt einem anderen Muster und hat einen anderen Gegenstand als die Osteuropaforschung: Betrachtet wird hier weniger der geopolitische Raum Osteuropa als vielmehr der sprachlich kulturelle Raum der slawischen Welt.

Inspiriert durch die Romantik und insbesondere durch die von Johann Gottfried Herder in den *Ideen der Philosophie der Geschichte der Menschheit* (1784–91) zum Ausdruck gebrachte Wertschätzung der Slawen (vgl. Tornow 2005, S. 413f.) wurden sowohl die slawische Kultur als auch der Orient als Topoi des Fremden und faszinierende Quellen der Imagination entdeckt. Gleichzeitig wurde ihre kulturelle Rückständigkeit festgestellt. Den Grund für diese Rückständigkeit sah Herder darin, dass die slawischen Völker „entfernter von den Römern lebten" (Herder 1974, S. 667).

Slawistische Philologie

Existierten bis dahin die germanische und die romanische Philologie sowie die Altertumswissenschaft, so erfolgte nun eine Erweiterung und Differenzierung der philologischen Fächer. Die slawische Welt wurde aufgrund der gemeinsamen Sprachfamilie als einheitlicher Raum betrachtet, der zwar intern gegliedert war, aber innerhalb Europas dem germanischen oder romanischen Raum als Ganzes entgegengestellt wurde. Die Slawistik gestern und heute widmet sich der Erforschung der slawischen Sprachen, Literaturen und Kulturen, wobei sie den Akzent einerseits auf Einflüsse zwischen den benachbarten slawischen und germanischen Völkern und andererseits auf die Wechselseitigkeit innerhalb der slawischen Welt legt.

Wie in jeder Philologie wurden zunächst überlieferte Textdenkmäler gesammelt, kategorisiert und interpretiert. Die traditionelle Slawistik fragte nicht primär nach dem Europabezug, sondern klassifizierte ihre Gegenstände strikt nach sprachlichen Kriterien. Die slawische Sprachgruppe hat so neben der germanischen und romanischen ihren Platz im Rahmen der indogermanischen Sprachen erhalten.

Gegenstand der Sprachgeschichte

Die Sprachgeschichte beschäftigt sich mit den Veränderungen und Lautverschiebungen, die die jeweiligen Sprachen im Laufe ihrer Jahrtausende währenden Entwicklung durchlaufen haben, bevor sie sich zu eigenständigen Sprachen formierten. Dabei konnten innerhalb der slawischen Sprachfamilie drei Untergruppen identifiziert werden: Das Ostslawische (Russisch, Ukrainisch, Weißrussisch), das Westslawische (Tschechisch, Slowakisch und Polnisch) und Südslawische (Serbokroatisch, Bulgarisch). Inzwischen ist die Ausdifferenzierung der Kategorisierung slawischer Sprachen noch weiter fortgeschritten (vgl. Tornow 2005, S. 26f.).

Das Material, auf das sich die philologische Forschung stützt, ist das überlieferte Schrifttum, das aus einer Vielzahl von Textsorten besteht: Zunächst sind es vor allem sakrale Texte, Heiligenlegenden, Gebetsbücher, hinzu kommen historische Chroniken, Epen, Briefwechsel, Schriftsätze aller Art, und die in der Neuzeit sich allmählich herausbildenden Gattungen der schönen Literatur (*belles lettres*), die sowohl in ihrer Eigenart als auch in ihren historischen Kontexten untersucht werden. Insbesondere bei der Kontextualisierung spielen kulturgeschichtliche Faktoren wie Herkunft, Tradition, Einfluss und Übersetzung eine wichtige Rolle. Da die slawischen Völker zu keiner Zeit in einer staatlichen Einheit zusammengelebt haben, sondern verschiedenen Staatsgebilden mit wechselvoller Geschichte angehörten, ist die Textforschung der Slavica in besonderem Maße auf kulturgeschichtliche Zusammenhänge, Vergleiche und Transferbewegungen angewiesen. Diese Wechselseitigkeiten zu erforschen war und ist ein wichtiges Ziel der Slawistik.

Während das westliche Interesse an Russland bereits seit dem Wirken Peters des Großen vorhanden war, erregten im Zuge der Bewegungen der nationalen Wiedergeburt auch die west- und südslawischen Kulturen stärkere Aufmerksamkeit in Deutschland und Westeuropa allgemein. 1841 wurden in Breslau und in Berlin die ersten Lehrstühle für Slawistik in Deutschland eingerichtet. Dies erfolgte auf Drängen der polnischen Vertreter im preußischen Landtag, die die Berücksichtigung der polnischen Sprache und Kultur an den Landesuniversitäten forderten, um die Interessen der polnischen Bevölkerungsteile Schlesiens und Westpreußens zu befriedigen (vgl. Schaller 1985, S. 100).

Die Gegenstandbereiche der Slawistik und die Einrichtung von Slawistiklehrstühlen in Deutschland waren (und sind), ähnlich wie in der Osteuropageschichte, also stark von politischen Interessen geprägt. Im 19. Jahrhundert, besonders seit der Gründung des deutschen Kaiserreiches 1871, waren es etwa die „polnische Frage", „die sorbische Frage", ein wachsendes politisches und wirtschaftliches Interesse an Südosteuropa und das besondere Interesse Bismarcks an Russland, durch die die jeweiligen Studien und die Einrichtung von Lehrstühlen initiiert wurden. Insbesondere seit dem Ende des Ersten Weltkriegs gab es immer wieder Vorstöße, den Gegenstandsbereich der Slawistik zu erweitern. In einem Artikel von 1918 von Matthias Murko heißt es:

> „Die Erfahrungen des Weltkrieges haben nun gezeigt, dass man sich nicht bloß für die Russen, sondern auch für die Polen und Ukrainer, für die Bulgaren interessieren und überhaupt auch den Westslawen Beachtung schenken muss. [...] neben den Sprachen muss auch das gesamte geistige Leben der slawischen Völker in möglichst weitem Umfange Gegenstand der Forschung und des Unterrichts werden." (Murko 1918 in: Schaller 1985, S. 116)

<small>Ansätze zu einer kulturwissenschaftlichen Slawistik</small>

Es wurde also früh erkannt, dass die Slawistik eine interdisziplinäre Verbindung mit anderen Osteuropafächern eingehen müsse, um das Wesen jener Völker zu erforschen, ihre geschichtliche Entwicklung, neben Sprache und Literatur auch Musik, Sitten und Gebräuche, das Rechtswesen und das Wirtschaftsleben. Immer wieder gab es Vorstöße in dieser Richtung, vor allem an der Universität Prag zwischen den Weltkriegen sowie an der Universität Leipzig, wo in den Jahren 1923–25 Professor Max Vasmer, einer der prominentesten deutschen Slawisten, Probleme der slawischen Philologie einem breiten Publikum in der Reihe *Gemeinverständliche Schriften des Slawischen Instituts an der Universität Leipzig* nahe zu bringen suchte (vgl. Schaller 1985, S. 130). Nach dem Zweiten Weltkrieg war es das im Schatten des Kalten Krieges entstandene Osteuropa-Institut der Freien Universität Berlin, das Philologie, Geschichte, Politik- Wirtschafts- und Rechtswissenschaft vereinte.

<small>Krise der Slawistik</small>

All diese Versuche sind letztlich im Ansatz stecken geblieben. Das Vorkriegsinteresse speziell der deutschen Slawistik an deutsch-slawischen Wechselbeziehungen hatte durch die nationalsozialistische Rassenlehre und den chauvinistischen Eroberungsfeldzug gen Osten beträchtlichen Schaden genommen – trotz des Versuchs einzelner herausragender Forscher, sich dem zu widersetzen.

In den 1960er-Jahren ging die slawistische Literaturwissenschaft in beiden deutschen Staaten neue, allerdings tendenziell unterschiedliche Wege. In der DDR trennten sich im Rahmen der Hochschulreform 1969/70 innerhalb der akademischen Forschung Literatur- und Sprachwissenschaft. Die slawistische Linguistik wurde dem „Zentralinstitut für Sprachwissenschaft" angeschlossen und die slawistische Literaturwissenschaft fand ihren Platz im „Zentralinstitut für Litera-

<small>Slawistik in der DDR</small>

turgeschichte", beides Institute der Akademie der Wissenschaften der DDR. Es galt der politische Auftrag, die Errungenschaften der sowjetischen Kultur und ihrer russischen Traditionen in der DDR sowie die Herausbildung einer neuen Formation von „Literaturen sozialistischer Länder" zu propagieren. Das bedeutete zum einen, dass die Untersuchung slawischer Literaturen nicht mehr genuin von ihren sprachlichen Wurzeln her erfolgte, sondern in einem vorgegebenen kulturpolitischen Rahmen, zum anderen eine Öffnung hin zu allgemeinen Fragestellungen der europäischen Literaturgeschichte.

Die marxistische Position, Literaturwissenschaft nicht als eine Textwissenschaft, sondern als eine Gesellschaftswissenschaft zu betreiben, nach der die Basis (die sozialökonomischen Verhältnisse) den Überbau (die geistigen Disziplinen, einschließlich der Literatur) bestimmt, erwies sich als Chance und als Falle zugleich. Als Chance, weil sie Literaturgeschichte als Teil der politischen Geschichte und Kulturgeschichte betrachtete und nicht im Sinne einer losgelösten Philologie betrieb, als Falle, weil sie durch die politischen Vorgaben Literatur weitgehend auf die Funktion der „Widerspiegelung" gesellschaftlicher Verhältnisse reduzierte. Die ideologischen Vorgaben erschwerten methodische Neuansätze. So wurde der Strukturalismus, der in den 1960er-Jahren international Einzug in die akademische Forschung hielt, jenseits des Eisernen Vorhangs als bürgerlicher Formalismus kritisiert.

Slawistik als Gesellschaftswissenschaft

In der Bundesrepublik hingegen bedeutete die Wendung zum Strukturalismus, dass die Gemachtheit des Textes, seine poetische Struktur und seine *Literarizität*, d. h. seine ästhetischen Qualitäten in den Fokus rückten. Traditionellen geistesgeschichtlichen Ansätzen sowie auch den ideologischen Verbrämungen aus der Zeit des Nationalsozialismus wurde der Kampf angesagt: Es ging um ‚harte Wissenschaft', statistische Methoden, Textbeschreibung, die mit der Neuentdeckung der Sprache als einer selbstmächtigen Institution (Michel Foucault) verbunden war und im *close reading* des *New Criticism* amerikanischer Provinienz seine Anwendung im Bereich der Literaturwissenschaft fanden.

Slawistik in der Bundesrepublik

1.4 Methodische Schlussfolgerungen

Mit dem Ende der politischen Zweiteilung Europas sind neue Optionen zur Verbindung der Osteuropageschichte und der slawistischen Literaturwissenschaft eröffnet worden. Osteuropastudien, die den

Anforderungen der Zeit genügen wollen, sollten beides im Blick behalten – die besondere Geschichte der Regionen und Staaten des östlichen Europa ebenso wie ihre Zugehörigkeit zur Kultur Europas. Dieses Europa speist sich nicht allein aus der griechisch-lateinischen Antike. Auch das byzantinische Erbe sowie arabische, türkische, jüdische und andere außereuropäische Elemente haben in diesem Europa ihre Spuren hinterlassen. Ihr besonderes Gepräge gewinnt die europäische Kultur durch die permanenten geistigen und materiellen Austauschprozesse, die durch die Nationalbewegungen des 19. Jahrhunderts zwar kanalisiert wurden, aber niemals zum Erliegen gekommen sind. Das wird insbesondere in der Literaturgeschichte sichtbar. Zwar ist gerade die Literatur neben Sprache und Religion eines der wichtigsten Medien zur Ausbildung nationaler Identität, doch ist nicht aus dem Blick zu verlieren, dass sich Literatur vor allem über transnationale Beziehungen und wechselseitige Beeinflussungen konstituiert (→ ASB REICHARDT, KAPITEL 10).

Osteuropastudien heute

Literatur entfaltet sich nach ihr eigenen formalen Gesetzen, die nicht national begründet sind, sondern ästhetischen Regeln folgen, die sich nicht an Staatsgrenzen festmachen lassen. Die aus der klassischen Antike übernommene Einteilung der Literatur in Epik, Lyrik und Dramatik, die Geschichte der Gattungen, ihr Aufbrechen in der Moderne, ebenso aber ornamentale Strukturen aus der Ästhetik des Orients finden wir in West- und Osteuropa gleichermaßen.

Literaturspezifik

In der konkreten sprachlichen Gestalt, der Akzentuierung der einen oder anderen Textsorte und vor allem in den vermittelten Inhalten offenbaren sich jedoch nationale Besonderheiten. Jeder literarische Text ist eine in sich geschlossene Einheit, in der eine eigene poetische Welt erschaffen wird, und zugleich Teil eines sich permanent fortschreibenden allgemeinen transnationalen literarischen Diskurses: Er ist zugleich geschlossen und offen, Artefakt und Dialogfragment.

Nationale Besonderheiten der Literatur

Natürlich kann die Tatsache, dass mit dem Erstarken des Nationalbewusstseins im 18. und besonders 19. Jahrhundert Sprache und Literatur zunehmend zu Faktoren der nationalen Identitätsbildung werden, nicht ignoriert werden. Wichtiger als die slawische Wechselseitigkeit wird von da ab die eigene nationale oder ethnische Dignität. Das wird am Beispiel Russlands und Polens besonders augenfällig. Polen spielte seit dem Mittelalter eine wichtige Rolle als Vermittler zwischen dem lateinischen Westen und dem orthodoxen Russland, doch die Tatsache, dass Russland für den slawischen Nachbarn zur Unterdrückermacht wurde, blieb nicht ohne Folgen. Das nationale Pathos auf beiden Seiten verstärkte sich und vertiefte

Nationale Differenzen

die Gräben, die durch die religiöse Orientierung ohnehin gegeben waren.

Künftig bezogen sich das orthodoxe Russland und das katholische Polen in jeweils eigener Weise auf Europa. Während Polen sich unangefochten dem christlichen Abendland zugehörig fühlte, suchte Russland seinen Platz in der Konfrontation mit dem Westen, wobei Unterlegenheits- und Überlegenheitsgefühle sich abwechselten, was zu einem Pendeln zwischen Unterwerfungs- und Überbietungsrhetorik führte. Der Faktor des Nationalen ist also auch in modernen *area studies*, als die Osteuropastudien heute betrieben werden, nicht zu eliminieren, sondern als ein Teil der *entangled history* zu betrachten. Das seit einigen Jahren von einem Teil der Historiker vertretene Konzept einer transnationalen Geschichtswissenschaft ist insbesondere für das Verständnis von kulturgeschichtlichen Zusammenhängen weiterführend.

Unterschiedlicher Europabezug

Dabei ist für unseren Gegenstand das Verständnis des französischen Historikers Michel Espagne von Bedeutung, der fordert, Transferuntersuchungen mehr Raum zu geben. Unter Transfer versteht er „die Wandlungen, die bei der Übertragung von Konzepten, Normen, Bildern und Repräsentationen von einer Kultur in die andere stattfinden" (Espagne 1994 in: Kaelble 2005, o. S.). Espagne geht davon aus, dass sich jede Nation nicht nur aus eigenen Traditionen, sondern auch durch Tranfers aus anderen Nationen bildet. Diese Sicht hat gegenüber dem klassischen Vergleich den Vorteil, dass nicht zwei Vergleichsfelder strukturell konstituiert werden müssen, sondern der Prozess der Übertragung selbst im Zentrum des Interesses steht, die Untersuchung damit näher an der Wirklichkeit steht. Transfer wird dabei verstanden nicht als bloße Verpflanzung von Ideen und Institutionen, sondern als Vorgang der Übersetzung von Elementen einer Kultur in die andere. In einem solchen Verständnis ist Transfer für eine vergleichende Literaturgeschichtsbetrachtung, die nicht normativ sein will, sondern die Vielschichtigkeit literarischer Phänomene nicht ausklammern möchte, eine wichtige methodische Grundlage.

Plädoyer für Transferforschung

Es steht jedoch außer Frage, dass die westeuropäische, lateinisch geprägte Hochkultur das Muster nicht nur für die Slavia latina, sondern auch für die Slavia orthodoxa bietet: Die von dort ausgesendeten Impulse sowohl der Kultur- und Geistesgeschichte als auch der Geschichte der literarischen Gattungen werden aufgenommen und in durchaus eigenständige kulturelle Formen verwandelt. Wenn Madame de Staël im ersten Drittel des 19. Jahrhunderts in der Kultur Osteuropa „mehr Nachahmung als Originalität" sieht, so bestaunen Westeuropäer zum Ende desselben Jahrhunderts die originellen Pro-

Probleme von Originalität und Nachahmung

dukte dieser Nachahmung – die „russischen" Romanschöpfungen Fjodor Dostojewskis und Lew Tolstois.

Kulturelle Transferprozesse als Wechselspiel der Berührung des Eigenen mit dem Fremden zu sehen bedeutet jedoch nicht zwangsläufig, dass es sich um symmetrische Beziehungen handelt. Gerade das Beispiel der osteuropäischen Kulturen zeigt, dass wir es insgesamt gesehen auch heute noch mit einem Rezeptionsgefälle zwischen Sprachen und Literaturen West- und Osteuropas zu tun haben:

> „Sprachen und Literaturen Osteuropas galten und gelten in Westeuropa als exotisch, werden selten gelernt und gehören nicht zum ‚klassischen Bildungskanon'. Diese Exklusionserfahrung ist den Kulturen der *Slavia latina* und *orthodoxa* und insbesondere Russland eingeschrieben" (Kissel/Uffelmann 1999, S. 14).

So lautet – Manfred Hildermeier folgend – der Befund der Slawisten Wolfgang Stephan Kissel und Dirk Uffelmann, die dem eindimensional klingenden Begriff des *Kulturtransfers* den der kulturellen *Übersetzung* vorziehen.

In der osteuropäischen, insbesondere der russischen Kultur vollzieht sich diese Übersetzung sowohl als Aneignung als auch als Abstoßung fremder Einflüsse. Übersetzung bedeutet also auch „Übertragung, Übersetzung, Hinüber-Setzung von kulturellen Normen, Verhaltens- und Kleidungsmustern [...]". (Kissel/Uffelmann 1999, S. 16)

Die Literaturgeschichte Russlands und Polens soll deshalb unter dreifachem Fokus betrachtet werden – als Teil der jeweils nationalen Geschichte, als Teil der osteuropäischen (Beziehungs-)Geschichte und als Teil der gesamteuropäischen Kulturgeschichte. Wie bereits die Ausführungen zum Osteuropabegriff zeigten, sind hierbei keine verlässlichen Grenzmarkierungen festzustellen, sondern es ist von fließenden Übergängen auszugehen.

Asymmetrie im Kulturtransfer

Kulturelle Übersetzung

Fragen und Anregungen

- Wie entstand der Begriff Osteuropa?
- Mit welchen Argumenten und Gegenargumenten wird über die Existenz einer eigenständigen Region Ostmitteleuropa gestritten?
- Wie werden Polen und Russland im Osteuropadiskurs eingeordnet?
- Umreißen Sie die traditionellen Gegenstände der Slawistik und diskutieren Sie mögliche Anknüpfungspunkte für moderne Osteuropastudien.

- Überlegen Sie, was Kulturtransfer und kulturelle Übersetzung meinen und welche Bedeutung sie für kultur- und literaturgeschichtliche Vergleichsstudien haben.

Lektüreempfehlungen

- Manfred Hildermeier: Wo liegt Osteuropa und wie gehen wir mit ihm um?, in: H-Soz-u-Kult, 30.05.2006, Web-Adresse: http://hsozkult.geschichte.hu-berlin.de/forum/2006-05-002 [Zugriff vom 01.02.2010]. *Thesenartige Zusammenfassung der Diskussion zum Themenkomplex Ostmitteleuropa und Plädoyer für eine transnationale Geschichtsbetrachtung.*
  Forschung

- Hans Lemberg: Zur Entstehung des Osteuropabegriffs im 19. Jahrhundert. Vom „Norden" zum „Osten" Europas, in: Jahrbuch für Geschichte Osteuropas 33 (1985), Heft 1, S. 48–91. *Konzentrierte und belegreiche Darlegung der Begriffsgeschichte.*

- Helmut Schaller: Die Geschichte der Slawistik in Deutschland und in der Bundesrepublik, in: Beiträge zur Geschichte der Slawistik in nichtslawischen Ländern, herausgegeben von Josef Hamm und Günther Wytrzens, Wien 1985. *Ausführliche Darstellung der Geschichte der deutschen Slawistik, gut ergänzt durch den Aufsatz „Die Slawistik in Deutschland bis 1945 und in der DDR" von Ernst Eichler, Ulf Lehmann, Heinz Pohrt und Wilhelm Zeil im selben Band.*

- Siegfried Tornow: Was ist Osteuropa? Handbuch zur osteuropäischen Text- und Sozialgeschichte von der Spätantike bis zum Nationalstaat, Wiesbaden 2005 (Slavistische Studienbücher. Neue Folge, herausgegeben von Hans Günther und Helmut Jachnow, Band 16). *Detaillierte und faktenreiche Beschreibung des gesamten osteuropäischen Raums, wobei sowohl strukturelle als auch kulturelle Faktoren berücksichtigt werden.*

- Larry Wolff: Inventing Eastern Europe: The Map of Civilisation on the Mind of the Enlightment, Stanford 1994. *Untersuchung, die (dem Orientalismus-Ansatz von Edward Said (1978) folgend) „Osteuropa" als eine westeuropäische Erfindung beschreibt. Das Material bilden vor allem Texte der französischen Aufklärer.*

2 Sprachentwicklung und Kulturtransfer

Abbildung 2: Kyrill und Method schaffen das Alphabet und übersetzen die Apostelgeschichte und die Evangelien ins Kirchenslawische (13. Jahrhundert)

Diese Miniatur aus dem 13. Jahrhundert hält symbolisch den Gründungsakt der literarischen Slavia orthodoxa fest: Die Slawenapostel Method und Konstantin / Kyrill, gebildete Griechen aus Thessaloniki, übersetzen um 862 große Teile der Bibel in eine auf dem Altbulgarischen basierende Kunstsprache und erfinden dafür ein spezielles Alphabet. Das so geschaffene Altkirchenslawisch wird zur lingua franca in Russland, Bulgarien und Serbien, jenen slawischen Regionen also, die von der griechischen Ostkirche christianisiert wurden. Das Altkirchenslawisch erlangt den Status einer dem Latein vergleichbaren Kommunikationssprache in der slawischen Welt. Gleichzeitig befördert es deren Spaltung in eine Slavia orthodoxa und eine Slavia latina.

Mit dieser sprachlichen und religiösen Spaltung begann die unterschiedliche kulturelle Entwicklung der Russen und Polen. Sie überformte die gemeinsame sprachliche Herkunft aus dem Urslawischen und blieb auch in der Neuzeit noch spürbar, als Russland sich aus der byzantinischen Einflusssphäre befreite und sich dem lateinischen Westen öffnete. Die Weichen für die weiteren kulturellen und nationalen Besonderheiten, die die Literaturen beider Länder in den nachfolgenden Jahrhunderten aufweisen, wurden in dieser etwa vom 10. bis zum 17. Jahrhundert währenden vormodernen Epoche gestellt.

Die unterschiedlichen Wege, auf denen beide Literaturen in die europäische Literaturgeschichte gelangten, zeigen sich auch darin, wie sie in den gesamteuropäischen Kulturaustausch eingebunden sind. Das wird im Folgenden skizziert. Zum Kulturtransfer gehört das große Feld der Literaturrezeption mit ihren Vermittlungsinstanzen und Übersetzungsfragen. Hier haben wir es im Falle der slawischen Literaturen mit einer besonderen Schwierigkeit zu tun: Ihre Rezeption stieß und stößt in Westeuropa in hohem Maße auf sprachliche Barrieren, was dazu führt, dass sie hier fast ausschließlich als Übersetzungsliteraturen präsent sind. Die Rolle von Übersetzern und Kulturmittlern ist deshalb besonders hoch zu veranschlagen. Kyrill und Method bieten dafür die ersten frühen Beispiele.

2.1 **Sprache – Religion – Literatur**
2.2 **Epochenproblematik**
2.3 **Aspekte der Literaturrezeption**

2.1 Sprache – Religion – Literatur

Nationalkulturen entstehen über einen langen Zeitraum aus dem Zusammenspiel von Religion, Schriftsprache und Staatsform. In der postfeudalen Ära kommt noch der Zustand der Gesellschaft hinzu. Von „Literatur" im modernen Sinn als *belles lettres*, die sich von den Wissenschaften abspaltet, kann erst im 18. Jahrhundert gesprochen werden (→ ASB KOCHER/KREHL, KAPITEL 2). Für die besondere Prägung, die die jeweiligen Nationalliteraturen erhalten, sind die vorausgegangenen gesamtkulturellen Entwicklungen jedoch entscheidend.

Entstehung von Nationalkulturen

Sprache und Literatur gehören unmittelbar zusammen: beide sind wesentliche Elemente der kulturellen Identität einer Gemeinschaft. Obwohl die Sprachbildung der Literatur vorausgeht, finden hier durchaus Wechselwirkungen statt, da es häufig Literaten sind, die zur Konsolidierung einer einheitlichen Literatursprache beitragen. Sie können eine Standardsprache schaffen, die den in der vornationalen Zeit vorherrschenden heterogenen oder auch ungeregelten Sprachgebrauch beendet und die von der Sprachgemeinschaft als verbindlich anerkannt wird. Diese Funktion hat für das Deutsche z. B. Martin Luthers Bibelübersetzung geleistet. Etwa zeitgleich, nämlich ebenfalls im 16. Jahrhundert, bildete sich eine polnische Literatursprache neben dem Latein heraus, während das Russische etwa zwei Jahrhunderte länger benötigte, um das Altkirchenslawische als Literatursprache abzulösen.

Verbindung von Sprache und Literatur

Für die slawischen Volksgruppen wird eine gemeinsame Ursprungssprache, das Urslawische angenommen. Als Urheimat der Slawen wird das Gebiet nördlich der Karpaten vermutet, von wo sie sich in mehreren Migrationswellen über Osteuropa ausbreiteten. Mit der Wanderbewegung und räumlichen Trennung einzelner Gruppen geht die sprachliche Differenzierung einher. Zunächst entstanden späturslawische Makrodialekte, die sich ab dem 10./11. Jahrhundert in slawische Einzelsprachen aufspalteten (→ KAPITEL 1.3).

Das Urslawische

Die Unterschiede zwischen diesen Sprachen vertieften sich in den darauf folgenden Jahrhunderten. Die Gründe dafür sind, dass die einzelnen slawischen Gruppen sich in geografisch und kulturell sehr verschiedenen Regionen ansiedelten, der Kontakt zwischen ihnen abnahm, dafür aber sprachliche und außersprachliche Einflüsse aus ihrer jeweiligen Umgebung wirksam wurden. Die Konsolidierung eigenständiger Sprachen aus der ursprünglichen dialektalen Einheit fällt in eine Zeit, als die Orte, an denen sich die Slawen niedergelassen hatten, in die Auseinandersetzung zwischen feudaler Territorialordnung und dem Streben nach imperialer Zentralisierung in Europa

Slawische Einzelsprachen

verwickelt wurden. Zunächst ein Spielball mächtiger europäischer Kräfte, sind die slawischen Völker, insbesondere die Russen und Polen, im Laufe des Mittelalters selbst zu einflussreichen Mitspielern herangereift. Der Unionsstaat Polen-Litauen und später das Russische Reich zählten neben dem Heiligen Römischen Reich und dem Osmanischen Reich zu den europäischen Großreichen (vgl. Zernack 1994).

Einfluss der Religion

Einen wichtigen Machtfaktor im Mittelalter stellte die Religion dar. Die Kämpfe entbrannten in Westeuropa: Einerseits zwischen kirchlicher und weltlicher Macht, zwischen Papsttum und Kaisertum (so im berühmten Investiturstreit zwischen Kaiser Heinrich IV. und Papst Gregor VII.; → ASB MÜLLER, KAPITEL 8). Andererseits zwischen den zwei Richtungen der christlichen Religionen: dem Römischen Katholizismus und der abgespaltenen Griechisch-orthodoxen Ostkirche, die in Konstantinopel ihren Sitz hatte. Der Streit der Ost- und Westkirche um die Missionierung der noch heidnischen Slawen hat entscheidend zur Vertiefung der Kluft in der kulturellen und sprachlichen Entwicklung der slawischen Völker beigetragen. Russland geriet unter den Einfluss von Konstantinopel und Polen unter den von Rom.

Kulturleistung der Slawenapostel

Die Kulturleistung von Konstantin, der später den Mönchsnamen Kyrill annahm, und seinem Bruder Method war eine doppelte: Durch Übersetzung griechischer religiöser und juristischer Texte (zwischen 863 und 885) förderten sie die Verbreitung orthodoxen Gedankenguts im slawischen Sprachraum und schufen zugleich die erste slawische Schriftsprache. Konstantin erfand ein slawisches Alphabet (Glagolica), das aus 40 Buchstaben bestand und unter Zuhilfenahme von drei heiligen Zeichen – dem Kreuz, dem Kreis und dem Dreieck – frei konstruiert wurde. Später, im 10. Jahrhundert, wurde die Schrift vereinfacht, indem griechische Buchstaben mit diakritischen Zeichen zur Bezeichnung spezieller slawischer Laute kombiniert wurden. Diese Schrift wurde nach Konstantin / Kyrill, der aber nicht der Schöpfer war, kyrillisches Alphabet genannt.

Glagolica

Kyrillica

Das Altkirchenslawisch sollte für die gesamte slawische Welt gelten, doch verankern konnte es sich nur in deren südlichen und östlichen Regionen: in Russland, Serbien und Bulgarien. Es kam zur kulturellen Spaltung zwischen orthodoxer und katholischer Slavia, aus der sich dann in Böhmen und Polen ein reformatorischer Zweig abspaltete, der aber durch die starke Gegenreformation in Polen bald wieder zurückgedrängt wurde. Das kyrillische Alphabet blieb für den süd- und ostslawischen Bereich gültig, während in den westlichen slawischen Gebieten das Latein zur Verschriftlichung der nationalen

Kirchenslawisch versus Latein

Sprachen verwendet wurde. Bereits optisch war der Bruch zwischen süd- und ostslawischen Kulturen einerseits und westslawischen andererseits damit sichtbar. Dennoch erleichterte die Existenz einer gemeinsamen slawischen Sprache die Kommunikation und den Austausch in der gesamten slawischen Welt.

Das Altkirchenslawisch diente nicht nur zur Verbreitung religiöser Texte, sondern avancierte im ostslawischen Bereich zur Schriftsprache schlechthin. Da es – wenn auch von Rom nur kurzzeitig gebilligt – von der Ostkirche neben Griechisch, Latein und Hebräisch als vierte Sakralsprache betrachtet wurde, durch die sich Gott selbst offenbarte, konnten sich Veränderungen und Erneuerungen kaum durchsetzen. So blieb das Altkirchenslawisch steril und erstarrte.

Parallel dazu entwickelten sich die jeweiligen gesprochenen Sprachen der slawischen Bevölkerung, die Kluft zwischen Schriftlichkeit und Mündlichkeit vertiefte sich. Mehrere Jahrhunderte lang herrschte in den russischen Territorien Diglossie, d. h. funktionale Zweisprachigkeit, in der das mündliche Russisch und das schriftliche Altkirchenslawisch komplementär in einem Sprachsystem existierten, ohne sich zu berühren (vgl. Uspenski 1996, S. 29–58). Diglossie

So positiv das Vorhandensein einer slawischen Universalsprache, die von den meisten Slawen weitgehend verstanden wurde, auch war (anders als in Westeuropa, wo das Latein den Gebildeten vorbehalten war), so nachteilig erwiesen sich die kulturellen Folgen. Die Ausbildung und Entwicklung einer lebendigen modernen Schriftsprache wurde nicht gefördert, Grammatik und die im Westen die Gelehrsamkeit beherrschende Rhetorik spielten lange Zeit keine Rolle, selbst niedrige Geistliche waren häufig des Lesens und Schreibens nicht kundig, da es für das geistliche Amt genügte, die kirchenslawischen Liturgien und Texte laut vorzutragen. Die synkretistische Liturgie im orthodoxen Gottesdienst, wo die prächtige Architektur und Ikonenkunst mit Chorgesang und Gebet zu einem emotionalen Erlebnis verschmelzen, begünstigte zudem die ritualisierte Sprachverwendung gegenüber der im Katholizismus vorherrschenden scholastischen Tradition der Textexegese. Nachteile des Altkirchenslawisch

Für die Formulierung lebensweltlicher Texte, etwa aus dem Rechtsbereich oder Handelsleben, erwies sich das Altkirchenslawisch als zu eng. Der Versuch, die Schriftsprache zu modernisieren, indem kirchenslawische und russische Sprachelemente verbunden wurden, erfolgte in mehreren Schritten seit dem 17. Jahrhundert. Zar Peter I. (der Große) drängte den Einfluss der Kirche auf den Staat zurück. Sein Interesse galt weltlichem Schrifttum, insbesondere wollte er Zivilschrift durch Peter I.

westeuropäische Texte aus dem technischen und naturwissenschaftlichen Bereich in Russland verbreiten. Mit der Einführung einer für nichtreligiöse Texte reservierten vereinfachten Zivilschrift schuf er die technischen Voraussetzungen dafür.

Einfluss des Klassizismus

Der ab dem 17. Jahrhundert ganz Europa erfassende klassizistische Drang nach Sprachregelung im Bereich von Grammatik, Rhetorik und Stilistik trug schließlich auch in Russland Früchte: Wassili Trediakowski und Michail Lomonossow vollzogen den entscheidenden Schritt zur Schaffung einer einheitlichen Literatursprache, für die das Russische die Grundlage bildete, nicht mehr das Altkirchenslawische, das nur noch als Stilvariante zugelassen war.

Die Tatsache, dass die erste slawische Schriftsprache eine Sakralsprache war, wirkte sich nachhaltig auf die Literatur aus. Nach der Säkularisierung der Gesellschaft, die mit Peter dem Großen in Russland zwangsvollzogen wurde, verlor der religiöse Text zwar seine unangefochtene Bedeutung, nicht aber der geschriebene Text an sich: Mit dem Text erlangte auch sein Verfasser, der Literat, der Schriftmächtige also, eine hohe Autorität. Der Glaube an die Macht des Wortes hat der russischen Literatur in den folgenden Jahrhunderten eine führende Stellung unter den geistigen Disziplinen und dem Dichter ein besonderes Sozialprestige gesichert.

Sakrale Macht des Wortes

Polen unterwarf sich mit der Taufe von Herzog Mieszko I. um 966 der Katholischen Kirche. Eine wichtige Rolle bei der Missionierung spielten tschechische Kleriker, die sich des Lateinischen bedienten, in deren religiöser Terminologie sich jedoch Spuren des Altkirchenslawischen erhalten hatten und die einen regen kulturellen Austausch mit dem ersten südrussischen Staat, der *Kiewer Rus* pflegten. Schließlich geriet Polen in den Einflussbereich des Heiligen Römischen Reiches Deutscher Nation. Mit der Errichtung des Erzbistums in Gnesen im Jahre 1000 war auch die Erhebung des Fürsten in den Königsstand verbunden, womit die Stellung der Herrscher des „jungen Europa" als künftige „Mitgestalter des Reiches" gefestigt werden sollte (Jaworski u. a. 2000, S. 52). Die künftige wechselvolle Geschichte Polens erfolgte als eine ständige Auseinandersetzung mit den Nachbarn im lateinischen Westen wie im orthodoxen Osten. Was bedeutet das für Sprache und Literatur? Die politische und religiöse Einbindung in das Deutsch-Römische Reich öffnete Polen den Weg zur lateinisch geprägten westeuropäischen Kultur: Als Schrift- und Verkehrssprache fungierte das Latein, ähnlich wie in Russland das Altkirchenslawisch. Damit waren die Weichen für Polens kulturellen Anschluss an Europa gestellt.

Siegeszug des Katholizismus in Polen

Polens Anschluss an Europa

Die gesprochene polnische Sprache entwickelte sich parallel dazu aus den urslawischen Wurzeln, zunächst in Gestalt von Dialekten, aus denen sich mit der Herausbildung des polnischen Staates unter Mieszko I. und Bolesław Chrobry (der Tapfere) im 10. und 11. Jahrhundert allmählich eine einheitliche Sprache – das Altpolnische – herauskristallisierte. Die Verfasser der ersten polnischen Chroniken im 11. Jahrhundert, der französische Benediktiner-Mönch Gallus Anonymus und ein Jahrhundert später der polnische Adlige Vincentius Kadłubek, bedienten sich noch des Lateinischen (vgl. Tornow 2005, S. 138). Die ersten Texte in altpolnischer Sprache stammen aus dem 12. Jahrhundert, der berühmteste ist *Die Bulle von Gnesen* (1136), es folgten weitere klerikale Texte und Chroniken (vgl. Mazur 1993, S. 168). Kulturell wuchs der Einfluss des Deutschen: Durch Städtegründungen nach Magdeburger Recht wurde die Ansiedlung deutscher Handwerker und Kaufleute gefördert, die ihre Kultur und Sprache mitbrachten.

<small>Herausbildung und Entwicklung der polnischen Sprache</small>

Den kulturellen Durchbruch und Anschluss an Westeuropa brachte das Zeitalter der Reformation und des Humanismus, in dem sich neben dem Latein die polnische Literatursprache gleichberechtigt durchsetzte. Neben lateinisch geschriebenen Chroniken entstanden auch polnische. Die Reformation verhalf dem Polnischen zu neuem Ansehen; in ihrer Folge wurde das allmächtige Latein zurückgedrängt, die Übersetzungstätigkeit sakraler und weltlicher Texte setzte ein, selbst Gottesdienste konnten in der jeweiligen Landessprache abgehalten werden. Luthers *Katechismus* und das *Neue Testament* wurden ins Polnische übersetzt, worauf die Katholiken mit der vollständigen Bibelübersetzung ins Polnische (1561 in Krakau) reagierten.

<small>Rolle von Reformation und Humanismus</small>

So ist es nicht verwunderlich, dass die Geburtsstunde der polnischen Literatur in die Zeit der Reformation fällt, als „Vater der polnischen Literatur" gilt Mikołaj Rej, ein reformierter Protestant (Tornow 2005, S. 241). Seine Texte sind in umgangssprachlichem Stil unter Verwendung folkloristischer Elemente verfasst, auch seine Predigttexte, die die Lehre Calvins propagierten. Der bedeutendste polnische Dichter der Renaissance, Jan Kochanowski, der neben Latein Polnisch schrieb, hatte an der Universität Königsberg, der preußischen Hochburg des Protestantismus, studiert, bevor er das Studium der Antike und Renaissance in Padua antrat und sich der lateinisch katholischen Kultur zuwandte.

<small>Mikołaj Rej</small>

<small>Jan Kochanowski</small>

Im Vielvölkerreich Polen galten zunächst mehrere Amtssprachen: Latein, Deutsch, Polnisch und Westrussisch. Seit Mitte des 16. Jahr-

<small>Amtssprachen in Polen</small>

hunderts setzte sich die polnische Sprache als die dominierende durch. Das noch etwas starre Altpolnische des Spätmittelalters wurde durch die Erweiterung in den Sphären des Gebrauchs modernisiert. In dieser Phase spricht man vom Mittelpolnischen. Es war keine sakrale Sprache wie das Kirchenslawisch und damit für Neuerungen zugelassen. Die Erschließung neuer Lebensbereiche wie Jagd, Mode, Recht, Naturwissenschaft und Technik sowie die Verfeinerung der Sitten in Mode und Kultur wirkten auf die Grammatik und den Wortschatz ein. Hierbei war der Einfluss des Tschechischen noch immer sehr stark (vgl. Tornow 2005, S. 243).

Entwicklung des Polnischen

Der Einfluss des Lateinischen auf die polnische Sprache währte bis in die Barockzeit, wo er noch einmal einen Höhepunkt erreichte. Er erstreckte sich auf Bereiche wie Recht, Medizin oder Mathematik, auf die Bezeichnung von Berufsgruppen und Gerätschaften. Die deutschen Einflüsse schwächten sich ab, dafür kamen seit der Renaissance zunehmend italienische hinzu. Das Polnische kennt keine puristische Tradition, wie etwa das Tschechische, wo Autoren wie Jan Hus und Jan Amos Komenský fremde Einflüsse bekämpften. Es zeichnet sich bis heute durch eine „in Osteuropa unvergleichliche lexikalische Vielfalt" aus (Tornow 2005, S. 244).

Fremde Einflüsse

Die polnische Sprache avancierte zum Symbol der natio polonica und wurde im Vielvölkerreich Polen auch von den Vertretern des ethnisch nichtpolnischen Adels akzeptiert. Der Kampf um die Erhaltung der polnischen Sprache war in den Zeiten der polnischen Teilungen der wichtigste Faktor zur Bewahrung der polnischen nationalen Identität. Der einzige Ort, wo die polnische Sprache unangetastet zugelassen war, war die Kirche, die dadurch ihren Status als mächtigste nationale Institution ausbauen konnte.

Sprache als nationales Symbol

2.2 Epochenproblematik

Die kulturelle Gemeinsamkeit Europas findet ihren Ausdruck in der Ausbildung übergreifender Literatur- und Kunstepochen, die zwar nicht in allen Regionen und Ländern zeitgleich wirkten, aber doch ähnliche Merkmale aufwiesen. Das ist kein Zufall, sondern Ergebnis von Austauschprozessen, von vielfältigen materiellen und geistigen Verflechtungen, die die europäische Kultur prägen. Bereits im Mittelalter wurde der Begriff der translatio auf Übertragungsvorgänge zwischen Sprachen, Völkern und Kulturen ausgedehnt (vgl. Kissel/Uffelmann 1999, S. 16). Das galt für den politischen Herrschaftsbereich –

Kulturelle translatio in Europa

etwa die Übertragung der römischen Kaiserwürde auf einen germanischen Herrscher –, aber auch für den kulturellen Bereich, die Übermittlung von Wissenschaften und Künsten als *translatii studii* aus der griechischen über die römische Antike in die europäische Neuzeit. In Tempo, Verlauf und Intensität dieser Übertragungsprozesse unterscheiden sich Russland und Polen fundamental.

Das russische Mittelalter währte länger als das des übrigen Europa: Es setzte mit der Christianisierung der Kiewer Rus im 10. Jahrhundert ein und dauerte bis ins 17. Jahrhundert. Die innere Zersetzung des Kiewer Reichs und der Einfall der Mongolen, die die nordrussischen Gebiete von Anfang des 13. bis Ende des 15. Jahrhunderts unter eine fremde Macht zwangen, werden häufig für die kulturelle Stagnation Russlands verantwortlich gemacht. Das Moskauer Großfürstentum, das sich zum Zentrum des russischen Widerstands gegen die Fremdherrschaft entwickelte, erfuhr gleichzeitig durch die asiatischen Besatzer in wichtigen Lebensbereichen wie Handel, Wirtschaft und Verwaltungswesen seine entscheidende Prägung. Neuere Forschungen bestätigen, dass die Mongolen über eine hochorganisierte multiethnische Streitmacht verfügten, dass sie, die als Anhänger verschiedener schamanistischer und animistischer Vorstellungen keine Glaubensfanatiker waren, in den eroberten Gebieten nicht nur Glaubensfreiheit zuließen, sondern die orthodoxe Kirche sogar mit Privilegien ausstatteten, um sie als Bündnispartner zu gewinnen (vgl. Kriwoschejew/Sokolow 2002, S. 156–184).

Russisches Mittelalter

Prägung durch Mongolenherrschaft

Als das „Mongolenjoch" Ende des 15. Jahrhunderts wieder „abgeschüttelt" war, bemühten sich die Moskauer Großfürsten und späteren russischen Zaren durch Heiratspolitik, Diplomatie und Handel, ihre Beziehungen zu Westeuropa auszubauen. Die Tatsache, dass über die Vermittlung Polens und der Ukraine auch Zeugnisse der lateinischen Kultur nach Russland gelangten, hat den russischen Literatur- und Kunsthistoriker Dmitri Lichatschow veranlasst, von einer eigenen osteuropäischen Frührenaissance zu sprechen, die sich in den „Grenzen des religiösen Denkens und der religiösen Kultur" entwickelt habe (Lichatschow 1962, S. 167).

Öffnung nach Westeuropa

Die Kultur blieb in der Tat sakral dominiert, die südslawisch vermittelte Missions- und Übersetzungstätigkeit, die im und 14. und 15. Jahrhundert noch einmal einen neuen Aufschwung nahm, ließ die Religion und Kultur von Byzanz zur wichtigsten Einflussquelle der altrussischen Kultur werden. Die von dort übernommenen Kirchenbauten, dem Modell der Hauptkirche, der Hagia Sophia folgend, die Ikonenmalerei und die übersetzte religiöse Literatur hatten bereits

Einfluss aus Byzanz

das kulturelle Gesicht der Kiewer Rus geprägt. Auch in der Moskauer Ära gelangten aus Byzanz, das ja für Europa insgesamt neben Rom die wichtigste Quelle für vorchristliche antike Überlieferungen war, fast ausschließlich religiöse Texte nach Russland, die der Belehrung und religiösen Erbauung dienten und die die Autorität des orthodoxen Glaubens gegenüber dem römisch katholischen befestigen halfen.

Die vorchristliche Antike, das philosophische und literarische Erbe von Aristoteles bis Homer, blieben im alten Russland weitgehend unbekannt. Große Aufmerksamkeit genoss dagegen die sakrale Literatur: die Pateriki, also die Väterbücher, die in mönchische Lebensformen einführten, außerdem die Homiletik (Predigtliteratur) und die Hagiografie. Die griechischen Heiligenlegenden wurden nicht nur übernommen, sondern nach ihrem Vorbild wurden auch eigene russische Heilige gekürt. Zu nennen ist hier vor allem das *Skazanie i strast i pochwala swjatuju mutscheniku Borisa i Gleba* (*Martyrium von Boris und Gleb*, 11./12. Jh.), die Legende von zwei Recken, die auszogen, die Feinde der Rus zu besiegen.

> Sakrale Literatur als Vorbild

Die Stilepochen der Romanik und Gotik hat die russische Kultur nicht durchlaufen, von Humanismus und Renaissance wurde sie nur gestreift.

Die polnische Kultur hingegen erlebte gerade in jenen Epochen, beginnend mit dem ausgehenden 15. bis zum Ende des 16. Jahrhundert, ihre Blütezeit, ihr „Goldenes Zeitalter". Philosophie, Bildung, Literatur wurden gefördert, polnische Gelehrte und Philosophen partizipierten am neuen humanistischen Menschenbild der Ära der Renaissance, Nikolaus Kopernikus trug von Krakau aus mit seinem Modell des Sonnensystems zur Überwindung des mittelalterlichen Weltbildes bei, Reisen nach Italien und Frankreich gehörten zum Alltag der Gebildeten. All das beförderte erste Ansätze einer selbstbewussten Literatur, die zwar noch die fremden Muster erkennen lässt, aber bereits mit eigener Stimme und in eigener Sache sprach. Das zeigen etwa Jan Kochanowskis Verse: „Für mich sing' ich und für die Musen" (Kochanowski in: Walecki 1996, S. 78). Der Dichter präsentierte sich hier nicht nur als Individuum, sondern in seinen Elegien und insbesondere in den anlässlich des Todes seiner Tochter verfassten *Klageliedern* (*Treny*, 1580) drückte er auch persönliche und private Gefühle von Trauer und Schmerz aus (vgl. Kochanowski 1980 in: Walecki 1996, S. 7–32). Diese Privatheit des Empfindens, die Feier des Individuums war eine Errungenschaft der europäischen Renaissance, die allerdings in der Folgezeit, insbesondere in der

> „Das Goldene Zeitalter" Polens

> Renaissance-Dichtung

Dichtung der polnischen Romantik, vom patriotischen Impetus wieder zurückgedrängt wurde und erst in der Moderne zu neuer Blüte gelangte.

Das „Goldene Zeitalter" strahlte auf die östlichen Nachbarvölker aus, zunächst auf die im polnisch-litauischen Staatsverband lebenden Litauer und Ukrainer, im 17. Jahrhundert, auch auf den russischen Adel: Die polnische Sprache sowie polnische Sitten und Mode eroberten nun auch die höfische russische Gesellschaft, Kinder aus russischen und polnischen Adelsfamilien studierten an der renommierten Krakauer Universität (vgl. Mazur 1993, S. 271). Die Spuren dieses Einflusses finden sich im Wortschatz der ostslawischen Sprachen, insbesondere in den Bereichen Recht, Verwaltung, Militärwesen, Religion und Erziehung. Es sind häufig Wörter lateinischen, deutschen, französischen und italienischen Ursprungs, die durch das Polnische ins Weißrussische, Ukrainische und Russische gelangten. Ausstrahlung Richtung Osten

Eine wichtige Rolle als Vermittler zwischen der westlichen und östlichen Kultur Europas hat Polen beim Transfer von westeuropäischer Literatur gespielt, die häufig über polnische Übersetzungen in Russland verbreitet wurde. Der Schritt in die Frühe Neuzeit, den Polen bereits im „Goldenen Zeitalter" getan hatte, wurde in Russland erst im 17. Jahrhundert vollzogen. Das fiel in die Blütezeit des Barock. Polens Vermittlerrolle

Seinen Höhepunkt erlebte der Transfer der Barockkultur nach Osteuropa zur Zeit der Sächsisch-Polnischen Union, die mit der Wahl August des II. zum König von Polen (1697–1733) begann. Von Polen über Litauen gelangte der Barockstil in das sich nach Westen orientierende russische Imperium unter Peter I. Davon zeugt die Architektur der neuen Hauptstadt Petersburg, die von italienischen Architekten entworfen wurde. Ausbreitung des Barock in Osteuropa

Für Russland lässt sich feststellen, dass Peter der Große (Alleinherrscher 1689–1725) das Barockzeitalter und die Frühaufklärung einleitete, unter Katharina der Großen (Regierungszeit 1762–96) die Aufklärung dann zu ihrer vollen Blüte gelangte. Mit dem 18. Jahrhundert tauschten Russland und Polen ihre Plätze in der Hierarchie der europäischen Mächte und der kulturellen Bedeutsamkeit für Europa: Während Polen politisch unterging und kulturell marginalisiert wurde, stärkte Russland seinen Platz im Ensemble der europäischen Mächte und gewann auch kulturell an Einfluss. Russlands Aufstieg zur Großmacht

2.3 Aspekte der Literaturrezeption

Die bisherige Darstellung zeigt, dass der Weg des Kulturtransfers bis zum 18. Jahrhundert im Wesentlichen eine Einbahnstraße von Westen nach Osten war. Zwar sind in Osteuropa eigene kulturelle Mischformen entstanden, doch nennenswerte gegenläufige Transferbewegungen von Ost- nach Westeuropa sind kaum erkennbar. Das änderte sich im 19. Jahrhundert, als die osteuropäischen Literaturen, die bildende Kunst und Musik ihre eigene nationale Gestalt gewannen und im Ensemble der europäischen Kultur ihren eigenen Platz fanden.

Dennoch verlief zu allen Zeiten der Literatur- und Kulturaustausch zwischen Ost- und Westeuropa asymmetrisch. Die mangelnde Kenntnis der slawischen Sprachen in Westeuropa hat zur Folge, dass diese Literaturen in Westeuropa fast ausschließlich in Übersetzungen präsent sind. Die Rolle der Übersetzer und Kulturmittler ist – was häufig übersehen wird – deshalb kaum zu überschätzen. Von ihnen hängt es ab, welche slawischen Autoren wir wahrnehmen und in welchem Licht sie uns erscheinen. Neben der zweifelsohne dominierenden Frage von Sprache und Stil bestimmen unsere interkulturelle Kompetenz, die Kenntnis der fremden Kultur, aus der diese Texte hervorgegangen sind, sowie die Eigenperspektive unsere Wahrnehmung. Eine moderne Literaturwissenschaft wird deshalb auf diese Aspekte nicht verzichten und die „Hermeneutik der Fremde" (Wierlacher 1990) in ihr methodisches Denken mit einbeziehen. Für die Rezeption der osteuropäischen Literatur ist das besonders dringlich.

Slawische Literatur als Übersetzungsliteratur

Hermeneutik der Fremde

Der romantische Zug der polnischen Literatur wie der realistische der russischen sind zu Markenzeichen dieser Nationalliteraturen innerhalb der europäischen kulturellen Wahrnehmung geworden. Dazu haben zweifellos die jeweiligen Vermittler beigetragen: Der Romantiker Adam Mickiewicz trug im Collège de France in Paris sein Bild von der slawischen, insbesondere der polnischen Literatur sowie den polnischen Messianismus (→ KAPITEL 5) nach Westeuropa. Der Realist Iwan Turgenjew hatte über Jahrzehnte seinen Wohnsitz in Deutschland und Frankreich und brachte sein Bild von der russischen Gesellschaft und Literatur mit. Diese Umstände sind für die westeuropäische Rezeptionsgeschichte nicht ohne Bedeutung.

Kulturmittler

Mickiewicz (→ KAPITEL 5, 6, 7), der in der französischen Emigration lebte, wurde als wichtigster Repräsentant der slawischen Literatur in Westeuropa angesehen und im Jahre 1840 auf den ersten in Westeuropa eingerichteten Lehrstuhl für slawische Literatur berufen. Ihm gebührt – bei allen Vorbehalten, die man aus heutiger Sicht gegen

Mickiewicz am Collège de France

sein messianistisches Pathos einwenden kann – das Verdienst, in seinen Vorlesungen die slawische Literatur erstmalig vergleichend in die europäische Literaturgeschichte eingebracht zu haben (vgl. Lednicki 1956b, S. 132–156). Turgenjew wiederum ist es zu verdanken, dass alle wichtigen Werke der russischen klassischen Literatur des 19. Jahrhunderts in Deutschland und Frankreich übersetzt wurden (→ KAPITEL 8).

<small>Turgenjew in Deutschland und Frankreich</small>

Obwohl sich die beiden Literaturen im ständigen Austausch mit gesamteuropäischen geistigen Bewegungen konstituiert haben, wurden und werden die literarischen Werke aus Russland und Polen häufig als Informationsquelle über die unbekannte slawische Welt rezipiert. Man sucht nicht nach dem gemeinsamen Europäischen, sondern nach dem exotischen Besonderen. Überdies verhindert die Sprachbarriere, dass eine elaborierte Sprachkunst, wie sie insbesondere in Strömungen der Moderne und Avantgarde gepflegt wird, breite internationale Wirkung entfalten kann. Bedeutende russische und polnische Symbolisten wie z. B. Alexander Block, Andrej Bely, Bolesław Leśmian und Kazimierz Przerwa-Tetmajer sind im Westen fast unbekannt geblieben. Ein ähnliches Schicksal trifft allerdings auch die in ihrer sprachlichen Komplexität, Stilmischung und Anspielungspraxis schwer übersetzbaren Werke der in ihren Heimatländern als Nationaldichter verehrten Alexander Puschkin und Adam Mickiewicz.

<small>Sprachbarriere</small>

Rezeptionssteuernd wirkt auch die in der aufnehmenden Kultur vorherrschende Zeitströmung. Das veranschaulicht der Fall Fjodor Dostojewski (→ KAPITEL 9). Seine Texte wurden in Deutschland anfänglich im Raster des Naturalismus und wenig später im Licht des aufkommenden symbolistischen Mystizismus rezipiert (vgl. Hoefert 1974, S. XIII–XVIII). Den Roman *Prestuplenie i nakazanie*, (1866) von seinem ersten deutschen Übersetzer Wilhelm Henckel mit dem Titel *Raskolnikow* (1887) versehen (vgl. Loew 1995, S. 81–105), lobten seine Kritiker zunächst wegen seiner schonungslosen Gesellschaftskritik. Wenig später bürgerte sich dann die religiös konnotierte Übersetzung *Schuld und Sühne* ein, die der gewandelten Wahrnehmung des Autors als Künder „der russischen Seele" entgegenkam. Der dem russischen Original angemessene, neutrale Titel: *Verbrechen und Strafe*, den Alexander Eliasberg bereits 1921 vergeblich zu etablieren versuchte, ziert nun die Neuübersetzung des Romans von Swetlana Geier (1999). Mit der Neufassung der großen Romane von Dostojewski im Amman Verlag Zürich hat die Übersetzerin einen wichtigen Beitrag zur modernen deutschen Dostojewski-Rezeption geleistet (vgl. Gerigk 2000, S. 65–68).

<small>Dostojewski-Rezeption in Deutschland</small>

Die polnische Literatur fand bedeutend geringere Resonanz in Deutschland als die russische. Abgesehen von kurzen Phasen der Aufmerksamkeit, etwa im Vormärz, wo die Polen nach dem Aufstand von 1830/31 als Kämpfer für nationale Befreiung besungen wurden, fristete die polnische Literatur im europäischen Kanon ein Schattendasein. Ein gewichtiger Grund dafür war deren starke nationale Fixierung, die ihre interne Bedeutung ausmachte, die für den Außenstehenden aber nicht immer nachvollziehbar war. Denn „wenn der ausländische Leser immer erst umfangreiche Erläuterungen und Erklärungen mitgeliefert bekommen muß [...] dann läßt sein Eifer nach" (Staemmler 1975, S. 4).

Rezeptionsprobleme der polnischen Literatur

Im geteilten Deutschland war die Rezeptionssituation stark von politischen Konjunkturen abhängig: Standen in der Bundesrepublik die Emigrantenautoren und die Dissidenten im Mittelpunkt des Interesses, so orientierte sich die DDR auf eine möglichst breite Aufnahme der Literatur aus den „sozialistischen Bruderländern" samt ihrer Traditionen im 19. Jahrhundert, wobei die Emigrantenautoren und die Dissidenten zunächst tabuisiert, später jedoch selektiv und mit politischer Vorsicht verlegt und erforscht wurden.

Rezeptionssituation im geteilten Deutschland

Die Literaturvermittlung lag und liegt noch immer in der Hand einiger weniger Verlage und herausragender Persönlichkeiten (vgl. Hoefert 1974; Kuhnke 1995; Nosbers 1999, S. 13–32). In der alten Bundesrepublik hat sich neben einer ganzen Reihe engagierter Übersetzer und Kulturmittler vor allem Karl Dedecius verdient gemacht: Er gründete 1980 in Darmstadt das Deutsche Polen-Institut trug mit der Reihe *Polnische Bibliothek* zur umfassenden Popularisierung der polnischen Literatur bei und bemühte sich durch Übersetzungen der bedeutendsten modernen polnischen Lyriker um die deutsch-polnische Aussöhnung.

Deutsches Polen Institut

In der DDR haben die hoch qualifizierten Slawistiklektorate der Verlage (insbesondere bei Aufbau, Volk und Welt, Reclam Leipzig, Kiepenheuer und im christlichen Benno-Verlag), unterstützt durch engagierte Übersetzer, Slawisten und Polonisten eine mutige und niveauvolle Editionstätigkeit osteuropäischer Literaturen geleistet. Der Abbau der Osteuropalektorate nach 1989 hat der kontinuierlichen und systematischen Vermittlung dieser Literaturen in Deutschland einen herben Rückschlag versetzt.

DDR-Verlage

Fragen und Anregungen

- Erläutern Sie die Entstehung und Bedeutung des Altkirchenslawischen für die Entwicklung des Slawentums.
- Wie verlaufen die sprachlichen Differenzierungsprozesse des Russischen und des Polnischen und von welchen Faktoren sind sie abhängig?
- Diskutieren Sie die Rolle und Bedeutung, die Religion für die Entwicklung von Sprache und Kultur in Russland und Polen haben.
- Wie sind Russland und Polen in die kulturellen Austauschprozesse des vormodernen Europa einbezogen?
- Überlegen Sie, welche Faktoren die Rezeption der russischen und polnischen Literatur in Deutschland beeinflussen.

Lektüreempfehlungen

- Wolfgang Kissel / Dirk Uffelmann: Vorwort: Kultur als Übersetzung. Historische Skizze der russischen Interkulturalität (mit Blick auf *Slavia orthodoxa* und *Slavia latina*), in: Festschrift für Klaus Städtke zum 65. Geburtstag, herausgegeben von Wolfgang Stephan Kissel, Franziska Thun und Dirk Uffelmann, Würzburg 1999, S. 13–40. *Das Vorwort gibt einen sehr konzisen Überblick über die großen Linien der kulturellen Übersetzung in Osteuropa mit Schwerpunkt Russland.* — Russland

- Klaus Städtke (Hg.): Russische Literaturgeschichte, Stuttgart / Weimar 2002, S. 1–115. *Die Kapitel zum Mittelalter (Wolf-Heinrich Schmidt) und zum 18. Jahrhundert (Joachim Klein) erläutern die Entstehung und Entwicklung der russischen Sprache und Literatur im politischen und kulturellen Zeitkontext.*

- Heinz Kneip / Hubert Orłowski (Hg.): Die Rezeption der polnischen Literatur im deutschsprachigen Raum und die der deutschsprachigen in Polen 1945–1985, Darmstadt 1988. *Der Band gibt einen umfassenden und problemorientierten Einblick in die Zusammenhänge von Kulturpolitik, Literaturrezeption und den Fachdisziplinen in der Bundesrepublik, DDR, Österreich, der Schweiz* — Polen *und in Polen. Er informiert sowohl über allgemeine Trends als auch über die Rezeption prominenter Autoren im jeweils anderen Sprachraum.*

- **Jan Mazur: Geschichte der polnischen Sprache,** Frankfurt a. M./ Berlin/Bern u. a. 1993. *Eine übersichtliche, systematische Darstellung der Entwicklungsgeschichte der polnischen Sprache, geordnet nach kulturellen Epochen, anhand von detailliertem Sprachmaterial zur lexikalischen, grammatischen und phonetischen Veränderung.*

3 Macht und Ohnmacht der Literatur

Abbildung 3: Karol Miller: *Odwiedziny Jana Zamoyskiego w Czarnolesie* (Kanzler Zamoyski zu Besuch in Czarnolas), Gemälde (ohne Datum)

Das Gemälde von Karol Miller (1835–1920) verleiht dem nationalen Mythos der polnischen Literatur eine konkrete Gestalt: Es zeigt in romantischer Stilisierung den als „Vater der polnischen Literatur" verehrten Dichter Jan Kochanowski im Kreise seiner Familie in seinem südpolnischen Heimatort. Der Kronkanzler Jan Zamoyski, eine wichtige Persönlichkeit der Adelsrepublik, beehrt mit seinem Gefolge den Dichter mit seinem Besuch. Beide sind prominente Figuren des „Goldenen Zeitalters" der polnischen Kultur.

Die Aufteilung und Haltung der Personen im Bild drückt die hohe Wertschätzung aus, die der Dichtes in der polnischen Kultur genießt: Er ist es, der alle Blicke auf sich lenkt, der im Zentrum steht und dem sich alle in Ehrfurcht nähern – rechts die Familie, im intimen Halbrund versammelt, links die Staatsmacht in gebührendem Abstand. Zugleich ist der Dichter integraler Teil der Nation: Er befindet sich inmitten der heimatlichen Natur, ist der ländlichen und volksnahen Lebensweise des Kleinadels verbunden, der die polnische Nation repräsentiert. Im Hintergrund zeichnet sich die Silhouette einer mediterran geprägten Kulturlandschaft ab, mit Zypresse und Schloss. Der italienische Stil des Schlosses kann als Hinweis auf die Inspirationsquelle des Dichters und den Zeitgeist der Renaissance gelesen werden.

Die Darstellung drückt das hohe Sozialprestige aus, das der Literatur in Polen traditionell entgegengebracht wurde und das sie unter völlig anderen gesellschaftspolitischen Umständen auch in Russland erlangt hat. Dem wird im Folgenden durch die verschiedenen Etappen der Geschichte nachgegangen. Dabei wird zu fragen sein, wie die Literatur in beiden Ländern zur Identitätsbildung beiträgt, auf welche Träger sie sich stützt und welche Funktion sie in Nation und Staat ausübt.

3.1 **Literatur und Nation in Polen**
3.2 **Literatur und Staat in Russland**
3.3 **Von der Adelskultur zur Intelligenzia**
3.4 **Die Verstaatlichung der Literatur**

3.1 Literatur und Nation in Polen

Literatur als eigenständige Institution, die sich sowohl in ihrer Funktion als auch in ihrer institutionellen Verankerung aus der kirchlichen und feudalen Abhängigkeit befreit hat – in diesem modernen Verständnis wird in der europäischen Kulturgeschichte seit dem 18. Jahrhundert von Literatur gesprochen (→ ASB D'APRILE/SIEBERS). Literatur als autonome ästhetische, nicht religiöse oder staatliche Institution bildete sich mit der Ausdifferenzierung der nachfeudalen, bürgerlichen Gesellschaft heraus. In Russland und in Polen vollzog sich diese Emanzipationsbewegung der Literatur unter erschwerten Bedingungen: Der Verlust der Eigenstaatlichkeit in Polen und die anhaltende autokratische Herrschaft in Russland drückten der Gesellschaft und der Kultur jeweils ihren Stempel auf. Literatur entwickelte sich in beiden Ländern bald als Medium, in dem Freiheits- und Emanzipationsbedürfnisse zum Ausdruck gebracht wurden. Sie konnte sich nur unter Zensurbedingungen oder in der Emigration entfalten und war dadurch per se politisch geprägt.

<small>Existenzbedingungen der Literatur</small>

Mit dem Verschwinden des polnischen Staates 1795 (vgl. Jaworski u. a. 2000, S. 145–210) wurde die Bewahrung der nationalen Kulturgemeinschaft der wichtigste Stimulus der polnischen Literatur. „Nationalbewusstsein ist die wichtigste Komponente der polnischen Literatur während der Teilungen des Landes" (Eile 2000, S. I). Die politische Entmachtung Polens führte zu einer kulturellen Ermächtigung der Literatur, die zunächst vom Ausland aus agierte, vor allem von Paris aus, später aber in der unterworfenen Heimat ihren Platz einnahm. Getragen wurde sie von Intellektuellen und Künstlern, die den Status von moralischen Lehrern und nationalen Propheten erlangten.

<small>Nationale Funktion der Literatur</small>

In der Romantik wurde Literatur zur „heiligen Sache" der Befreiung und Wiedergeburt Polens, sie schuf die nationale Identität Polens, eine Identität, die nicht von ethnischer Herkunft, sondern von der Idee der alten *Rzeczpospolita* getragen war. Bis zur dritten Teilung 1795 war die Rzeczpospolita Polen-Litauen ein multiethnischer Staatenbund, in dem nur etwa 50 Prozent der Bürger polnischer Herkunft waren. Hinzu kamen neben den Litauern und Ukrainern Deutsche, Juden, Armenier, aber auch Schotten, Ungarn, Niederländer und Böhmen (vgl. Jaworski u. a. 2000, S. 230). Das entscheidende Merkmal der nationalen Zugehörigkeit war ein ständisches: Nur Angehörige des Adels, gleich welcher ethnischer Herkunft, wurden als Angehörige der Nation betrachtet. Da der Adel im 17. und 18. Jahr-

<small>Ideal der Adelsrepublik</small>

hundert zwischen sieben und zwölf Prozent der Bevölkerung des polnischen Staatsterritoriums bildete, war die Nation eine Angelegenheit der Elite.

Der polnische Ausdruck *naród* für Nation rekurriert im Sinne der von Johann Gottfried Herder im 18. Jahrhundert entwickelten Vorstellung nicht nur auf die staatliche Einheit, sondern auch auf die kulturellen Eigentümlichkeiten, auf die sich die Volksgemeinschaft gründet. Das ist neben der Sprache vor allem die Religion. Beide Elemente haben bereits in der Adelsrepublik als Elemente des Polentums eine wichtige Rolle gespielt. Anders als in anderen ostmitteleuropäischen Ländern – etwa der Tschechoslowakei und Ungarn, deren Sprachen nicht die hohe Kultur repräsentierten – war die führende Schicht Polens auch die Trägerin der dominanten Landessprache (vgl. Pynsent 1996, S. 8–9).

Säulen des Polentums

Durch die stufenweise erfolgende Aufteilung des Landes unter die vormaligen Protektoratsmächte Preußen, Österreich-Ungarn und Russland in den Jahren 1772, 1793 und 1795 wurde die nationale Funktion der Literatur nicht nur verstärkt, sondern auch erschwert. Polen hatte ja nicht nur als Staat zu existieren aufgehört, es wurde auch in seinem Innern zerrissen und die Teilungsgebiete waren unterschiedlichen politischen und kulturellen Ordnungen unterworfen. Religion, Sprache und Literatur hatten gewaltige Widerstände zu überwinden, um die Einheit der polnischen Nation wenigstens kulturell zu bewahren.

Nation unter Bedingungen der Teilung

Die Sprachenpolitik wurde von den Teilungsmächten unterschiedlich, aber überwiegend restriktiv gehandhabt: im von Österreich-Ungarn besetzten Galizien herrschte bis 1848 Toleranz, in Preußen setzte mit Bismarck eine rigide Germanisierungspolitik ein, im russischen Teilungsgebiet wurden die nach den Aufständen 1830 ursprünglich gewährten Privilegien abgeschafft und nach dem Aufstand 1863 das Polnische in Schulen und öffentlichen Einrichtungen verboten. Das führte dazu, dass der Gebrauch der polnischen Sprache und das Verfassen polnischer Literatur zugleich ein Akt politischer Subversion war. Bildung und Aufklärung, die Weitergabe der polnischen Tradition waren Widerstandshandlungen gegen die Fremdherrschaft und Instrumente, um die Nation kulturell am Leben zu halten.

Sprachenpolitik in den Teilungsgebieten

Bei Polens Rückkehr in die europäische Staatengemeinschaft nach 1918 suchte die Literatur ihren Platz zwischen nationalem Pathos und kosmopolitischer Offenheit. In der kurzen Phase der Wiedererlangung der polnischen Staatlichkeit zwischen den zwei Weltkriegen erwies sich, dass der romantisch-literarische Mythos von einem

Neuorientierung in der Zwischenkriegszeit

einigen und starken Polen den realen gesellschaftlichen Widersprüchen in der jungen Republik mit ihren politisch ungesicherten Grenzen nicht standhielt. Die sozialen wie nationalen Klüfte lagen zwischen den neuen Eliten und der Masse der Bauernschaft einerseits, zwischen den polnischen und anderen im Lande lebenden Volksgruppen (Juden, Litauern, Ukrainern Weißrussen), die noch immer ein Drittel der Bevölkerung ausmachten, andererseits. Nun brachen sie mit Macht auf und verschärften sich durch zunehmende nationalistische Stimmungen. Die staatliche Konsolidierung und der nationale Selbstfindungsprozess fanden schließlich ein jähes Ende, als mit dem Beginn des Zweiten Weltkriegs Polen erneut zum Spielball der ehemaligen Teilungsmächte wurde und Literatur und Gesellschaft vor neuen schweren Prüfungen standen.

3.2 Literatur und Staat in Russland

Die russische Literatur entwickelte sich im Zeichen imperialer Machtentfaltung: In dem Maße, in dem der einst mächtige polnisch-litauische Staat politisch zerbrach, konsolidierte sich der russische. Die Literatur unterstützte diesen Prozess, schien er doch Ausdruck des wachsenden Einflusses Russlands in Europa zu sein, der den verspäteten Anschluss an dessen zivilisatorischen Fortschritt dokumentierte. Die Orientierung an der westlichen Kultur, insbesondere der höfischen Kultur Frankreichs, war zunächst stark ausgeprägt, sie wurde jedoch mit wachsendem nationalen und vor allem imperialen Selbstbewusstsein auch kritisch hinterfragt. Literatur monierte zunehmend gesellschaftliche Zivilisations- und Emanzipationsdefizite, die der autokratische Staat nicht zu beheben vermochte. Imperiale Loyalität und Gesellschaftskritik gingen häufig zusammen.

Emanzipation der Literatur

Seit dem 13. Jahrhundert vollzog sich das in Epen verkündete „Sammeln der russischen Erde", das die Streitigkeiten der zersplitterten süd- und nordrussischen Fürstentümer beenden und eine Macht gegen die äußeren Feinde, vor allem gegen das ostwärts drängende Polen-Litauen errichten sollte. Mit der Gründung des „Moskauer Reichs" unter Iwan III. und später Iwan IV. (genannt der Schreckliche), die sich als Zaren „von ganz Russland" feiern ließen, war das Ziel erreicht. Vollendet wurde es unter Peter I., der das „Russländische Imperium" begründete. Das russländische Reich war wie seinerseits das polnisch-litauische ein Vielvölkerstaat. Die mit dem Imperium eingeführte Unterscheidung zwischen Russländisch (*rossijski*)

„Sammeln der russischen Erde"

und Russisch (*russki* = Bezeichnung der ethnischen Herkunft) verdeutlicht, dass der imperiale Gedanke der Staatlichkeit über den der ethnischen und auch religiösen Zugehörigkeit gestellt wurde.

Zentralismus als Gründungsmythos

Das russische Nationalbewusstsein richtete sich also am Akt der zentralistischen Staatsgründung und autokratischen Herrschaft aus. Das ist als Gegennarrativ zum polnischen Staatsverständnis zu betrachten, das auf den Rechten des Individuums, dem Liberum veto innerhalb der Adelsrepublik gründete. Die Einspruchsmöglichkeit der einzelnen galt im altpolnischen Staat als höchstes Gut, sie blockierte allerdings geschlossenes Handeln und wird häufig für den Zusammenbruch der polnischen Adelsrepublik verantwortlich gemacht (vgl. Pynsent 1996, S. 69–70). Etwas Ähnliches konnte in Russland nicht passieren.

Literatur und Imperium

Die Literatur stellte sich sehr früh in den patriotischen Dienst der imperialen Idee. Seit den ersten überlieferten literarischen Zeugnissen wie dem *Slovo o polke Igorewe* (*Lied von der Heerfahrt Igors*, Entstehung und Herkunft ungeklärt) der *Powest vremennych let* (*Nestorchronik*, 1113), den altrussischen Bylinen (10.–16. Jahrhundert), die die „Sammlung der russischen Erde" unter starken Fürsten preisen, bis hin zur klassischen russischen Literatur des 19. Jahrhunderts wird mit wenigen Ausnahmen (etwa Lew Tolstoi, → KAPITEL 7.3) die imperiale und expansionistische Politik des russländischen Staates nicht infrage gestellt.

Ansätze zum Nationalismus

Im Laufe des 19. Jahrhundert fand der religiös gestützte Nationalismus auch in Russland Eingang in das offizielle Staatsverständnis: Galt die Autokratie im 18. Jahrhundert als eine rein sakrale Institution und der Zar als überirdisches Wesen, so wurde er im 19. Jahrhundert ganz weltlich als erster Bürger des Staates angesehen. Nikolai I. (Herrschaftszeit 1825–55) präsentierte sich als strenger, aber gütiger „Vater der Völkerfamilie" des russischen Imperiums (Peters / Schmid 2004, S. 8), ein Titel, den ein Jahrhundert später Stalin übernehmen würde. Die um 1830 offiziell verbreitete Losung: „Autokratie, Orthodoxie und Volksverbundenheit" verdeutlichte die Rangordnung: An erster Stelle stand der weltliche Imperator, der nach byzantinischem Verständnis zugleich Kaiser von Gottes Gnaden war, an zweiter Stelle die ihrer Eigenständigkeit beraubte Staatskirche und an dritter Stelle das Volkstum oder besser Staatsvolk, das zwar nicht ethnisch, aber durch die Zugehörigkeit zur orthodoxen Religion klassifiziert wurde.

Polnischer Aufstand und russischer Nationalismus

Häufig wird die Bedeutung des polnischen Novemberaufstandes 1830/31 als wichtiges Ereignis für das Erstarken des russischen Nationalismus hervorgehoben, der sich an antipolnischen Ressentiments abarbeitete (vgl. Kappeler 1993, S. 204). Das findet auch in der Literatur seinen Widerhall, etwa im Schaffen Alexander Puschkins (→ KAPITEL 5.3).

Dennoch geriet die Literatur mit der Staatsmacht in Konflikt: Nicht das Imperium war Stein des Anstoßes, wohl aber die unzeitgemäße autokratische Staatsordnung, die die Freiheit des Individuums und die Modernisierung der Gesellschaft behinderte. Das patriotische Selbstbewusstsein der Russen war im „Vaterländischen Krieg" (1812–13) gegen den Eroberer Napoleon gestärkt worden, während der polnische Patriotismus, der an Napoleon die Hoffnung auf Befreiung vom russischen Joch geknüpft hatte, eine Niederlage erlitt. Die Begegnung mit dem Westen, besonders mit Frankreich, hatte den heimkehrenden jungen Offizieren der siegreichen russischen Armee nach 1812 die Rückständigkeit der eigenen Gesellschaft krass vor Augen geführt. Sie gründeten nach französischem Vorbild Geheimgesellschaften, denen auch zahlreiche Literaten angehörten, und entwickelten ein politisches Programm zur Umwandlung Russlands in einen demokratischen zentralisierten Nationalstaat nach französischem Muster (vgl. Kappeler 1993, S. 200).

Patriotismus

Die gesellschaftliche Rückständigkeit Russlands und die Unwilligkeit oder Unfähigkeit der Zarenmacht, diese zu beseitigen, haben die Kluft zwischen Literatur und Politik im Laufe des 19. Jahrhunderts stetig vertieft. Der Staat reagierte mit verschärfter Überwachung und Zensur, unter deren Bedingungen die Literatur ihre besondere Prägung erlangte und auf die sie sich einrichtete. Der Kampf der Zaren gegen die progressiven Kräfte Gesellschaft fand einen Höhepunkt in der Niederschlagung des Dekabristen-Aufstandes von 1825, einer Revolte junger adliger Offiziere gegen die Autokratie, an der sich auch zahlreiche Schriftsteller beteiligten: Fünf Rädelsführer wurden gehenkt, etwa 100 Aufrührer nach Sibirien verbannt. Zar Nikolai I. errichtete in der Folge einen Polizeistaat und schuf mit der berüchtigten III. Abteilung die erste Geheimpolizei Russlands, zu deren vordringlichen Aufgaben auch die Bespitzelung von Literaten gehörte. Alexander Puschkin, der den Dekabristen nahe gestanden hatte, wurde deren erstes prominentes Opfer.

Kluft zwischen Literatur und Staat

Dekabristen-Aufstand

Die staatliche Gängelung verschaffte der Literatur ein hohes Renommee in der Gesellschaft und erhöhte ihre Bedeutsamkeit als Medium gesellschaftlicher Bewusstseinsbildung. Insbesondere seit Mitte des 19. Jahrhunderts, als eine Phase der Liberalisierung anbrach und die Zensurbestimmungen gelockert wurden, avancierte die Literatur

Literatur als Medium von Sozialkritik

zum wichtigsten Medium gesellschaftlicher Selbstverständigung, zum Superdiskurs, in dem nicht nur allgemein menschliche Themen, sondern auch alle gesellschaftlich relevanten Fragen aus den Bereichen Philosophie, Soziologie, Jura und Wirtschaft verhandelt und neue Gesellschaftsmodelle entworfen wurden.

Unterschiedliche Funktionen der Literatur

Die russische Literatur befand sich also in einer fundamental anderen Situation als die polnische: Sie agierte nicht unter Bedingungen der Fremdherrschaft oder der Emigration, sondern befand sich im Zentrum der Gesellschaft, wo sie sich zu einer beargwöhnten, aber doch offiziell geachteten Instanz gesellschaftlicher und nationaler Bewusstseinsbildung entwickelte. Sprache musste nicht als Symbol für den Erhalt der Nation fungieren, sie wurde vielmehr als gesellschaftskritisches Instrument benutzt, um – wie es der Dichter Gawrila Dershawin an der Wende zum 19. Jahrhundert ausdrückte – „den Zaren die Wahrheit zu sagen". Die in der Puschkin-Ära hochgehaltene „Freiheit der Kunst" meinte weniger einen gesellschaftsfernen Ästhetizismus als vielmehr die Verteidigung der Unabhängigkeit des Künstlers gegen die (staatliche und kirchliche) Zensur, aber auch gegen den sich zu dieser Zeit entwickelnden (bürgerlichen) Kunstbetrieb mit seinen Marktgesetzen (vgl. Städtke 2002, S. 138–153).

Das romantische Ringen um das Sagen des Unsagbaren erlangte unter den rigiden Zensurbedingungen auch die politische Bedeutung

Äsopische Sprache

des Sprechens zwischen den Zeilen (Inoskasanie). Der „äsopische" Sprachgebrauch, d. h. das Sprechen in Andeutungen und Metaphern, charakterisierte – aus unterschiedlichen Gründen und unter wechselnden politischen Bedingungen – die russische wie die polnische Literatur bis in die jüngste Vergangenheit.

3.3 Von der Adelskultur zur Intelligenzia

Bei der Untersuchung der Schichten, die als kulturelle Eliten die Nation vertraten und die auch die Verfasser und Konsumenten von Literatur waren, sind in ganz Osteuropa Gemeinsamkeiten festzustellen. Aufgrund der fehlenden bürgerlichen Entwicklung war der Adel länger als in Westeuropa Träger der Kultur. Die agrarische Verfassung osteuropäischer Länder führte zu einer lang anhaltenden ständischen Ordnung, in der sich im Wesentlichen zwei Klassen gegenüberstanden: eine dünne aristokratische Oberschicht und eine riesige Schicht des Volkes, in der die Bauern den größten Anteil bildeten.

VON DER ADELSKULTUR ZUR INTELLIGENZIA

Die Salonsprache der Aristokratie war in Osteuropa wie im übrigen Europa Französisch, während in den Städten, zumindest in Mittelosteuropa, das deutsche Bürgertum dominierte und auf dem Land die unterschiedlichsten Dialekte und Volkssprachen verbreitet waren. Als mit der Romantik nicht nur die eigene Geschichte, sondern auch die Volkssprache und die Folklore als Quellen für die nationale Literatursprache entdeckt wurden, fand eine Berührung der Sprachen statt, die allerdings einseitig blieb. 90 Prozent der Bevölkerung des Russischen Reichs, vorwiegend Bauern, waren bis zur Oktoberrevolution 1917 Analphabeten. Auch in Polen, wo der Bildungsstand der Bevölkerung höher war als in Russland, wurde die Literatursprache vom Adel geschaffen und praktiziert. Das erste im 19. Jahrhundert veröffentlichte Standardwörterbuch der polnischen Sprache (*Słownik języka polskiego*), das sich auf schriftliche Quellen vom 16. bis 18. Jahrhundert stützte, belegt, dass sich die polnische Standardsprache zwar gut etabliert hatte, aber nur von einer kleinen Gruppe der „politischen Nation" verwendet wurde (Eile 2000, S. 14f.). Literatur blieb in Polen wie in Russland die Angelegenheit einer Elite.

<small>Kulturelite in Osteuropa als Sprachträger</small>

Um die Mitte des 19. Jahrhunderts verbreitete sich in beiden Ländern die Schicht der Gebildeten aus nichtadligen Kreisen: Die neue Intelligenzia, in Russland aufgrund ihrer Herkunft aus verschiedenen Ständen Rasnotschinzen (*rasnye tschiny* = verschiedenen Stände) genannt, wurde zum Träger politisch radikaler Ideen (vgl. Peters/Schmid 2004, S. 25–31). Sie wollte das Volk durch Agitationen zum Widerstand gegen seine soziale Situation aufrufen, doch die „Gänge ins Volk", die die Bewegung der Narodniki (Volkstümler) initiiert hatte, misslangen. Das Volk und die Intelligenzia sprachen noch immer verschiedene Sprachen.

<small>Elitenwechsel: Intelligenzia</small>

<small>Volkstümlerbewegung</small>

Dennoch wurde die Literatur zunehmend zu einer öffentlichen Angelegenheit. Der Buch- und Zeitschriftenmarkt breitete sich aus (vgl. Städtke 2002, S. 138), eine professionelle Literaturkritik entstand, deren Träger die Rasnotschinzen waren. Sie brach mit dem schöngeistigen Hegelianismus der Adelskultur, ließ sich vom französischen Positivismus (Auguste Comte, Hippolyte Taine) und den sozialistischen Ideen (Robert Owen, Charles Fourier und Henri de Saint-Simon) inspirieren und forderte von der Literatur vor allem sozialen Nutzen. Der prominente Kritiker Nikolai Tschernyschewski vertrat eine radikal realistische Ästhetik, in der nicht nur der Inhalt, sondern auch die Form den Wirklichkeitsbezug der Literatur ausweisen sollte. Seine Devise: „Schreiben in den Formen des Lebens" hat noch für den Sozialistischen Realismus des 20. Jahrhunderts Gültigkeit behalten.

<small>Entstehung revolutionär demokratischer Kritik</small>

Die Fülle des Lebens bildete in der Tat den Stoff für die großen Romanciers des russischen Realismus, Turgenjew, Tolstoi, Dostojewski, die vielschichtige Gesellschaftsbeschreibungen und -diagnosen entwarfen, zugleich differenzierte Analysen über das Befinden des Menschen im Zeitalter der Moderne lieferten und dabei heftig über den zukünftigen Weg Russlands stritten (→ KAPITEL 8, 9).

In Polen setzte sich die Abkehr von den romantischen Idealen der Adelselite nach dem gescheiterten Aufstand von 1863 durch. Die Gesellschaft war durch die Germanisierungstendenzen in Preußen und die forcierte Russifizierung im russischen Teilungsgebiet kulturell zersplittert und durch Massendeportationen nach Sibirien physisch und moralisch geschwächt. Etwas später als in Russland betrat aber auch hier eine neue Generation von Intellektuellen und Schriftstellern die gesellschaftliche Bühne, die sie nicht wie die Adelskultur im aristokratischen Krakau, sondern im bürgerlich aufstrebenden Warschau fanden. Die junge Intelligenzia entwickelte ein Minimalprogramm zum praktischen Überleben der Polen als Nation, das sich ebenfalls an Positivismus und Realismus orientierte, aber unter den gegebenen Umständen eher evolutionäre als revolutionäre Ziele formulierte. Die neue Schicht von Intellektuellen wollte in dem gegebenen politischen Rahmen die Zivilgesellschaft aufbauen und Modernisierung und Industrialisierung vorantreiben, um Polen den Anschluss an das moderne Europa zu ermöglichen. Es waren die Ziele des aufstrebenden Bürgertums, und seine Vertreter stammten aus der arbeitenden Intelligenz, der Kaufmanns- und Industriellenschicht.

Positivismus in Polen

Das Postulat der organischen „Arbeit an der Basis" forderte die Intellektuellen, den Kleinadel und den Klerus in der Provinz auf, Aufklärungsarbeit im Volk zu leisten und besonders den wie in Russland aus der Leibeigenschaft entlassenen Bauern zu helfen, eine eigene Existenz aufzubauen. Es bestimmte das literarische Programm und wurde in einer publizistisch angelegten Tendenzliteratur verbreitet (vgl. Przybyła 1999, S. 147–177). Auch wenn die Kapitalismusorientierung nicht lange vorhielt und sich bald kapitalismuskritische Töne in die positivistische Grundgestimmtheit mischten – so im Schaffen von Eliza Orzeszkowa, Bolesław Prus und später auch bei Władysław Stanisław Reymont (→ KAPITEL 8, 9) –, wurde auch in Polen das Ende der bislang vorherrschenden Salonkultur eingeläutet.

„Organische Arbeit"

Es lässt sich also feststellen, dass in Russland wie in Polen um die Mitte des 19. Jahrhunderts ein Träger- und Paradigmawechsel stattfand. Literatur wurde zu einer öffentlichen Institution. Sie war nun Marktgesetzen unterworfen wie im bürgerlichen Kulturbetrieb West-

Paradigmawechsel in der Literatur

europas, und verblieb zugleich – trotz kurzer Phasen der Liberalisierung in Russland – unter der staatlichen Kontrolle, die die autonome Entfaltung der Literatur verhinderte.

Die um 1890 einsetzenden modernistischen antibürgerlichen Bewegungen in der Literatur- und Kunstszene, die die Autonomie der Kunst sowohl von staatlicher Kontrolle als auch von den Gesetzen des Kommerz forderten, fanden in Russland durch die Revolution 1917 ihr jähes Ende. Für Polen gab es einen Aufschub bis zum Ende des Zweiten Weltkriegs. Doch die Wiedergewinnung der staatlichen Souveränität 1918 stellte die polnische Literatur erneut vor die Aufgabe, sich Fragen der nationalen Identität zuzuwenden.

3.4 Die Verstaatlichung der Literatur

Die Revolution von 1917 brachte fundamentale Umwälzung in der russischen Gesellschaft und Kultur mit sich. Die Autokratie wurde abgeschafft, der Adel entmachtet, physisch vernichtet oder in die Emigration getrieben und durch eine „Diktatur des Proletariats", d. h. eine Herrschaft von unten ersetzt, die sich jedoch bald als Herrschaft einer Parteielite entpuppte. Eine ehrgeizige Kulturrevolution startete in den 1920er-Jahren: In einem Zeitraum von etwa zwanzig Jahren wurde das Alphabetisierungsniveau der mittel- und westeuropäischen Länder vom Ende des 19. Jahrhunderts erreicht und der Zugang zu Bildung und Kultur für alle gesichert, freilich um den Preis der Ausschaltung der alten Kulturelite.

Sozialistische Kulturrevolution

Doch hatte das Proletariat noch keine eigene Literatur und Kunst. Es entbrannte ein heftiger Streit der verschiedenen Gruppierungen und Richtungen um den Führungsanspruch in diesem Prozess der Schaffung einer neuen revolutionären Kunst. Es war das Zeitalter der vielfältigen ästhetischen Experimente – nicht zu verwechseln mit Freiheit der Kunst im politischen Sinn. Die Verquickung von Parteipolitik und Literatur war seit der Revolution unabweisbar, die Kontrollfunktion des zaristischen Staates über die kulturellen Institutionen wurde nun mit anderen Inhalten und Zielstellungen von der herrschenden Parteielite übernommen.

Literatur im Dienst der Parteipolitik

Mit der Dekretierung des „sozialistischen Realismus" Mitte der 1930er-Jahre war die Phase der ästhetischen Experimente, etwa zur Schaffung einer sozialistischen Avantgardekunst, beendet. Alle nichtrealistischen Kunstrichtungen wurden für volksfeindlich erklärt und ihre Vertreter verfolgt.

Dekretierung des „sozialistischen Realismus"

MACHT UND OHNMACHT DER LITERATUR

Verstaatlichung der Literatur

In den 1930er-Jahren wurde die Verstaatlichung der Literatur, d. h. ihre politische Inbetriebnahme, vollendet (vgl. Günther 1984). Die Partei sicherte ihre Kontrolle durch die Gründung des Schriftstellerverbandes im Jahr 1932, löste alle literarischen Gruppierungen auf und integrierte sie in den Verband, der allein die Druckerlaubnis erteilte. So erhielten die Schriftsteller Publikationsmöglichkeiten, eine soziale Absicherung und eine Reihe von Privilegien, durch die sie systemisch korrumpiert wurden.

Die Sowjetunion verstand sich als ein multinationaler Staatsverband. Die im Zarismus unterdrückten Völkerschaften erhielten kulturelle Rechte, viele von ihnen konnten erstmalig ihre eigene Literatur entwickeln. Die Entstehung neuer Schriftsprachen (für 48 Ethnien) wurde gefördert, ab 1938 erschienen Zeitungen in 66 Sprachen (vgl. Kappeler 1993, S. 304f.). Ziel war es, eine „multinationale Sowjetliteratur" zu schaffen, die national in der Form und sozialistisch im Inhalt sein sollte. Das Zentrum in Moskau behielt die kulturpolitische Hoheit im sowjetischen Vielvölkerstaat.

Multinationale Sowjetliteratur

Dennoch sind bedeutende, auch international bekannt gewordene Autoren aus der multinationalen Förderung hervorgegangen, so der Kirgise Dshingis Aitmatow, der Koreaner Anatoli Kim, der Tschuwasche Gennadi Ajgi. Bekannt werden konnten diese Autoren jedoch erst, als sie ins Russische übersetzt wurden oder selbst Russisch schrieben. Die russische Sprache war nicht nur die lingua franca der Völker der Sowjetunion, die allmählich auch an den Schulen die Nationalsprachen in den Hintergrund drängte, sondern ihre Kenntnis war unabdingbar für eine literarische, wissenschaftliche oder politische Karriere in der Sowjetunion.

Dominanz der russischen Sprache

Das sowjetische Modell des Literaturbetriebs wurde in den 1950er-Jahren in allen Ostblockländern übernommen. Der Literatur wurde eine ideologische Funktion zugewiesen, für die Partei und Staat die Regeln aufstellten. Der Dichter Czesław Miłosz erhob in seinem Essayband *Znielowony umysł* (1953; *Verführtes Denken*, 1959) aus der Emigration Vorwürfe des politischen Opportunismus gegen die Masse der polnischen Intellektuellen. Dagegen gibt es in einer neueren polnischen Literaturgeschichte plausible Einwände:

Sowjetisches Literaturmodell im Ostblock

Bedeutung der Literatur im Sozialismus

„Die Literaten, in die als potentielle ‚Ingenieure der menschlichen Seele' die neue Regierung große Hoffnungen setzte, wurden von dieser Regierung, anders als von derjenigen vor dem Krieg, privilegiert und geehrt. Die Partei gab ihnen auch die Möglichkeit (oder zumindest stellte sie diese in Aussicht), auf den Gang der Geschichte und den menschlichen Charakter Einfluss auszuüben.

Wovon sonst kann der Intellektuelle und Schreiberling noch träumen?" (Koehler 1999, S. 236)

Die Wertschätzung der Literatur hatte damit in den Ländern des Ostblocks eine nie gekannte Höhe erfahren, aus der der Fall der Unbotmäßigen allerdings auch entsprechend tief sein konnte. Durch autoritäre staatliche Politik, insbesondere in der Zeit des Stalinismus, ist ein bedeutender Teil der osteuropäischen Elite der Literatur und Kunst physisch vernichtet, repressiert oder in die Emigration getrieben worden. Nach dem Ende des Zweiten Weltkriegs hatte Polen zwar seine staatliche Souveränität behalten, nicht aber seine politische.

Die Phase des eigentlichen Sozialistischen Realismus war in Polen zwar extrem kurz (von 1949 bis 1954), aber sie hat die neuerliche Zweiteilung der Literatur in eine einheimische und eine Emigrationsliteratur ausgelöst. Autoren wie Witold Gombrowicz, Czesław Miłosz und Sławomir Mrożek gehören zu den prominentesten Emigranten (zur polnischen Emigration vgl. Dybciak 2000, S. 295–299). Ähnliches galt für Russland, wo der Exodus der Literaten in mehreren Wellen seit der Revolution erfolgte. Verließen in den 1920er-Jahren Autoren wie Dmitri Mereshkowski, Sinaida Hippius, Iwan Bunin, Wladimir Nabokow und Marina Zwetajewa das Land, so folgten in den 1970er-Jahren etwa Josif Brodski und Alexander Solshenizyn, um nur die bekanntesten Autorennamen zu nennen (vgl. Lauer 2000, S. 518–587). Die Emigrationsliteratur und die Inlandsliteratur bildeten zwei Stränge in den osteuropäischen Literaturen des 20. Jahrhunderts, die erst seit 1989 allmählich wieder zusammengeführt werden.

<small>Zweiteilung der Literatur</small>

Doch auch im Inland gab es nicht nur den Hauptstrom des Sozialistischen Realismus. Insbesondere seit den 1960er-Jahren bildete sich in allen Ostblockländern eine Untergrundszene heraus, die in Russland und Polen eigene inoffizielle Publikationsmedien und Kommunikationskreise entwickelte: *Samisdat* (Selbstverlag) in der Sowjetunion und *Drugi Obieg* (*Zweiter Umlauf*) in Volkspolen brachten unerwünschte und verbotenen Texte von eigenen und ausländischen Autoren aus dem In- und Ausland in Umlauf. Ihre Betreiber wurden staatlich verfolgt, allerdings in Russland mehr als in Polen, wo sich seit Einführung des Kriegsrechts und der Solidarność-Bewegung in den 1980er-Jahren der *Zweite Umlauf* einen festen Platz im Literaturbetrieb erobern konnte (vgl. Eichwede/Bock 2000).

<small>Inoffizieller Literaturkreislauf</small>

Die staatliche Kontrolle der Literatur blieb in den Ostblockländern bis zur politischen Wende wirksam, doch hatte in mehreren Liberalisierungswellen der Sozialistische Realismus an „Weite und Vielfalt" gewonnen (wie es in der politischen Rhetorik hieß) und seine dogmatische Enge verloren. Die Literatur vollzog eine Gratwanderung der Subversion entlang der ideologischen Linie. Die Funktion, die sie ausübte, erinnert an das 19. Jahrhundert: Erneut war es die Literatur, die auf gesellschaftspolitische Defizite hinwies und sich zur moralischen Instanz und Stimme des Gewissens der Gesellschaft aufschwang. Angemahnt wurden die Freiheit der Persönlichkeit und der Kunst sowie die Demokratisierung der Gesellschaft.

Moralische Funktion der Literatur

Hinzu kamen geschichtliche Tabus, die national durchaus verschieden waren: In der DDR bestimmte die Teilung Deutschlands alle politisch brisanten Diskurse, aber auch das Verhältnis zu sich unbotmäßig verhaltenden „Bruderländern" (Ungarn 1956, Tschechoslowakei 1968, Polen 1980, Sowjetunion 1985/86). In der Sowjetunion waren es die in der offiziellen Geschichtspolitik verfemten Themen wie die Verbrechen der Revolution und des Stalinismus, in Polen das konfliktbeladene Verhältnis zu Deutschland und vor allem zu Russland, zu den Juden, zur Emigration. Die Literatur näherte sich diesen Problemfragen vorsichtig, die in Jahrzehnten oder Jahrhunderten der Unterdrückung erworbene „äsopischen" Spracherfahrung nutzend, und sicherte sich damit die gesellschaftliche Aufmerksamkeit von beiden Seiten: die der Leser, die zwischen den Zeilen zu lesen verstanden, und die der politischen Kontrollorgane, die darüber wachten, dass der Toleranzrahmen nicht überschritten wurde.

Verweis auf Tabus der Geschichte

Der Preis, den die Literatur zahlte, war hoch: Sie wurde zu einer internen Angelegenheit und funktionierte in einer geschlossenen Gesellschaft, die über eine gemeinsame Sprachregelung verfügte und geringste Abweichungen davon als subversive Botschaft registrierte. Die Literaten, die sich diesem Spiel offen widersetzten und mit den Konventionen brachen, wurden entweder in den inoffiziellen Kreislauf verbannt, oder sie gingen in die Emigration – was in Deutschland den Wechsel in den anderen Teil des Landes bedeutete.

Subversive Wirkung der Literatur

Eine erneute fundamentale Änderung ihrer sozialen Situation erfuhr die Literatur nach der Wende 1989/90. Die lang ersehnte Freiheit der Kunst war endlich gewonnen, doch die sozialen Sicherungssysteme gingen verloren. Verloren war auch die Sonderstellung der Literatur als soziales Gewissen der Nation, da nun die modernen Massenmedien diese Rolle übernahmen. Ein Prozess der Neuorientierung setzte ein, der noch immer anhält. Die in Russland und Polen auffällige Tendenz der Literatur, sich in postmoderner Vielfalt zu erproben, steht unter dem Zeichen der Emanzipation von der Langzeit-

Literarische Neuorientierung nach der Wende

wirkung literarischer Muster und nationaler Mythen ebenso wie ideologischer Gebote. Der Eintritt der osteuropäischen Literatur in die gesamteuropäische (Post-)Moderne hat gerade erst begonnen, und es zeichnet sich ein ähnliches Bild ab wie in der Moderne der letzten Jahrhundertwende: Osteuropäische Literatur wird vor allem dann im Westen wahrgenommen, wenn sie eigene Traditionen mit dem internationalen Mainstream zu kombinieren weiß.

Fragen und Anregungen

- Skizzieren Sie, worin sich das Verhältnis von Staat und Nation in Russland und Polen unterscheidet.
- Überlegen Sie, welche Funktionen in Gesellschaft und Nation die Literatur in Russland und Polen hat.
- Welche Konsequenzen hat die Dominanz der Adelskultur für den Charakter der Literatur in beiden Ländern?
- Benennen Sie gesellschaftspolitische Zäsuren, an denen sich literarische Paradigmenwechsel in beiden Ländern feststellen lassen, und diskutieren Sie diese Wechsel.
- Welche Konsequenzen hat die Russische Revolution von 1917 für die Literatur in Russland und Polen?

Lektüreempfehlungen

- Hans Günther: Die Verstaatlichung der Literatur. Entstehung und Funktionsweise des sozialistisch-realistischen Kanons in der sowjetischen Literatur der 30er Jahre, Stuttgart 1984 (Studien zur Allgemeinen und Vergleichenden Literaturwissenschaft Bd. 26). *Konzentrierte Abhandlung über affirmative und subversive Positionen zum Sozialistischen Realismus im Kontext der kulturpolitischen und ästhetischen Debatten der Zeit.*   Russland

- Jochen-Ulrich Peters / Ulrich Schmid (Hg.): Imperium und Intelligencija. Fallstudien zur russischen Kultur im frühen 19. Jahrhundert, Einleitung, Zürich 2004, S. 7–22. *In konzentrierter Form wird der Zusammenhang von Nationalbewusstsein, imperialer Macht und der Entstehung der Intelligenzia in Russland im ersten Drittel des 19. Jahrhunderts verdeutlicht.*

Polen
- **Stanislaw Eile: Literature and Nationalism in partitioned Poland, 1795–1918.** Studies in Russia and East Europe, Introduction, MACMILLAN PRESS LTD 2000. *Eine profunde und knappe Einführung in die Problematik Literatur und Nation in Polen vor den Teilungen.*

- **Czesław Miłosz: Verführtes Denken.** Übersetzt von Alfred Looepfe. Mit einem Vorwort von Karl Jaspers, Köln 1953. *Pointierte essayistische Abrechnung des Emigranten mit der polnischen Intelligenzia der 1950er-Jahre.*

4 Lichter der Aufklärung

Abbildung 4: Der kaiserliche Sprung nach Konstantinopel – Karikatur auf die Expansionsgelüste Katharinas II., Radierung (1787)

Die Karikatur zeigt Zarin Katharina I. in der Phase ihrer höchsten Machtentfaltung. Sie hatte die erste polnische Teilung 1775 erfolgreich bewerkstelligt. In einem kühnen Spagat schwebt sie über dem russischen Felsen in Richtung des früheren Konstantinopel. Mit der Rückeroberung dieser ersehnten, aber unerreichbaren Metropole für die christliche Welt möchte sie die imperiale Herrschaft Russlands im Osten Europas zementieren. Die offiziellen Insignien der kaiserlichen Macht und die schamlos eingesetzten weiblichen Reize werden als Waffen der Zarin hervorgehoben. Den Staatsmännern Europas bleibt nur der Blick unter ihren Rock.

Doch Katharina war janusköpfig. Was die Karikatur verschweigt: Sie war nicht nur eine skrupellose Machtpolitikerin, sondern auch die Initiatorin und Mäzenin der Aufklärung in Russland. Während im absolutistisch regierten Frankreich die Aufklärer bis zur Revolution 1789 staatlich verfolgt wurden und sich zumeist über das Ausland Gehör verschaffen mussten, inszenierte sich Katharina – darin dem Preußenkönig Friedrich II. verwandt – als aufgeklärte Monarchin, die im engsten Kontakt mit der Crème der europäischen Aufklärer stand und sich in deren Verehrung sonnte. Das war am Anfang ihrer Regentschaft keine bloße Pose: die Zarin verfolgte tatsächlich das Ziel, das Licht der Aufklärung in das finstere Russland zu bringen.

Das Jahrhundert der Aufklärung bedeutete für Osteuropa vor allem einen soziokulturellen Modernisierungsschub: Öffentliche Institutionen wie Schulwesen, Theater, Druckereien und Verlage wurden eingerichtet und die Voraussetzungen für einen bürgerlichen Kulturbetrieb geschaffen. Deshalb werden im Folgenden nicht herausragende literarische Werke betrachtet, sondern die institutionellen Wege, die die „Aufklärung von oben" in Russland und Polen jeweils genommen hat. Die in der neueren Forschung aufgeworfene Frage nach der Rolle, die die Religion in der Aufklärung gespielt hat (→ ASB D'APRILE/SIEBERS, KAPITEL 4), ist für Russland in besonderer Weise relevant und wird deshalb an einem konkreten Beispiel erörtert: am Umgang mit der Lichtmetaphorik in der russischen Literatur.

4.1 **Aufklärung von oben**
4.2 **Druckereiwesen und Verlage**
4.3 **Ambivalente Lichtmetaphorik in Russland**

4.1 Aufklärung von oben

Die Aufklärung war die erste geistige Bewegung, die die Chance eröffnete, eine gesamteuropäische Wissensgemeinschaft zu etablieren: Überwindung der aus dem Mittelalter überkommenen Unwissenheit, Selbsterkenntnis des Individuums, daraus resultierendes selbstbestimmtes Handeln und bewusste Teilnahme aller Menschen am Gemeinwesen waren die Leitideen, die die Wende vom ständischen Denken zum Menschenbild der Moderne ermöglichten (→ ASB D'APRILE/SIEBERS, ASB MEYER).

Gesamteuropäische Bewegung

Dieser Emanzipationsprozess vollzog sich etwa zeitgleich in ganz Europa, doch waren seine Ausprägungen und Akzentsetzungen in den einzelnen Ländern verschieden: Im zersplitterten Deutschland dominierte die transzendentale Philosophie, deren Zentralfigur Immanuel Kant war, mit dem religiösen Toleranzdenken von Moses Mendelssohn und Gotthold Ephraim Lessing. Im staatsbewussten Frankreich ging es dagegen neben Voltaires antiklerikalem Skeptizismus eher um staats- und rechtsaufklärerische Positionen (Montesquieu), um die Naturrechtslehre Jean-Jacques Rousseaus und natürlich um die Kompilation modernen Wissens im Projekt der *Encyclopédie*. Die kulturpraktischen Auswirkungen waren europaweit gewaltig: Das Interesse an Pädagogik, Bildungs- und Unterhaltungsinstitutionen wuchs, das Verlags- und Pressewesen entfaltete sich, Kultur wurde säkular und zu einer Institution, die das individuelle und gesellschaftliche Selbstbewusstsein tragen und befördern sollte.

Nationale Schwerpunktsetzungen

In Osteuropa war Aufklärung nicht wie in Westeuropa eine vom aufstrebenden Bürgertum getragene Emanzipationsbewegung, sondern wurde von der europäisch erzogenen Hocharistokratie initiiert, die Triebkraft der Modernisierung und Europäisierung war, und nahm dann unterschiedliche Entwicklungen (vgl. Robel 1992, S. 152).

Träger der Aufklärung in Osteuropa

Während in Polen der geistig-kulturelle Einfluss aus Westeuropa, insbesondere aus Frankreich und Italien, seit dem „Goldenen Zeitalter" von Humanismus und Reformation bis ins 18. Jahrhundert hinein ungebrochen wirkte, brauchte Russland einen längeren Anlauf, um neben den technischen und naturwissenschaftlichen Errungenschaften sowie den imitierten Kunst- und Literaturstilen auch die im Westen kursierenden philosophischen, staats- und naturrechtlichen sowie pädagogischen Ideen aufzunehmen und in die eigene Kultur zu „übersetzen".

Russlands verspätete Europäisierung

Die Aufklärung verlief hier in zwei Schritten: Peter I. verfolgte ein umfassendes Modernisierungsprojekt, das sich zunächst auf den militärischen Sektor konzentrierte. Technisches und naturwissenschaftliches Wissen stand für ihn im Zentrum, doch war dieses ohne kulturelle Einrichtungen wie Bildungsanstalten, Druckereien und Verlage nicht zu verbreiten. So wurden in der ersten Hälfte des 18. Jahrhunderts die institutionellen Voraussetzungen und Kanäle geschaffen, über die schließlich in einem zweiten Schritt auch die Ideen der Aufklärung in einem breiten Strom nach Russland gelangen konnten. Peter I. nahm zur Realisierung seiner Bildungsprojekte und mit der Gründung der Akademie der Wissenschaften im Jahr 1724 vielfältige Beziehungen zu den sächsischen Zentren der Voraufklärung auf: Gottfried Wilhelm Leibniz und Christian Wolff wurden zu engen Beratern der petrinischen Reformen (vgl. Mühlpfordt 2001, S. 405–426).

Die deutsche, aus dem Fürstentum Anhalt-Zerbst stammende Prinzessin Sophie, die als Katharina II. im Jahre 1762 den russischen Zarenthron bestieg, setzte das Modernisierungsprojekt Peters fort, indem sie nunmehr die russische Gesellschaft als Ganzes reformieren wollte – ein gewaltiges Unterfangen, das sie enthusiastisch in Angriff nahm und mit dem sie am Ende ihrer Herrschaft (sie starb 1796) dennoch scheiterte (zu Katharinas Biografie vgl. Madariaga 1996). Die junge Zarin korrespondierte mit den französischen Aufklärern Voltaire, Denis Diderot und d'Alembert sowie mit Friedrich Melchior Grimm, sie bot sogar an, die zum Druck in Frankreich verbotenen *Encyclopédie* zu verlegen. Sie lud Diderot nach Russland ein und kaufte dessen Bibliothek. Montesquieus *L'Esprit des Lois* (*Vom Geist der Gesetze*, 1748) bildete die Vorlage für ihren berühmten 1765 in Auftrag gegebenen *Nakas* (*Große Instruktion*), ein Gesetzeswerk, mit dessen Hilfe die russische Gesellschaft modernisiert und die Autokratie in eine aufgeklärte Monarchie umgewandelt werden sollte (vgl. Schierle 2006). Das Projekt wurde nicht in die Praxis umgesetzt. Ein wichtiges Anliegen Katharinas war die Bildung aller Gesellschaftsschichten sowie die karitative Fürsorge für die Bedürftigen. Sie hielt die Gutsbesitzer auf dem Land für hoffnungslos rückständig und schuf bis zum Ende ihrer Regierungszeit an die 500 weltliche Lehranstalten (Universitäten, Gymnasien, Kadettenschulen, Pensionen, Privat- und Volksschulen; vgl. Smagina 2001, S. 131), dazu Entbindungsanstalten und Waisenhäuser für Arme, das Smolny-Institut, eine Anstalt für adlige und bürgerliche Töchter. Ihr Ziel war es, ihre Untertanen zu „neuen Menschen", bewussten (Staats-)Bürgern (*ci-*

toyens) zu erziehen, die befähigt werden sollten, am Wohl des Staates mitzuarbeiten. Erziehungskonzepte aus ganz Europa wurden geprüft und ein Volksschulsystem entworfen, das leider nie systematisch durchgesetzt wurde. Literatur und Theater wurden als Erziehungsinstrumente gefördert, die ersten privaten Druckereien entstanden, die Bildungsaktivitäten der Freimaurer fanden anfangs die Unterstützung der Zarin.

Das grandiose Reformwerk scheiterte aus mehreren Gründen, die wichtigsten seien stichwortartig genannt: Die Gutsbesitzer widersetzten sich der geplanten Bauernbefreiung, da ihre materielle Existenz auf der Leibeigenschaft beruhte. Ein von dem Kosakenrebellen Jemeljan Pugatschow angeführter Bauernaufstand (1873/74) erschütterte das Land in seinen Grundfesten. Der Ausbruch der französischen Revolution mit der schonungslosen Jagd auf Aristokraten und ihr Ende in der Jakobinerdiktatur versetzten die Zarin in Panik. Katharina stoppte nach 1790 endgültig ihr Liberalisierungsprojekt, um die Monarchie zu retten.

<small>Scheitern des Projekts</small>

Das bedeutete einen enormen Rückschlag für die Liberalisierung der Gesellschaft und Kultur. Die von der Zarin erstmalig in Russland zugelassenen privaten Druckereien, die dem Buch- und Zeitschriftenwesen zu enormem Aufschwung verholfen hatten, wurden wieder verboten, der Betreiber der größten Druckerei, Nikolai Nowikow wurde für fünfzehn Jahre eingekerkert. Der Schriftsteller und frühere Mitarbeiter an der *Großen Instruktion* Nikolai Radistschew wurde wegen seiner fiktiven Reisebeschreibung: *Puteschestwie iz Peterburga w Moskwu* (*Reise von Petersburg nach Moskau*, 1790), die eine kritische Zustandsbeschreibung der russischen Gesellschaft enthielt, nach Sibirien verbannt.

<small>Rücknahme der Reformen</small>

Der freie Geist der Aufklärung war allerdings geweckt und ließ sich nicht durch einen autokratischen Willensakt wieder unterdrücken. Das Staatsideal Peters des Großen wurde auch in Russland durch das Persönlichkeitsideal der französischen Aufklärer ersetzt. Die ein halbes Jahrzehnt später eskalierende Dekabristenbewegung sowie das Freiheitspathos des jungen Alexander Puschkin und Michail Lermontow richteten sich auf beides – auf die Persönlichkeit und auf die Gesellschaft.

Das Schicksal der Aufklärung in Polen ist noch tragischer zu nennen, und es steht mit Katharina der Großen in enger Verbindung. Fiel die frühe Phase der Aufklärung in Polen noch in die Herrschaft des sächsischen Königs August III., so erreichte sie ihren Höhepunkt unter König Stanisław August Poniatowski (1764–95), dem Günst-

<small>Aufklärung in Polen</small>

ling der russischen Zarin, mit der ihn in seiner Petersburger Zeit eine romantische Liebesbeziehung und aufklärerische Geistesverwandtschaft verband.

Magnatenhöfe als Zentren der Aufklärung

Der Königshof in Warschau sowie die Salons der Magnaten und des Hochadels – z. B. der Salon des Fürsten Adam Czatorysky und seiner Frau Izabela – wurden zu Inseln der europäischen Kultur, aus denen eine Elite hervorging, welche sich am Vorbild des *beau monde*, der guten Pariser Gesellschaft, mit dem *honnête homme* als Ideal des gebildeten Mannes von Welt orientierte.

Neben den elitären, vom Adel beherrschten Zentren wurden – entschiedener und erfolgreicher als in Russland – öffentliche Kultur- und Bildungseinrichtungen geschaffen. Schon 1765 öffnete in Warschau

Nationaltheater

das erste Nationaltheater seine Pforten. Es lebte zunächst von Übersetzungen und epigonalen Stücken, zumeist Komödien. In Russland hingegen wurde die erste nichthöfische Bühne, das von Katharina initiierte Bolschoi-Theater in Peterburg, erst 1783 eingeweiht. In Russland wie in Polen kam – von den Herrschern durchaus gefördert – die Gesellschaftssatire in Mode, die Rückständigkeit und Intoleranz geißelte und neben der Belehrung auch der Unterhaltung dienen sollte.

Wie in Russland, aber von einer breiteren gesellschaftlichen Basis getragen, wurde in Polen ein gesamtnationales Reformierungs- und Erziehungsprogramm ausgearbeitet. Dazu wurde im Jahre 1773, nach Auflösung des Jesuitenordens, dem bis dahin die Erziehung und

Kommission für nationale Bildung

Bildung hauptsächlich oblag, eine Kommission für nationale Bildung ins Leben gerufen: die erste Einrichtung in Europa, die den Charakter eines Volksbildungsministeriums hatte (vgl. Libera 1989, S. 13). Die Kommission reformierte das Bildungssystem systematisch, erarbeitete Schulbücher und erhöhte das Bildungsniveau auf allen Ebenen. Diese Bildungsreform fand breite Aufmerksamkeit und Unterstützung bei französischen und deutschsprachigen Pädagogen (vgl. Robel 1992, S. 179) Zur Errichtung eines einheitlichen Elementarschulwesens ist es allerdings nicht mehr gekommen (vgl. Robel 1992, S. 169).

Vor allem auf dem staatsrechtlichen Sektor überflügelte Polen Russland.

Verfassung vom 3. Mai 1791

Mit der Annahme der ersten geschriebenen europäischen Verfassung vom 3. Mai 1791, die die Erbmonarchie mit begrenzten Vollmachten einsetzte und das Liberum veto abschaffte, wurde der Grundstein für die Schaffung eines souveränen starken Staates gelegt. Die Verfassung gilt als eine der wesentlichsten Errungenschaften der polnischen Aufklärung. Sie bildete in der Folgezeit die wichtigste Berufungsinstanz der Demokratisierungsbestrebungen, die vom westlich liberalen Flügel der polnischen Intelligenzia vertreten wurden und ein Gegengewicht zur sarmatischen Richtung bildeten, die die altpolnische Adelsrepublik verteidigte. Imperiale Politik und Machterhalt standen jedoch bei der „aufgeklärten Monarchin" Katharina II. an erster Stelle, die die Auflösung des polnischen Staates sowie seine möglichst weitgehende Einverleibung ins Russische Reich betrieb und dies mithilfe Österreich-Ungarns und später Preußens, den anderen beiden Teilungsmächten, auch erfolgreich durchsetzte. Die Verfassung, von den Polen als juristisches Bollwerk gegen die imperialen Gelüste der mächtigen Nachbarn geplant, konnte die polnische Souveränität nicht mehr retten.

Ein Ende der Aufklärung in Polen bedeutete das jedoch nicht, im Gegenteil: sie fand eine breitere soziale Basis und änderte ihre Zielrichtung. Zahlreiche Gruppierungen aus verschiedenen Schichten organisierten nun einen „Rettungsdienst für das gefährdete Volk" (Królikiewicz 1999, S. 83). Die Konzentration des aufklärerischen Denkens auf den Bildungssektor nahm nach dem Verlust der polnischen Eigenstaatlichkeit zu, da das Feld der Bildung und Kultur als einziges noch zu bestellen blieb. Die Epoche der Aufklärung hat in Polen weniger originelle Beiträge zur Literatur und Philosophie hervorgebracht, als dass sie eine institutionelle Grundlage geschaffen hat, auf der sich Kultur und Bildung in den Folgezeiten weitgehend autonom, jenseits staatlicher Eigenständigkeit entwickeln konnten.

Bildung als „nationaler Rettungsdienst"

4.2 Druckereiwesen und Verlage

Der Aufbau des Buch- und Druckereiwesens hat für die Emanzipation der Literatur von kirchlichen und höfischen Funktionen eine revolutionäre Rolle gespielt. Erst mit der Entstehung privater Druckereien und eines eigenständigen Literaturmarktes ist der Eintritt in das Zeitalter der Moderne vollzogen. Das geschah in Polen etwa ein Jahrhundert früher als in Russland.

In Polen gelangte das Druckereiwesen bereits im 16. Jahrhundert vor allem durch deutsche Städtesiedler zur Blüte. Auch die Verlage und der Buchhandel entwickelten sich zwar auf Initiative polnischer Mäzene, waren jedoch fast ausschließlich in den Händen von Ausländern.

Im 18. Jahrhundert erfolgte dann die Übernahme westlicher Institutionen und Gedanken nach Osteuropa in großem Stil. Satirisch-

Entstehung des Druckereiwesens in Polen

Satirische Zeitschriften moralische Wochenzeitschriften nach englischem Vorbild wurden ins Leben gerufen. Als Förderer der Aufklärung hat sich der letzte König des unabhängigen Polen Stanisław August Poniatowski, Favorit Katharinas II., verdient gemacht. Er gründete die *Donnerstags-Tafel*, eine exklusive Tischgesellschaft von Gelehrten, Künstlern und Literaten, die von 1770 bis 1777 regelmäßig tagte und deren Ziel es war, den kulturellen Anschluss Polens an Europa voranzutreiben. Als deren inoffizielles Organ galt die erste polnische Literaturzeitschrift *Zabawy Przyjemne i Pożyteczne* (*Angenehmer und nützlicher Zeitvertreib*; ab 1772), um die sich ein dem König nahestehender Dichterkreis versammelte, der dessen Vorliebe für klassizistische Ästhetik teilte (vgl. Królikiewicz 1999, S. 91f.). Die wichtigste, ebenfalls vom König unterstützte Zeitschrift der polnischen Aufklärung, die sich mit allgemeinen Fragen der Gesellschaft befasste, war *Monitor* (1765–85). Unter der Leitung von Adam Czartoryski, und Stanisław Konarski erhielt *Monitor* in enger Anlehnung an den englischen *Spectator* eine politische Färbung. Die bedeutendsten Autoren der Zeit – Franciszek Bohomolec und Ignacy Krasicki – veröffentlichten hier ihre Sittenkomödien, satirische Lyrik und Romane. Attackiert und lächerlich gemacht wurden darin einerseits die Vertreter des adligen Konservatismus mit ihren Idealen der „goldenen Freiheit" der *Rzeczpospolita*, die das Land nur ruiniert hätten, andererseits die blinde Nachahmung fremder Moden. Vertreten wurde ein „aufgeklärter Sarmatismus" (Królikiewicz 1999, S. 97), der in Nachahmung des englischen Utilitarismus einen Interessenausgleich zwischen Individuum und Gemeinwohl anstrebte. Die ersten Jahrgänge des *Monitor* (1765 und teilweise 1766/67) wurden ins Deutsche übersetzt und fanden so den Weg nach Europa.

In der Zeit der polnischen Teilungen wurde die Presse neben der katholischen Kirche zur wichtigsten Instanz der Verteidigung polnischer Kultur und zum Forum politischer Auseinandersetzung. Politik und Literatur blieben hier, wie auch in Russland, eng verbunden. Einen neuen Aufschwung erlebte die polnische Publizistik in der zweiten Hälfte des 19. Jahrhunderts mit dem Aufkommen des Positivismus.

In Russland geht die Initiative zur Entwicklung des Buchdrucks auf Peter I. zurück. 1698 ließ der Zar in Amsterdam die erste russische Druckerei einrichten. Gedrucktes unterschiedlichster Provinienz aus Westeuropa strömte massenhaft nach Russland ein und eroberte entweder im (meist deutschen oder französischen) Original oder in Übersetzungen den russischen Buchmarkt. Erschienen in den ersten

Anfänge von Buchdruck und Pressewesen unter Peter I.

zwei Jahrzehnten des 18. Jahrhunderts lediglich etwa hundert Titel, so waren es am Ende des Jahrhunderts bereits fünfeinhalbtausend (vgl. Graßhoff 1986, S. 250). Auch Schullehrbücher konnten nun in großem Umfang gedruckt werden. Die erste russische Zeitung *Wedomosti (Nachrichten)* erschien 1702–27 ebenfalls auf Initiative des Zaren. Die weitere Professionalisierung und Emanzipation des Verlags- und Pressewesens ist der 1724 eröffneten Akademie der Wissenschaften zu danken, die zumeist ausländische Gelehrte, vorwiegend Deutsche, in ihren Reihen zählte, welche die Beziehungen zu den Verlagshäusern in ihrer Heimat nutzten und so die internationale Kommunikation ausbauten. Wie für Polen wurde auch für Russland Leipzig ein wichtiges Zentrum verlegerischer Aktivitäten. Doch verblieb das Druck- und Editionsgeschäft bis zu Katharina der Großen unter der strengen Herrschaft der Regierung und der Kirche.

Katharina hat das Entstehen einer literarischen Öffentlichkeit aktiv befördert. Unter ihrer Ägide entstanden literarische Gesellschaften und Freundeskreise, die 1855 gegründete Moskauer Universität wurde ein Zentrum des geistigen Lebens. Mit ihrer Zeitschrift *Wsjakaja Wsjatschina (Buntes Allerlei,* 1769) eröffnete die Zarin den Reigen für eine ganze Reihe satirisch-moralischer Zeitschriften, für die sie auch selbst Texte schrieb. 1768 gründete sie eine Übersetzungsgesellschaft, aus der 1783 nach dem Vorbild der *Académie française* die *Russische Akademie* hervorging, die sich der Pflege der russischen Sprache und Literatur widmete. An ihrer Spitze stand mit Fürstin Katharina Daschkowa eine Frau (vgl. Klein 2002, S. 92–94).

Schaffung von literarischer Öffentlichkeit unter Katharina II

Der eigentliche Durchbruch zur Etablierung eines bürgerlich-kommerziellen Buchmarktes und Pressewesens gelang in Russland aber erst in den 1820er-Jahren, als mit *Moskowski telegraf (Moskauer Telegraph), Teleskop* und *Sewernaja ptschela (Nordbiene)* die „dicken Journale" den führenden Platz in der gesellschaftlichen Meinungsbildung und der sich etablierenden professionellen Literaturkritik eroberten. Zeitschriften waren häufig die ersten Medien, in denen literarische Werke vor der Buchfassung vorabgedruckt und zur Diskussion gestellt wurden. Fjodor Dostojewski z. B. konzipierte seine Romane in der Regel als Fortsetzungsromane für Zeitschriften. Die Praxis der Erstveröffentlichung von Literatur in Zeitschriften bestimmte bis in die sowjetische Zeit hinein mit jeweils unterschiedlichen Profilbildungen und von unterschiedlichen Kontrollgremien begleitet, das literarische Leben.

Aufstrebender Buchmarkt in Russland

4.3 Ambivalente Lichtmetaphorik in Russland

Im Begriff *Aufklärung* ist in den meisten europäischen Sprachen noch deutlicher als im Deutschen der Hinweis auf die Lichtmetaphorik enthalten: *Lumière* im Französisch, *Enlightment* im Englischen, *oświecienie* im Polnischen und *proswestschenie* im Russischen (die slawische Silbe *swet* = Licht ist unverkennbar). Kants Diktum vom Sieg des „Lichts des Verstandes" über die „Dunkelheit" des Aberglaubens und der Dummheit bestimmt die Metaphorik.

<small>Ambivalenz von *Proswestschenie*</small>

Doch bereits im Begriffsgebrauch spiegelt sich eine Besonderheit im russischen Aufklärungsdiskurs: *Proswestschenie* bezeichnet die religiöse Erleuchtung ebenso wie ihr weltliches Pendant. Die Taufe der Kiewer Rus im Jahre 899 wurde als *proswestschenie* bezeichnet. Zwar hat auch in Westeuropa die Aufklärung die Lichtmetapher aus der biblischen Rhetorik entlehnt: „Es werde Licht" lautet die erste Schöpferat Gottes (Moses I), die Polarität von Gott als Lichtbringer und Luzifer als „Herr der Finsternis" wird im Evangelium und den Briefen des Johannes verkündet. Doch das Glaubensdogma der Ostkirche beruft sich ausdrücklicher als der Katholizismus auf die Licht- und Erleuchtungssymbolik: Man kann Erleuchtung erfahren, wenn man sich dem (göttlichen) Urbild durch Glaubensanstrengung nähert. Der religiöse „Aufklärer", der Metropolit Illarion schreibt über den Gründer der Kiewer Rus, Wladimir den Heiligen: „Du, Lehrer der Rechtgläubigkeit und Aufklärer der ganzen Rus', durch die Taufe hast du uns alle aufgeklärt" (Illarion, zwischen 1037 und 1050 in: Lotman/Uspenski 1977, S. 28).

<small>Jesuiten in der polnischen Aufklärung</small>

In der polnischen Aufklärung spielte die Lichtsymbolik in ihrer religiösen Bedeutung keine so wichtige Rolle wie in Russland, obwohl gerade hier Kleriker zentrale Protagonisten waren. Zu den aktivsten Pionieren der Aufklärung gehörten der Jesuit Stanisław Konarski, Begründer der ersten nationalen Eliteschule Collegium Nobilium, Bischof Załuski, Begründer der ersten öffentlichen Bibliothek in Warschau und Franciszek Bohomolec, Präfekt der Jesuitendruckerei und Herausgeber der Werke Jan Kochanowskis. Auch Ignacy Krasicki zählt dazu, der herausragende Autor der Aufklärung, der Bischof von Ermland wurde. In der Forschung wird von einem „aufgeklärten Katholizismus" gesprochen (Libera 1989, S. 15).

Die langwährende Vormachtstellung des Jesuitenordens im Bereich der Bildung steht im Kontrast zur Bildungsfeindlichkeit der russisch-orthodoxen Kirche, die das Ritual des Glaubens über das gelehrte Wissen der Scholastik stellt und deshalb nicht Träger der säkularen Aufklärung sein konnte. Eine wichtige Rolle bei der Vermittlung westlichen Bildungsgutes nach Russland spielten aufgeklärte Kleriker, die aus den Grenzgebieten zwischen Polen und Russland stammten. So übersetzte der Mönch Simeon aus dem weißrussischen Polozk weltliche Literatur aus dem Polnischen und wurde Leiter der Hofbuchdruckerei bei Zar Alexej Michailowitsch, dem Vater Peters des Großen. Feofan Prokopovič, ein ukrainischer Geistlicher der Kiewer Akademie, stieg sogar zum Hofdichter Peters auf.

Mittlerfunktion der Ukraine und Weißrusslands

Prokopovič brachte das an der Kiewer Akademie praktizierte geistliche Schuldrama nach Russland, das die orthodoxe Glaubenslehre verkündete und zugleich der Lobpreisung des Herrschers diente. Er schrieb selbst Stücke dafür, die die Ambivalenz des Aufklärungsgedankens deutlich werden lassen. In seiner Tragikomödie *Wladimir* (1705) z. B. wird die Taufe Russlands durch den Kiewer Fürsten mit der Modernisierung von Zar Peter gleichgesetzt. Beide werden als Akte der Aufklärung von oben gefeiert. Die Säkularisierung der Kultur erfolgt als Usurpation der vormals religiösen Erleuchtungsfunktionen. Damit war zumindest der Weg für die Etablierung des Theaters in Russland gebahnt, das im langen Mittelalter von der orthodoxen Kirche als Erfindung des Satans angesehen wurde: Dem frommen Christen ziemte kein Lachen, das deshalb in niedere Formen der Volksbelustigung verbannt war. Erst Peter I. hob das mittelalterliche Lachverbot der orthodoxen Glaubenslehre auf und ermöglichte damit den Einzug des Komischen und der Satire in Kunst und Literatur, wovon insbesondere das Theater profitierte.

Einführung des Theaters in Russland

Aufhebung des Lachverbots

Von Peters Tochter, der Zarin Elisabeth I., als höfische Einrichtung mit barockem Pomp gefördert, entwickelte sich das Theater unter Katharina II. zum wichtigsten, nunmehr weltlichen Medium der Aufklärung. Die Dramatiker Alexander Sumarokow und Denis Fonwisin adaptierten Formen des französischen klassizistischen Dramas und des Vaudevilletheaters für die russische Bühne und verbanden sie mit nationalen Aufklärungszielen. Fonwisins Komödie *Nedorosl* (*Der Minderjährige*, 1782) erleuchtet grell die Finsternis und Unkultur der russischen Provinz, sie gehört noch heute zum Standardrepertoire russischer Bühnen.

Vom geistlichen zum weltlichen Theater

Die Ambivalenz der Lichtmetaphorik erschöpft sich jedoch nicht in den genannten christlichen und weltlichen Bezügen. Die überlieferten Chroniken und Epen aus der altrussischen Kultur lassen sogar noch eine weitere, vorchristliche Quelle für die Lichtsymbolik erkennen – die pagane slawische Mythologie, die dann von der christlichen überformt wurde. Davon zeugt das wohl berühmteste altrussi-

Pagane und christliche Lichtsymbolik im Igorlied

sche Literaturdenkmal, das Epos *Slovo o polke Igorewe* (*Lied von der Heerfahrt Igors*, wahrscheinlich Ende 12. Jh.), das in seiner literarischen Qualität von der Forschung mit den französischen *Chansons de geste* verglichen wird, dessen mittelalterliche Herkunft aber gelegentlich auch angezweifelt wird, da das Original verloren gegangen ist. Geschildert wird darin der glücklose Feldzug des Fürsten Igor gegen die Polowzer, ein nomadisches Steppenvolk. Dem Text ist die doppelte Semantik von „Licht" eingeschrieben, die deutlich den Übergang vom heidnischen zum christlichen Gebrauch erkennen lässt. Insbesondere die Symbole aus dem Bereich der Natur sind heidnischen Ursprungs: Fürst Igor unterliegt seinem Gegner, weil er die Zeichen der Natur nicht richtig deutet. Er erkennt nicht, dass die Sonne (die heidnische Gottheit Dashbog) sich verfinstert hat. Als seine Frau Jaroslawna neben Fluss, Wind und anderen Naturgöttern die Sonne anfleht, ihren Mann aus dem Feindesland zurückzubringen, wird ihre Klage von den Naturgöttern erhört. Am Ende strahlt die Sonne wieder hell am Himmel, Igor, im Text selbst mehrfach als Sonne bezeichnet, reitet zur Gottesmutter Pirogostscha, um ein Dankgebet zu sprechen. Sein Kampf wird endgültig in den christlichen Mythos integriert: „Seid gegrüßt, ihr Fürsten und Mannen, die ihr für die Christenheit wider die heidnischen Scharen streitet" (*Igorlied*, in: Graßhoff 1965, S. 169).

Slawisch heidnisches Bildgut verschmilzt in der altrussischen Literatur mit christlicher Metaphorik. Der „Tod des Fürsten" wird in den literarischen Texten auch in späterer Zeit häufig in paganer Tradition als „Verdunklung der Sonne" (*satmenija solnza*) interpretiert. Die Kultursemiotiker Juri Lotman und Boris Uspenski haben in ihrem dualistischen Modell der (alt-)russischen Kultur den Doppelglauben, d. h. das latente Weiterleben heidnischer Symbolik unter der übergestülpten christlichen Oberfläche, als ein signifikantes Merkmal dieser Kultur bezeichnet (Lotman/Uspenski 1977, S. 1–40).

Doppelglauben in der russischen Kultur

Glauben und Wissen

Im Zeitalter der Vor- und Hochaufklärung erlangte der Begriff *proswestschenie* dann die Doppelbedeutung von Glauben und Wissen. Die Lichtmetaphorik wurde von den Moskauer Aufklärern aus dem Kreis der Freimaurer Nikolai Nowikow, Alexander Turgenjew und Johann Schwarz zur Bezeichnung sowohl für geistige und sittliche Bildung als auch für mystisch-religiöse Erleuchtung verwendet (vgl. Lehmann-Carli u. a. 2001, S. XV).

Lichtsymbolik in Lomonossows Oden

Der Gelehrte und Dichter Michail Lomonossow lässt in seinen in den 1740er-Jahren entstandenen klassizistisch gefärbten Oden das Licht der russischen Zaren seit Peter I. in vielfachen Schattierungen leuchten. Der Reformzar wird als Gott gepriesen: „Er war Gott, dein Gott, Russland", sein Tod wird in der heidnischen Symbolik des *Igorliedes* beklagt: „Als sich das Antlitz Peters im Grab bedeckte/ Verdunkelte sich zur selben Zeit die lichte Sonne." (Lomonossow 1965, S. 103).

In der Ode anlässlich der Thronbesteigung von Elisabeth I. verfolgt Lomonossow den Weg, den das Licht (der Aufklärung) in Russland nimmt oder nehmen sollte. Die Hierarchie bleibt gewahrt: An oberster Stelle steht Gott, der sein Diktum „Es werde Licht" für Russland verwirklicht, indem er Elisabeth inthronisiert. Von Zarin Elisabeth „strömt auf alle großzügig/Überall dein klares Licht." So erreicht es auch den Dichter, dem es obliege ihre Werke zu preisen: „Ich lege nun meine Lyra/Ihr zu Füßen und rufe aus:/Erfülle mich, o starke Gottheit" (Lomonossow 1965, S. 110–115, Übers. d. Verf.).

Herrscherlob

Es sei angemerkt, dass auch der Franzose Voltaire den Zaren Peter I. als Prometheus preist, der das göttliche Feuer der Zivilisation nach Russland gebracht habe. Das mag dem Umstand geschuldet sein, dass Voltaire seine *Histoire de Russie* (*Geschichte Russlands*, 1759–63) im Auftrag der russischen Regierung verfasste – der amerikanische Historiker Marc Raeff bezeichnete ihn als den „bezahlten offiziellen Barden des russisches Staates" (Raeff 1992 in: Brüne 2001, S. 461).

Erst mit Gawrila Dershawin, dem bedeutendsten russischen Dichter des 18. Jahrhunderts, der sich ebenfalls noch der klassizistischen Odenform bediente, zogen kritische Töne in das Herrscherlob ein. Dershawin wollte seiner Zarin in doppelter Funktion dienen: als hoher höfischer Beamter und als Dichter, der die Stimme ihres Gewissens sein wollte. Nur in ersterer war er erfolgreich. Er erwarb sich Ruhm und Ansehen bei Katharina I. durch die erfolgreiche Bekämpfung des Pugatschowaufstandes (1773–75); seine dichterischen Ambitionen schätzte sie indessen nicht.

Der Dichter als Kritiker: Dershawin

In seinem berühmten Gedicht *Felice* (1782) stellt Dershawin die Zarin in Gestalt einer orientalischen Fürstentochter dar und führt ihr die Missstände, die in ihrem Reich herrschen, vor Augen. Dann appelliert er an sie: „Nur Dir allein kommt es zu,/Herrscherin, das Licht aus der Dunkelheit zu schaffen" (Dershawin 1958, S. 62, Übers. d. Verf.). In seinem Gedicht *Welmosha* (*Der Würdenträger*, 1794) greift er hohle Schmeichler und Höflinge an: „Ein Esel bleibt ein Esel, auch wenn man ihn mit Orden behängt" (Dershawin 1958, S. 125, Übers. d. Verf.) Appelle dieser Art verhallten allerdings ungehört: die Zarin brauchte keinen Dichter als Ratgeber.

Emanzipation des Dichters   Dershawin zog sich ins Privatleben zurück, verteidigte seine Rolle, den Mächtigen die Wahrheit zu sagen, und artikulierte ein Selbstbewusstsein als Dichter, das es zuvor in Russland so noch nicht gegeben hatte: Während sich Lomonossow noch als Sprachrohr des Herrschers sah und das Licht eindeutig von oben empfing, präsentierte sich Dershawin in Augenhöhe mit den Herrschern.

Das Denkmal   Im Gedicht *Pamjanik* (*Das Denkmal*, 1795), an das Puschkin später sein berühmtes Gedicht *Ja pamjatnik sebe vozdvig nerukotworny* (*Ein Denkmal, nicht von Menschenhand geschaffen*, 1836) anschließen wird, heißt es:

„Selbst entlegenste Völkern werden sich erinnern,
Wie ich einst unbekannt, mir Ruhm dadurch erwarb
Dass ich als erster mich erkühnte in leichter russischer Rede
Felices Tugenden zu preisen.
Und einfach über Gott zu plaudern
Und den Zaren lächelnd die Wahrheit zu sagen."
(Dershawin 1958, S. 166, Übers. d. Verf.)

Gott   In seinem wohl berühmtesten Gedicht *Bog* (*Gott*, 1780–84) führte Dershawin einen Dialog mit Gott von gleich zu gleich:

„Mein Körper zerfällt zu Staub,
Mit dem Verstand gebiete ich dem Donner,
Ich bin Zar – ich bin Sklave, ich bin Wurm, ich bin Gott".
(Dershawin 1958, S. 34, Übers. d. Verf.)

Dershawin war somit der erste russische Dichter, der die Ablösung der Literatur aus religiöser und staatlicher Abhängigkeit konsequent vollzog, Puschkin folgte ihm in der nächsten Generation. Die Existenz Gottes wird zwar auch von Dershawin nicht geleugnet, sondern dieser wird eher im pantheistischen Sinn als „allgegenwärtiger, und einheitlicher Geist" betrachtet (Dershawin 1958, S. 32, Übers. d. Verf.), doch es ist der Mensch, der im Zentrum steht: „Ich bin das Bindeglied zwischen allen Welten" (Dershawin 1958, S. 43, Übers. d. Verf.).

Religionsphilosophie   Die synthetische, ganzheitliche Weltbetrachtung, in der Wissen und Glauben verschmelzen, wurde zu einem Merkmal der russischen Literatur und insbesondere der Philosophie des ausgehenden 19. Jahrhunderts, die als Religionsphilosophie (*religiosnaja filosofija*) die für die westeuropäische Moderne charakteristische Trennung von Philosophie und Theologie nicht vollzogen hat.

„Weltseele" versus Vernunft   Die Funktion von Hegels „List der Vernunft", des Gedankens also, dass die Vernunft die Welt beherrscht, übernimmt bei religiösen Philosophen wie Nikolai Bulgakow, Pawel Florenski und Sergej Trubezkoi die „Sophia" oder „Weltseele", die Verkörperung der „gött-

lich-menschlichen Weisheit", deren Strahlungen (Energien) das Chaos der Welt durchdringen. Es ist ein Gegenentwurf zum westlichen Rationalismus und ein Versuch, die Defizite der Vernunftkonzepte der Moderne zu kompensieren (vgl. Goerdt 1998, S. 242).

Doch nicht nur die Doppelsemantik von *proswestschenie* ist folgenreich für das russische Denken geworden, auch die Erleuchtungsmetaphorik war mit der Aufklärung noch nicht an ihren Endpunkt gelangt, sondern setzte sich im 20. Jahrhundert fort. Sie erfuhr einen erneuten pseudosakralen Höhepunkt während des Stalinismus, in der Blütezeit des Sozialistischen Realismus: Stalin ließ sich in allen Medien als Sonne preisen. Der 1994 in Cannes preisgekrönte Film von Nikita Michalkow, der eine Abrechnung mit dem Stalinismus beinhaltet, heißt bezeichnenderweise *Die Sonne, die uns täuscht (Utomlennye solncem)*.

<small>Erleuchtungsmetaphorik im Stalinismus</small>

Die Aufklärung von oben, die zeitweise Züge einer religiösen Verklärung annahm, blieb unter Stalin nicht nur rhetorisch in Kraft. Die hierarchische, autoritative Ordnung der Wissensvermittlung von oben wurde kulturpolitisch abgesichert: Oberste Instanz war die Partei, von ihr empfing der Schriftsteller seine Erleuchtung, die er seinerseits an die Leser weiterzugeben hatte. Ein Dershawin wäre in Stalins Sowjetunion nicht nur in Ungnade gefallen, sondern wäre vermutlich als Ketzer wider die stalinistische Ordnung in ein Lager deportiert worden.

Fragen und Anregungen

- Erläutern Sie die Begriffe „Aufklärung" und „Aufklärung von oben".

- Skizzieren Sie die Schwerpunkte der Aufklärung in Russland und in Polen in ihren Gemeinsamkeiten und Unterschieden.

- Welche Rolle spielten Kirche und Religion in Theorie und Praxis der Aufklärung in Russland und Polen?

- Diskutieren Sie die Ambivalenz des russischen Begriffs *proswestschenie*. Welche Folgen für die russische Literatur und Philosophie hat die Doppelbedeutung des Begriffs?

Lektüreempfehlungen

Forschung
- Gabriele Lehmann-Carli / Michael Schippan / Birgit Scholz / Silke Brohm (Hg.): **Russische Aufklärungsrezeption im Kontext offizieller Bildungskonzepte (1700–1825)**, Berlin 2001. *Der Band vermittelt in seinen Aufsätzen Einblicke in den aktuellen internationalen Forschungsstand. Diskutiert wird ein breites Spektrum von Fragen zu Bildungs- und Kulturkonzepten der russischen Aufklärung in ihren internationalen Kontexten, einschließlich der Beziehungen zu Polen.*

- Zdzisław Libera (Hg.): **Polnische Aufklärung**, Frankfurt a. M. 1989 (Polnische Bibliothek. Begründet und herausgegeben von Karl Dedecius). *Das Lesebuch enthält neben einem informativen Überblick über die wesentlichen Tendenzen und Erscheinungen der polnischen Literatur der Aufklärung die wichtigsten Texte aus den Gattungen: Dichtung, Prosa, Theater, Kritik, politische Publizistik und Memoiren.*

- Gert Robel: **Zur Aufklärung in Adelsgesellschaften: Russland und Polen**, in: Europäische Aufklärung(en). Einheit und Vielfalt, herausgegeben von Siegfried Jüttner und Joachim Schlobach, Hamburg 1992, S. 152–172. *Eine konzentrierte, mit Daten und Fakten belegte Zusammenfassung der wesentlichen Leistungen der Aufklärung in beiden Ländern, deren Gemeinsamkeit und Besonderheit darin besteht, dass sie vom Adel getragen wird und etatistisch organisiert ist.*

5 Zwei Dichterfürsten: Puschkin und Mickiewicz

Abbildung 5: Mickiewicz – Puschkin. Basrelief von M. Milberger, eingemauert in der Fassade des Hauses, in dem Mickiewicz in Moskau wohnte

Die Tafel wurde an dem Wohnhaus in Moskau angebracht, in dem der aus Litauen nach Russland verbannte Adam Mickiewicz in den 1820er-Jahren lebte. Sie erinnert an die Begegnung der zwei bedeutendsten Dichter ihrer Nation, die sich zwischen 1826 und 1829 in den Salons in Moskau und Petersburg regelmäßig trafen. Die klassische Pose der in Bronze gegossenen Figuren unterstreicht ihren Status als Dichterfürsten und erhebt ihre Dichterfreundschaft zur Legende.

Die statuarische Darstellung ist unvermeidliche Folge jeglicher Kanonisierung von Dichtern und Dichtung, die als klassisch eingestuft werden, und sie birgt immer auch die Gefahr, die Dichter ihrer Lebendigkeit zu berauben.

Alexander Puschkin und Adam Mickiewicz verkörperten zu Lebzeiten weniger ein klassisches als vielmehr ein romantisches Dichterideal, in dem Leben und Kunst als Einheit gesehen wurden. Nicht nur ihre Literatur, sondern auch ihre Dichterfreundschaft ist legendär geworden. Beide avancierten zu Nationaldichtern, also Repräsentanten ihrer nationalen Literatur, der sie auch zu übernationaler Bedeutung im Rahmen der europäischen Kultur verhalfen. Ihre literarischen Muster entlehnten sie der europäischen Romantik. Insbesondere entfaltete sich ihre Poetik, der Mode der Zeit folgend, im Zeichen Byrons. Der englische Dichter Lord Byron bot für die romantische Bewegung in Osteuropa das wichtigste Vorbild, da er ästhetisches Rebellentum mit politischem Freiheitskampf verband. Obwohl für die Dichterfreunde natürlich auch zahlreiche andere literarische Einflüsse prägend waren (für Mickiewicz insbesondere Johann Wolfgang von Goethe und Friedrich Schiller, für Puschkin Voltaire, für beide William Shakespeare und Walter Scott), wurde der „Byronische Held" für beider literarisches Selbstverständnis wegweisend. In der individuellen Ausgestaltung dieses Musters des europäischen Byronismus gingen sie allerdings unterschiedliche Wege.

Der polnische Aufstand von 1830/31 entzündete eine persönliche und geschichtsphilosophische Kontroverse zwischen den beiden Dichtern, an der ihre Freundschaft zerbrach und die fortan ihr Leben und Schaffen begleitete.

5.1 **Romantik in Osteuropa**
5.2 **Der Byronische Held in Kunst und Leben**
5.3 **Puschkins Antwort auf Byron:** *Eugen Onegin*
5.4 **Kontroverse Russlandbilder**

5.1 Romantik in Osteuropa

Die Romantik wird von der Forschung längst nicht mehr als abgrenzbare Epoche betrachtet, sondern als eine geistige Bewegung, die dem Unbehagen am klassizistischen Rationalismus entspringt und die das von der Aufklärung initiierte „Streben nach Emanzipation aus Strukturen überlieferter Autorität" (Meyer 1995, S. 48) durch Einbeziehung von Aspekten des Irrational-Fantastischen, der Empfindsamkeit und Subjektivität ergänzt. In der literarischen Praxis manifestiert sich das als das „souveräne und freie Spiel mit den Gattungen, den autoritativen Texten"(Meyer 1995, S. 49). Romantik ist insofern als integraler Bestandteil einer Aufbruchsbewegung in die Ästhetik der Moderne zu begreifen, die mit dem im 19. Jahrhundert aufkommenden Realismus nicht verschwindet, sondern in den verschiedensten Manifestationen des Poetisch-Imaginativen in der nachfolgenden Literatur und Kunst wiederkehrt (→ ASB STOCKINGER, KAPITEL 3). Jenseits der romantischen Schule lebt „das Romantische" fort, dessen allgemeinster Ausdruck nach Novalis darin besteht, dem „Gemeinen einen hohen Sinn" zu geben (Safranski 2007, S. 13).

<small>Bedeutung der Romantik für die Literatur</small>

Der romantische Aufbruch erfolgte in Europa mit unterschiedlichen Schwerpunktsetzungen: Während er in England mit dem Sentimentalismus verschmolz (vgl. Hoffmeister 1990, S. 43–50), gewann er in Deutschland nach der Blütezeit des transzendentalen Denkens und der Universalpoesie Friedrich Schlegels einen „national-volkstümlichen Zug" (Hoffmeister 1990, S. 34). In Frankreich wiederum äußerte er sich vor allem als Kampf gegen den vorherrschenden Klassizismus (vgl. Hoffmeister 1990, S. 50).

<small>Romantik in Westeuropa</small>

Den Ländern Osteuropas bescherte das Zeitalter der Romantik vor allem den Durchbruch zur kulturellen Eigenständigkeit. Zwar kamen die Impulse noch immer von außen, doch bestand ein wesentlicher Effekt der romantischen Bewegung gerade in einem ästhetischen Wertewandel, der die Vielfalt nationaler Kulturen, ihre Geschichte, Sprache und Folklore als Stoff für die Poesie entdeckte. Das Nationale und Historische musste nicht mehr im antiken Gewand und in der Matrix des klassizistischen Gattungs- und Regelkanons präsentiert werden, sondern es konnte in neuen literarischen Mischformen sein eigenes Gesicht modellieren. Westeuropa lieferte auch dafür die wichtigsten literarischen Muster: Der historische Roman, das romantische Poem, das Shakespeare-Theater, selbst die Vorliebe für Volkspoesie, für Fantastisches und Groteskes wurden adaptiert und in die eigene Kultur „übersetzt". Für jene slawischen Völker, die

<small>Durchbruch zu kultureller Eigenständigkeit</small>

ihre Eigenstaatlichkeit verloren hatten, entzündete der romantische Funken die Flamme des nationalen Erwachens. Am sichtbarsten ist das Aufblühen der polnischen Literatur mit der Romantik verbunden. Das Schaffen des Dreigestirns Adam Mickiewicz, Juliusz Słowacki und Zygmunt Krasiński bildete den Auftakt und zugleich einen ersten Höhepunkt der modernen polnischen Literatur (vgl. Gall 2004). Aber auch die ersten russischen Autoren, die in den Kanon der Weltliteratur eingegangen sind – Alexander Puschkin, Michail Lermontow und Nikolai Gogol – haben ihr poetisches Rüstzeug in der Epoche der Romantik erhalten.

Westeuropäische Einflüsse auf osteuropäische Romantik

Welche Einflüsse haben das geistige Gesicht der Romantik in Osteuropa besonders geprägt? Zu nennen ist vor allem Johann Gottfried Herder, der aus Riga stammende „deutsche Rousseau" (Safranski 2007, S. 11) und Kenner der slawischen Kultur, der in seinen Schriften mehrfach seine Hoffnung auf das kulturelle Erwachen der Slawen zum Ausdruck brachte, insbesondere im 4. Abschnitt des 16. Buchs seiner *Ideen zur Philosophie der Geschichte der Menschheit* (1791). Hier fanden die messianistischen Ambitionen sowohl der russischen als auch der polnischen Romantik ihren kulturphilosophischen Anker. Herders Aufforderung, die Folklore als Quelle der Poesie zu entdecken, fiel im slawischen Raum auf besonders fruchtbaren Boden.

Eine wichtige Rolle spielten außerdem William Shakespeare und Walter Scott, die wie überall in Europa zu Vorbildern der neuen romantischen Ästhetik erhoben wurden, indem man ihre lebendige Art, Geschichte literarisch zu gestalten, nachzuahmen versuchte. Für die Entdeckung der Poesie der jeweiligen Nationalgeschichte waren sie unentbehrliche Lehrmeister.

5.2 Der Byronische Held in Kunst und Leben

Zum Star der romantischen Jugend in ganz Europa avancierte der dämonische Zweifler, enthusiastische Freiheitskämpfer und Dichter George Gordon Lord Byron (1788–1824; vgl. Hoffmeister 1983; Ueding 1988, S. 432–450). Wegen seines Engagements für die Befreiungsbewegungen der unterdrückten Balkanvölker und seiner Sympathie für Polen stand er bei den Osteuropäern in besonders hohem Ansehen. An der begeisterten Byron-Rezeption zeigt sich, dass man in Osteuropa die Figur des romantischen Dichters in seiner doppelten Funktion wertschätzte – als Verfasser literarischer Texte, die als „Poesie" ein individuelles Lesevergnügen ermöglichten, einerseits und

Byron in Osteuropa

als Freiheitskämpfer, der eine kulturelle und politische Autorität verkörperte, andererseits. Nach Ansicht von Mickiewicz stellte Byron „das geheime Band dar, welches die ganze Literatur der Slawen mit der des Westens verbinde [...]; denn Byron habe als ‚Napoléon des poètes' [...] den slawischen Romantikern den Weg in die Zukunft gewiesen und zwar vor allem durch das Vorbild seiner poetischen Existenz" (Hoffmeister 1983, S. 91).

In die eigene Kulturlandschaft übersetzt wurde der Typus des „Byronischen Helden", bei dem der Dichter mit seinen Figuren identifiziert wird, besonders in Polen und Russland, wo Mickiewicz und Puschkin diese Rolle zufiel. Die Attraktivität dieses Typus besteht in seiner Ambivalenz und Zerrissenheit: In ihm verschmelzen mehrere Byron-Figuren: der stürmische Rebell Cain, der Melancholiker Childe Herold und der Zyniker Don Juan. In der unterschiedlichen Art, in der Puschkin und Mickiewicz den Byronischen Helden in ihren dichterischen Selbstentwurf integrierten, zeigt sich auch ihr unterschiedlicher Umgang mit der Poetik der Romantik.

<small>Ambivalenz des Byronischen Helden</small>

Der Aristokrat Puschkin erhielt seine geistige Erziehung im liberalen Lyzeum von Zarskoe selo, er war vertraut mit allen wichtigen französischen Autoren des 18. Jahrhunderts, intellektuell geformt vom elegant skeptizistischen Esprit Voltaires, bestens informiert über die zeitgenössische französische Literaturszene, über den Streit der Klassizisten und Romantiker. Sein Thema und seinen Stil gewann er aus dem Kulturkontrast zwischen der höfischen Welt der Metropolen Moskau und Petersburg und dem naturnahem Leben auf dem Land, aber auch in den exotischen Gegenden des Kaukasus und der Krim, wohin der Zar den jungen Dichter wegen aufrührerischer Gedichte für einige Jahre verbannte. Während dieser Verbannung in den Süden, nach Kischinjow und Odessa, entdeckte er Byron, dessen von orientalischem Flair durchdrungenen Werke ihn zu seinen *Jushnye poemy* (*Südliche Poeme*) inspirierten. Besonders in den Poemen *Kavkaszkij plennik* (*Der Gefangene im Kaukasus*, 1822) und *Bachtschissaraijski fontan* (*Die Fontäne von Bachtschissarai*, 1824) (→ KAPITEL 7.2) sind die Spuren Byrons unverkennbar (vgl. Herdmann 1982). Doch Puschkin blieb nicht bei der Nachahmung stehen, sondern schuf seinen eigenen nachbyronischen Helden – Eugen Onegin, den er aus der exotischen Naturwelt zurückführte in die Gesellschaft, in der er jedoch ein Fremder blieb.

<small>Puschkins literarische Anfänge</small>

<small>Entdeckung von Byron</small>

Puschkin formte seinen Habitus als Dichter und seinen lyrischen Helden, indem er die Freiheit des Individuums dem Despotismus des autokratischen Staates gegenüberstellte. Obwohl sich Puschkins gesamtes Schaffen aus intertextuellen Anleihen von verschiedensten Autoren der europäischen Literatur speiste, blieb Byron für die Ausprägung seiner Poetik bis hin zum Versroman *Eugen Onegin* (1825–31)

Abkehr von Byron — der wichtigste Referent (→ KAPITEL 5.3). Nach 1830 wandte sich Puschkin verstärkt historischen Stoffen zu, seine Prosa und das Geschichtsdrama *Boris Godunow* (1828) stehen bereits im Zeichen Shakespeares und Scotts. Das Spiel mit literarischen Mustern, das Puschkin liebte und virtuos beherrschte, mündete nicht im Epigonentum, sondern wurde zum unverzichtbaren Bestandteil seiner poetischen Originalität.

Adam Mickiewicz, der aus dem niederen Adel in der Nähe von Nowogródek in Litauen stammte, studierte in Wilna, dem neben Warschau bedeutendsten kulturellen und liberalen Zentrum der Aufklärung in Polen. Dort erhielt er eine umfassendere klassische Bildung als Puschkin. Doch der klassische Kanon war auch für ihn nur die Grundlage, *Mickiewiczs* um der eigenen Intuition und Sprachkraft zu folgen (vgl. Dede-*literarische Anfänge* cius 1994, S. 12f.). Als Mitglied einer Studentenvereinigung in Wilna, der „Philomaten", die unter dem Einfluss des patriotisch gesinnten Historikers Joachim Lelewel stand und die der russischen Besatzungsmacht verdächtig erschien, wurde er 1824 nach Russland verbannt. Anders als Puschkin, der literarisch stets ein Aristokrat blieb und einen eleganten, aber pointierten und schnörkellosen Stil pflegte, bevorzugte Mickiewicz eine kunstvoll stilisierte, bildhaft-volkstümliche, sinnliche Sprache, mit der man auch das Leiden ausdrücken können sollte.

Byron- und — Er las nach eigenem Bekenntnis nur Byron und Schiller (vgl. De-*Schiller-Verehrung* decius 1994, S. 13), die in der Tat als die wichtigsten Säulen seiner Poetik betrachtet werden können. Schillers Pathos von der „idealischen Freiheit", die nur zwei Wege kennt – „Zum Ideale führt einer, der andre zum Tod" (Schiller 1983, S. 122) –, kam Mickiewiczs dichterischem Temperament entgegen. Er rezipierte die Muster der Romantik emphatischer und gab dem Irrationalen, Fantastischen größeren Raum als Puschkin.

Als bedeutendstes Werk der polnischen Romantik gilt sein Versdrama *Dziady* (*Ahnenfeier*, 1832). Ein auf Wunderglauben basierender heidnischer litauischer Volksbrauch wird hier zur inhaltlichen und *Originalität* strukturellen Achse des gesamten Werkes und macht es einzigartig in *der Ahnenfeier* der europäischen Literatur jener Epoche. Die französische Schriftstellerin George Sand stellte in einem Essay von 1839 die *Ahnenfeier* als „drame phantastique" über Goethes *Faust* (1808/32) und Byrons *Manfred* (1817) (vgl. Hoffmeister 1983, S. 93).

In den von Phantasmen und Geistererscheinungen begleiteten disparaten, räumlich und zeitlich auseinanderklaffenden Handlungsteilen treten nacheinander zwei Typen von romantischen Helden auf, die sich auch als Metamorphose eines einzigen Helden lesen lassen, mit der Mickiewicz seinen eigenen dichterischen Weg beschreibt.

Im I. und II. Teil, erscheint – gleichsam als Wiedergänger von Goethes Werther – Gustaw, ein Selbstmörder, der zur Ahnenfeier auf einem Dorffriedhof noch einmal zum Leben erweckt wird. Er ist ein von Leidenschaft durchglühter Heißsporn, der seinem Zorn über die abtrünnige Geliebte kraftvollen Lauf lässt. Mickiewiczs unerfüllte Liebe zu Maryla, einem Mädchen aus der höheren Gesellschaft, das einen anderen heiratet, lieferte hierfür die autobiografische Folie. Im 1832, d. h. fast zehn Jahre später, verfassten III. Teil des Dramas wird Gustaw als Freiheitskämpfer Konrad wiedergeboren, der im Wilnaer Gefängnis schmachtet – eine Assonanz auf den gleichnamigen Draufgänger und Rebellen in Byrons Poem *The Corsair* (*Der Kosar*, 1814) (und auf Mickiewiczs neuen Selbstentwurf als patriotischer Kämpfer und Dichter). — Metamorphose von Gustaw zu Konrad

Konrad verkündet in einer großen Improvisation sein (und seines Verfassers) poetisches Credo: — Mickiewiczs dichterisches Credo

„Ja, Unsterbliches empfinden und Unsterbliches gestalten,
Konntest du, mein Gott, denn Größeres entfalten?"
(Mickiewicz 1991, S. 249)

Die prometheische Selbsterhebung erfährt eine rasante Steigerung:

„Weg den Leib! Dem Geiste gleich erheb ich meine Schwingen,
Fliegend muß ich mich erheben, Um in der Planeten, in der Sterne Bahn zu schweben,
Um, wo Schöpfer und Geschöpf sich nah sind, hinzudringen."
(Mickiewicz 1991, S. 251)

Doch dann folgt das Bekenntnis zu seiner Verwurzelung im Diesseits:

„Doch ich bin noch Mensch, auf Erden ist mein Leib geblieben;
In der Heimat blieb mein Herz, dort war ich, um zu lieben."
(Mickiewicz 1991, S. 253)

Das idealistische Pathos Schillers und eine in polnischen Patriotismus gewendete prometheische byronische Grundstimmung vermischen sich in Mickiewiczs romantischen Figuren, die damit leidenschaftlicher, geheimnisvoller gestaltet sind, aber auch unmittelbarer in ihren Gefühlsäußerungen und vor allem patriotischer als alle Figuren Puschkins. Der Kult der Jugend, der Freundschaft, der Freiheit, dem beide Dichter in ihren frühen Gedichten huldigten, wich bei Puschkin sehr schnell einem selbstironischen Realismus und einer subtilen Geschichtspoetik, während Mickiewicz nach seinem poetischen Abgesang auf das untergegangene Polen und auf das Schillersche Ideal im — Mickiewiczs romantische Figuren

Unterschiedliche Byron-Referenz

Epos *Pan Tadeuz* (1834) (→ KAPITEL 6.1) die Kunst aufgab und durch politische Aktion und religiösen Messianismus ersetzte.

<small>Leben statt Kunst</small>
Mickiewicz verehrte den Konrad aus Byrons *Corsair* und in ihm seinen Dichter. Wie Byron wollte er schließlich ganz die Feder mit der Waffe vertauschen, und er reiste seinem Vorbild folgend auf den Balkan, um eine polnische Legion für den Kampf gegen Russland aufzustellen. Beide starben auf dem Weg zu ihrer Mission – Byron 1824 in Griechenland, Mickiewicz 1855 in Konstantinopel. Das „Suchen nach der entscheidenden Tat" betrachtet der Slawist Wilhelm Lettenbauer als das Grundmotiv der romantischen Literatur Polens (Lettenbauer 1972, S. 506).

<small>Kunst ist Leben</small>
Puschkin lehnte eine solche direkte Kunst-Leben-Verbindung ab: „Die Worte des Dichters sind seine Taten" soll er gesagt haben (vgl. Slowar 1978, S. 557). Da in einem autoritären System Worte tatsächlich als Taten betrachtet werden, und zwar ganz unmittelbar, wurde auch der bekennende Ästhet Puschkin Zeit seines Lebens von der zaristischen Zensur und einem Spitzelsystem überwacht. Ins Ausland durfte er nicht reisen. Sein Duelltod wurde – inspiriert durch das berühmte Gedicht des jungen Dichters Michail Lermontow *Smert poeta* (*Der Tod des Dichters*, 1837) – nachträglich zum letzten Akt eines heroischen Dichterlebens stilisiert: „Es starb der Dichter – Gefangener der Ehre" (Lermontow 1987, S. 93–95).

<small>Poem als Mischform</small>
Die Mischform des byronischen romantischen Poems inspirierte beide Dichter zu ihren bedeutendsten Werken: Mickiewicz schuf das lyrische Epos *Pan Tadeuz* (→ KAPITEL 6) und Puschkin den „Roman in Versen" *Eugen Onegin* (→ KAPITEL 5.3). In beiden Werken kündigt sich der Übergang von der Romantik zum Realismus an, doch mit unterschiedlichen Folgen für den Byronischen Helden: Bei Mickiewicz wird er in den Hintergrund des Geschehens verbannt, von wo aus er die politischen Fäden zieht, in Puschkins *Eugen Onegin* wird er ins grelle Rampenlicht der Alltäglichkeit gestellt und damit seines romantischen Nimbus entkleidet. Während Mickiewicz im *Pan Tadeuz* mit der Struktur des Byronschen Poems endgültig brach, wählte Puschkin sie zur Folie, um den Übergang von der Lyrik zur Romanform zu schaffen.

5.3 Puschkins Antwort auf Byron: *Eugen Onegin*

Puschkin schrieb von 1823 bis 1830 an seinem Versroman *Eugen Onegin*, der seine Byron-Rezeption zu einem glanzvollen Höhepunkt und Abschluss brachte. In acht abgeschlossenen Kapiteln, einem ausgelassenen neunten und einem abgebrochenen zehnten Kapitel, die durchnummeriert sind, bleibt die fragmentarische Struktur des Byronschen Poems erkennbar. Die Strophenform (Oneginstrophe) ist feststehend und an Byrons Poem *Don Juan* (1819-24) angelehnt: Sie besteht aus 14 Versen, einem festen Reimschema und vierfüßigen Jamben, was den Duktus des ungezwungenen Plaudertons ermöglicht. Da jede Strophe gedanklich eine geschlossene Einheit bildet, sind Brüche, Neuansätze, Übergänge, Digressionen im Erzählstrom des gesamten Versromans auf elegante Weise zu bewerkstelligen. Puschkin erweitert die strukturellen Möglichkeiten des romantischen Poems, indem er lyrische Elemente, (die gebundene Rede und das herausgehobene Erzähler-Ich) mit Prosaelementen (Beschreibung von Alltagszenen und verschiedenen Milieus aus dem russischen Leben) locker verbindet und durch seine Verfahren der Prosaiisierung lyrischer Strukturen den Übergang zum realistischen Roman vorbereitet (vgl. Lauer 2000, S. 200-202).

Formale Struktur von *Eugen Onegin*

Die ebenfalls von Byron entlehnte Aufspaltung in ein lyrisches Erzähler-Ich und den Helden, den Moskauer Dandy Onegin, schafft eine permanente Doppelbödigkeit der Narration, in der eine Geschichte erzählt und zugleich der Akt des Schreibens thematisiert wird. Aus dem Wechselspiel von Identifizierung und Distanz zwischen Erzähler und Figur erwächst ein durchgängiger ironischer Erzählgestus. Der Erzähler, dem Puschkin autobiografische Züge verlieh, bleibt ebenso schillernd und hintergründig wie seine Figur, in der er sich permanent spiegelt.

Doppelbödigkeit von Erzähler und Held

Der Text zeichnet sich sprachlich durch eine Stilmischung aus: Russische Umgangssprache, französische Wendungen, kirchenslawische Archaismen prallen unvermittelt aufeinander. Dadurch werden nicht nur komische Effekte erzeugt und die Ironie verstärkt, sondern es werden auch die klassizistische Sprachentrennung endgültig überwunden und die moderne russische Literatursprache etabliert.

Stilmischung: moderne Literatursprache

Das Verwobensein von Erzählung und Metaerzählung ist kunstvoller als bei Byron, es macht die eigentliche Modernität des Textes bis heute aus. In der Metaerzählung vermengen sich disparate Diskurse: der Diskurs über den romantischen Helden, als der Onegin vorgeführt und zugleich dekonstruiert wird, der Diskurs über die Unvollkommenheit der russischen Literatursprache, über das Schreiben als Experiment. Die Porträts der Figuren und der Gesellschaft sind mit der Textgestaltung aufs engste verwoben, Inhalt und Form entsprechen einander.

Modernität des *Onegin*

Die Fabel	Onegin, der wie sein englisches Vorbild Childe Harold aus Byrons *Childe Harold's Pilgrimage* (*Childe Harolds Pilgerfahrt*, 1812–18) an Lebensüberdruss und Illusionslosigkeit leidet, zieht sich aufs Land zurück, wo ihm die „reine Seele" Tatjana begegnet. Unfähig zu wahren Gefühlen, weist er ihre Liebe zurück. Nach einem aus Überdruss angezettelten Duell, bei dem er den romantischen Dichter Lenski tötet, geht er auf Reisen. Bei seiner Rückkehr nach Petersburg trifft er Tatjana wieder, die eine Dame der Gesellschaft geworden ist, und verliebt sich nun seinerseits in sie. Doch Tatjana weist ihn ab.
„Echte Romantik"	Mit Lenskis Ende versetzt der Dichter zugleich der „affektierten" Romantik (*shemanstwo*) den Todesstoß und leitet die Wende zu einer auf den Traditionen der Volkskultur (*narodnost*) fußenden „echten Romantik" (*istinny romantism*) ein, die sein weiteres Schaffen bestimmen wird.
Das Sujet	Während die Fabel (so wird in der Terminologie des russischen Formalismus die Handlung bezeichnet) abrupt abbricht, weist das Sujet (d. h. die Verknüpfung der Handlungselemente im Akt des Erzählens; vgl. Schmid 2005, S. 224–228) eine symmetrische Struktur auf. Die symmetrische Konstruktion des Sujets und die formale Strenge des Strophenaufbaus kontrastieren mit Leerstellen, Brüchen, Ungereimtheiten in der Fabel.
Offener Entwurf des Helden	Mit der Figur Onegin wurde das Modell eines individualistischen Helden skizziert, dessen Entwicklung in alle Richtungen offen ist und der zur weiteren Interpretation einlädt (vgl. Lotman 1995; Ebert 2002, S. 149f.). In der Tat können alle nachfolgenden zentralen Figuren der russischen Literatur des 19. Jahrhunderts als eine Antwort auf den Onegin-Entwurf betrachtet werden: als Versuch, die leere Matrix des Byronischen ambivalenten Helden mit jeweils neuen Charakteren zu füllen. Das gilt vor allem für die Werke Michail Lermontows, Iwan Turgenjews, Fjodor Dostojewskis und Lew Tolstois.
Das „reine Ideal" Tatjana	Onegins Antipodin Tatjana, die dem Dandy Onegin emotional und moralisch überlegen ist, verkörpert – wenn auch nicht ungebrochen – das „reine Ideal", auf das selbst der Ironiker Puschkin nicht verzichten möchte. In ihr finden sich Züge, wie sie auch Mickiewicz seinen idealen Frauenfiguren mitgibt: von ursprünglichem Gefühl, volksnah und naturverbunden, moralisch rein. Zugleich ist sie ein Produkt der romantischen Illusion: Wie Gustave Flauberts Emma Bovary drei Jahrzehnte später, steht sie im Bann französischer sentimentaler Romane, die ihr natürliches Empfinden überformen und ihre Liebeserwartung an Onegin nach romantischem Raster programmieren.

Der Byronische Held war mit Onegin in der russischen Gesellschaft angekommen und besetzte den Platz des ewigen Provokateurs. Mit ihm wurde der Diskurs über „überflüssige" und „nützliche Helden" eröffnet, der sich durch das gesamte 19. Jahrhundert zog (vgl. Ebert 2002, S. 137–156). Der führende Kritiker jener Zeit, Wissarion Belinski, bezeichnete in seinen Puschkin-Aufsätzen den Roman aufgrund der mitgelieferten pointierten Porträts der Adelsgesellschaft als „Enzyklopädie des russischen Lebens" und integrierte ihn damit in das Paradigma des Realismus (Belinski 1845, S. 179). Aus der unermesslichen Zahl der Interpretationen, die dieses vielschichtige Werk inzwischen gefunden hat, sei auf die Kommentare von Juri Lotman (1995) und Wladimir Nabokow (englisch 1964, russisch 1998) verwiesen, die sehr detaillierte und subtile poetische und kulturgeschichtliche Informationen vermitteln.

Der Typus des überflüssigen Helden

Dem Oneginschen Typus nahe steht in der polnischen Literatur die Figur Beniowski aus dem gleichnamigen unvollendeten Poem von Juliusz Słowacki (1841), das aber nicht die Popularität des russischen Pendants erreicht hat, vermutlich wegen seiner unübersichtlichen Handlung (vgl. Hoelscher-Obermaier 1999, S. 174f.). Słowackis Figuren sind mit sarkastischer Ironie gezeichnet und deutlich gegen Mickiewiczs Pathos gerichtet, doch erweisen auch sie sich vor allem als Repräsentanten der Nation, die sie gegen die Fremdherrscher (insbesondere die Russen) verteidigen (vgl. Lettenbauer 1972, S. 505). Die romantischen Helden Puschkins und nach ihm Lermontows und Nikolai Gogols hingegen verkörpern den Typus des gesellschaftlichen Außenseiters und Sonderlings, der durch sein Anderssein der Gesellschaft ihren Spiegel vorhält.

Zwei Typen des romantischen Helden

5.4 Kontroverse Russlandbilder

Persönliche Bekanntschaft machten Mickiewicz und Puschkin in den 1820er-Jahren in Moskau. Der Provinzler Mickiewicz wurde in Russland herzlich von der kulturellen Elite aufgenommen und in die Welt der Salons eingeführt, in denen er bald durch seinen sprühenden Geist und seine Improvisationskunst glänzte. Hier traf er auch die Dekabristen und Puschkin. Die gegenseitige Wertschätzung beider Dichter ist überliefert, für ihr Schaffen fruchtbar geworden ist aber vor allem der poetische Disput, der nach Mickiewiczs Ausreise aus Russland im Spannungsfeld zwischen dem niedergeschlagenen Dekabristen-Aufstand in Petersburg (1825) und dem gescheiterten polnischen Aufstand (1830/31) aufflammte.

Mickiewicz und Puschkin in Russland

Mickiewiczs persönliches Schicksal war, wie das seiner Nation, eng mit Russland verbunden: In Russland fand er Freunde, die seine literarische Arbeit förderten und deren Drucklegung betrieben, erst in Russland wurde er ein berühmter Dichter; gleichzeitig war es der russische Zarismus, der ihn in die Verbannung getrieben hatte, der sein Volk unterdrückte und der auch mit seinen russischen Dekabristenfreunden grausam abrechnete. Diesen Konflikt zwischen Feindschaft und Loyalität zu Russland thematisierte er verschlüsselt im Drama *Konrad Wallenrod* (1828) und direkt im III. Teil seines Versdramas *Ahnenfeier* (vgl. Grob 2004, S. 163).

Mickiewiczs gespaltenes Russland-Verhältnis

Während der II. und IV Teil der *Ahnenfeier* noch in Wilna verfasst wurden (1823; ein I. Teil existiert nur in Fragmenten), fügte Mickiewicz zehn Jahre später in Dresden den III. Teil hinzu, den er mit einem Anhang (*ustęp*) aus sieben Gedichten versah, die nur lose mit der Handlung verbunden sind. Der Dichter verarbeitete hier nachträglich seine eigenen Russland-Erfahrungen, die er seinem Wunsch-Helden Konrad, zuschrieb. Konrad erfüllte damit jene Rolle als Freiheitskämpfer, die dem Dichter selbst, der nicht am Aufstand teilnehmen konnte, verwehrt war. In einem Vorwort zum III. Teil wird die grausame Unterdrückung Polens durch Alexander I. und seinen Statthalter Nowosilzew gegeißelt.

Ahnenfeier III

In den Gedichten des *Anhangs* liefert Mickiewicz eine negative Interpretation der russischen Geschichte: Russland wird als eine kulturelle Wüste betrachtet, die dem Reichtum der europäischen Kultur nichts entgegenzusetzen habe. Die gewaltsam durchgesetzten Reformen Peters des Großen hätten nationale Traditionen zerstört und lediglich eine oberflächliche, künstliche Europäisierung implantiert. Kritisiert werden der aggressive Militarismus, und die Versklavung ganzer Nationen, vor allem der polnischen, aber auch des eigenen russischen Volkes. Die Stadtgründung Petersburg wird als kosmopolitische Maskerade, ohne Vergangenheit und Verankerung im Leben des Landes verhöhnt. Prophezeit werden himmlische Vergeltung und der Untergang des Imperiums (vgl. Lednicki 1956a, S. 63). Im Gedicht *Petersburg* aus dem *Anhang* heißt es:

Negatives Russland-Bild

Kritik an Petersburg

„Die Menschen wollten's nicht; dem Zaren hat
Der Sumpf behagt:
So baute er die Stadt
Nicht für das Volk, für sich als Residenz:
Als ein Symbol seiner Omnipotenz".
(Mickiewicz 1994, S. 217)

In einem anderen Gedicht des *Anhangs*, *Do przyjaciół Moskali* (*An die russischen Freunde*), setzte Mickiewicz den verurteilten Dekabristenfreunden ein Denkmal, während er Puschkin, der nach 1826 in den Dienst des Zaren trat, indirekt des Verrats bezichtigte:

"Vielleicht fiel einer noch viel tiefer in die Hölle,
Hat er, durch Amt und Ordenskreuz geschändet,
Den freien Geist der Zarengunst verpfändet
Und krümmt den Rücken nun vor dessen Schwelle."
(Mickiewicz 1994, S. 223)

<small>Kritik an Puschkin</small>

Puschkins Reaktion fiel heftig aus. In seinem Antwortgedicht *On meshdu nami shil* (*Er lebte unter uns*, 1834) zahlte er mit gleicher Münze heim:

"[...]
Doch der stille Gast
Ist jetzt zu unserm grimmen Feind geworden!"
(Puschkin 1968, S. 391)

<small>Puschkins Gegenwehr</small>

Die polemische Auseinandersetzung mit Mickiewiczs Russland-Bild bestimmte Puschkins weiteres Schaffen maßgeblich (vgl. Lednicki 1956a, S. 46–54).

Die bedeutendste geschichtsphilosophische Antwort Puschkins auf Mickiewicz ist das Poem *Mednyj Vsadnik* (*Der Eherne Reiter*, 1833). Deutlich gegen den Autor des *Anhangs* gewendet, preist der Ich-Erzähler in der Einleitung des Poems den Gründungsakt Peters des Großen im panegyrischen Stil als gigantisches Unternehmen, das zum Ziel hatte, am Rande des Meeres ein „Fenster nach Europa" zu schlagen, um Gäste aus aller Welt einzuladen. Doch nach ausführlicher klassizistisch erhabener Würdigung in der Einleitung, die in dem Bekenntnis mündet: „Du, Peters Schöpfung bist mir teuer" (Puschkin 1995, S. 9) folgt der Bruch: Der feierliche Odenton wird vom romantisch-schauerlichen Ton abgelöst, um zum Thema der Petersburger Hochwasserkatastrophe des Jahres 1824 überzuleiten:

<small>Kontroverse um Petersburg-Motiv</small>

"Entsetzlich war es seinerzeit,
Noch kann sich mancher gut entsinnen [...]
Und mein Bericht wird traurig sein."
(Puschkin 1995, S. 15)

Puschkins Poem greift zwei apokalyptische Motive aus Mickiewiczs Petersburg-Gedichten des *Anhangs* auf, um sie mit eigenen Deutungen zu versehen: Zum einen das Motiv des Reiterdenkmals, bei dem die aufgebäumten Vorderhufe des Rosses, auf dem der Zar sitzt, den drohenden Absturz anzukündigen scheinen (Mickiewiczs Gedicht *Pomnik Piotra Wielkiego*, *Das Denkmal Peters des Großen*) und

<small>Apokalyptische Motive</small>

zum anderen das Motiv des verheerenden Hochwassers von 1824, das als Rache Gottes am Tyrannen gedeutet wird (Mickiewiczs Gedicht *Oleszkiewicz*). Puschkin erzählt die Geschichte des Hochwassers aus der Sicht eines kleinen Beamten namens Eugen (eine Allusion auf die Onegin-Figur) aus verarmter Adelsfamilie. Eugen verliert in den Fluten, die die Stadt wie eine feindliche Macht angreifen, seine Braut und seinen Verstand. Im Wahnsinn verflucht er den steinernen Giganten, den er für den Verursacher seines Leids hält. Das Denkmal verfolgt den Fliehenden durch die Straßen der Stadt bis in den Tod. Der Odenton des Anfangs wird nicht wieder aufgenommen, so schließt das Poem mit dem lapidaren Bericht über das schmachvolle Ende des um sein Glück betrogenen „kleinen Mannes", der das Kräftemessen mit dem Zaren verloren hat.

Beamter versus Zarenmacht

Puschkin wehrte Mickiewiczs dezidiert apokalyptische Vision von Petersburg also nicht völlig ab, sondern erweiterte sie zu einer geschichtsphilosophischen Frage, die den künftigen Weg Russlands als noch völlig offen beschreibt:

„Wohin denn sprengst du, stolzes Ross,
Und wo wird wohl dein Huf verhalten?"
(Puschkin 1995, S. 43)

Geschichtsphilosophische Bedeutung des Poems

Mit diesem Poem – das erst nach dem Tod des Dichters und auch dann zunächst nur zensiert und verstümmelt erscheinen konnte – wurde die Diskussion um die Bedeutung der Petrinischen Reformen für das Schicksal Russlands, um den ungelösten (oder unlösbaren) Konflikt zwischen Macht und Menschlichkeit eröffnet.

An ihr beteiligten sich in den folgenden zwei Jahrhunderten zahlreiche Autoren – hervorzuheben sind Nikolai Gogol mit seinen in den 1830er- und 1840er-Jahren entstandenen *Peterburgskie Powesti (Petersburger Novellen)* und Fjodor Dostojewski mit seinen großen Romanen. Sie schrieben an dem unendlichen „Petersburger Text" mit, der zum wichtigsten historiosophischen Topos der russischen Kultur wurde und der bei geschichtlichen Wendepunkten durch immer neue Seiten angereichert wird (vgl. Anziferow 2003).

Subversivität der Ahnenfeier

Mickiewiczs *Ahnenfeier* hat vor allem wegen der antirussischen Tendenz des III. Teils eine dramatische Bühnen- und Wirkungsgeschichte erfahren. Das Stück unterlag zu russischen wie sowjetischen Herrschaftszeiten einer strengen Zensur und konnte so sein subversives Potenzial bis in die jüngste Gegenwart bewahren. Einen wichtigen Meilenstein für den Erfolg des Stückes stellte die Krakauer Inszenierung von Stanisław Wyspiański 1901 dar: Wypiański verband die disparaten Teile zu einer Einheit und schuf durch Textkürzungen eine konzentrierte spielbare Fassung, auf die weiteren Inszenierungen zurückgreifen konnten (vgl. Hagenau 1999, S. 85–168). Im Januar 1968 hat die Absetzung des Stückes im Nationaltheater Warschau wegen antirussischer Beifallsbekundungen des Publikums eine Protestwelle ausgelöst, die als studentische Bewegung das ganze Land erfasste.

Fragen und Anregungen

- Was ist der Byronische Held und wie begründet sich seine besondere Popularität in Osteuropa?
- Diskutieren Sie, wie sich die dichterischen Selbstentwürfe von Puschkin und Mickiewicz unterscheiden.
- Erläutern Sie, worin die literarische Originalität von Adam Mickewiczs *Ahnenfeier* besteht.
- Skizzieren Sie die Modernität von Alexander Puschkins *Eugen Onegin*.
- Vergleichen Sie die Petersburg-Symbolik in Mickiewiczs *Ahnenfeier III* und in Puschkins Poem *Der eherne Reiter*.

Lektüreempfehlungen

- **Adam Mickiewicz. Dichtung und Prosa.** Ein Lesebuch von Karl Dedecius, Frankfurt a. M. 1994. — Quellen
- **Adam Mickiewicz: Die Ahnenfeier. Ein Poem** [1832]. Zweisprachige Ausgabe, übersetzt, herausgegeben und mit einem Nachwort von Walter Schamschula, Köln 1991.
- **Alexander Puschkin: Der eherne Reiter. Erzählungen aus St. Petersburg** [1833]. Aus dem Russischen, ausgewählt und mit einem Nachwort von Rolf-Dietrich Keil, Frankfurt a. M. 2007.

- **Dagmar Burckhardt: Semiotik des Raums. Eine semantische Analyse von Puschkins Poem „Mednyj Vsadnik"**, in: Welt der Slawen (Jg. XVIV) 1999, Heft 2, S. 367–380. *Eine gründliche literatur- und kulturgeschichtliche Analyse des Poems mit Schwerpunkt auf die Diskurse, die das Motiv der Überschwemmung Petersburgs begleitend (mythologischer, biblischer, elegischer Diskurs).* — Forschung

- Erika Greber: **Aleksandr Puškin: Evgenij Onegin,** in: Der russische Roman, herausgegeben von Bodo Zelinsky, Köln 2007, S. 93–116. *Die Analyse untersucht ausgehend von den Erzählverfahren die wesentlichen strukturellen und thematischen Aspekte des „Romans in Versen" und bettet ihn in die kulturellen Kontexte der Zeit ein.*

- Gerda Hagenau: **Adam Mickiewicz als Dramatiker,** Frankfurt a. M. 1999. *Eine Einführung in Leben und Werk, ausführliche Beschreibung von Entstehung, Kontexten, Aufführungen der „Ahnenfeier" sowie eine bearbeitete deutsche Übersetzung.*

- **Polnische Romantik. Ein literarisches Lesebuch von Hans-Peter Hoelscher-Obermaier.** Mit einem Vorwort von Maria Janion, Frankfurt a. M. 1998. *Ein Überblick über wichtige Texte der polnischen Romantik mit einer systematischen und informativen Einführung.*

6 Nationale Mythen

Abbildung 6: Ilya Yefimovich Repin: *Die Saporoger Kosaken schreiben dem türkischen Sultan einen Brief*, Gemälde (1880–91)

Das Bild des berühmten Historienmalers Ilja Repin wurde von Zar Alexander III. erworben und befindet sich heute im Moskauer Puschkin-Museum. Es schildert eine Szene aus dem Kampf der Russen gegen die Türken im Jahre 1667: Die in der südlichen Ukraine am Ufer des Flusses Dnepr angesiedelten Kosaken schreiben einen Brief an den türkischen Sultan, der sie unterwerfen wollte. Schreiben ist für das wilde Kriegsvolk der Kosaken eine ungewöhnliche Angelegenheit, und man sieht auf dem Bild, mit welchem Vergnügen sie sich immer neue Grobheiten ausdenken, um den „türkischen Teufel" zu beschimpfen. Wildheit, ungezügelte Lebensfreude und Militanz sind Eigenschaften, die das in der Romantik entworfene Bild der Kosaken prägen. Repin berief sich auf Nikolai Gogol, der in seinen Erzählungen das Wesen der Kosaken treffend dargestellt hätte. Die folkloristischen Kosakenbilder erfreuten sich im gesamten 19. Jahrhundert großer Beliebtheit.

Auf den ersten Blick mag es befremdlich scheinen, Gogols Darstellung des wilden, bunt gemischten Kosakenvölkchens, das sich aus der Leibeigenschaft entlaufenen Bauern und Abenteurern verschiedener ethnischer Herkunft zusammensetzte, mit der Darstellung des polnischen Landadels, der Szlachta, von Adam Mickiewicz zu vergleichen. Doch soll es im Folgenden nicht um typologische Ähnlichkeiten der Figuren gehen, die als Träger nationaler Identität fungieren, sondern um ihre geokulturelle Verortung: Sowohl bei Gogol als auch bei Mickiewicz werden nicht die Zentren, sondern die Rand- und Grenzgebiete, in denen eine raue, natürliche, nicht europäisch überzüchtete Lebensart herrscht, als Sehnsuchtsorte unverfälschten Volkstums imaginiert.

Neben den landschaftsbezogenen räumlichen Mythen – aber nicht unbedingt mit ihnen verbunden – entstanden zu gleicher Zeit in beiden Kulturen folkloristisch und religiös geprägte ideologische Mythen, die den Auserwähltheitsanspruch der eigenen Nation aus dem Slawentum heraus zu begründen suchten.

6.1 **Warum Litauen? Mickiewiczs *Pan Tadeusz***
6.2 **Ukraine als „Grenzland" – Gogols *Taras Bulba***
6.3 **Messianismus und Slawophilie**

6.1 Warum Litauen? Mickiewiczs *Pan Tadeusz*

„Litauen, du meine Heimat, du bist wie die Gesundheit.
Nur wer diese verloren, weiß das Verlorne zu schätzen."
(Mickiewicz 1976, S. 7)

Dass das polnische Nationalepos *Pan Tadeusz oder Die letzte Fehde in Litauen* (1834) von Adam Mickiewicz mit einem Bekenntnis des autobiografischen Ich-Erzählers zu Litauen beginnt, zeigt, dass für Mickiewicz die untergegangene polnisch-litauische Adelsrepublik die Quelle seiner poetischen Imagination für Polen war, die er so dem Vergessen entreißen wollte. Zugleich war sie Quelle seiner Zukunftsutopie: Die Vermählung zwischen Litauen und Polen betrachtete er als „ein Vorbild der künftigen Vereinigung aller christlichen Völker im Namen des Glaubens und der Freiheit" (Mickiewicz 1994, S. 304).

Das Epos beschreibt den Untergang der Reste der alten Adelsrepublik, die sich von Napoleons Russlandfeldzug (1811/12) noch einmal Befreiung vom russischen Joch erhofft hatte. Zum Zeitpunkt der Niederschrift (um 1830) war das Ende des alten Polen jedoch bereits besiegelt. Heraufbeschworen wird noch einmal diese Endzeit: das Werk handelt vom Um- und Aufbruch, vor allem aber von letzten Dingen – dem letzten Ball der Adelsgesellschaft, dem letzten Einritt, der einem alten Brauch gemäß ein willkürlicher Akt der Rechtseinholung ist, mit dem der Landadel seine Gebietsstreitigkeiten gewaltsam regelte.

Inhalt

Der Text weist eine äußerst kunstvolle Struktur und Sprache auf, er wurde in seiner poetischen Bedeutung häufig mit Homer verglichen. Hinsichtlich seiner Außenwirkung teilt *Pan Tadeusz* das Schicksal von Puschkins *Eugen Onegin*: Beide Werke gelten in ihrer Kultur als Chefs d'œuvre, verlieren jedoch aufgrund ihrer intensiven Sprachgebundenheit in der Übersetzung an poetischer Kraft und stoßen aufgrund ihres internen Polemikcharakters sowie der Vielzahl ihrer literarischen, kulturellen und politischen Anspielungen an Verständnisgrenzen beim fremden Lesepublikum.

Sprache und Struktur

Stärker als Puschkin, der sich bei aller Stilmischung um strengsten, schmucklosen Lakonismus im Ausdruck bemühte, bezog Mickiewicz den barocken Reichtum der polnischen Sprache in sein Konzept des Polentums ein: Sowohl die Sitten und Gebräuche, die Feierrituale, Trinkgelage und schweren Speisen, als auch die Kleidungen der Stände, die er opulent, mit wehmütiger Ironie ausmalte, bezeichnen Sachverhalte und Wörter, die aus der Vergangenheit in das poetische Gedächtnis zurückgeholt wurden. Mickiewicz ging es ganz im Sinne der deutschen Romantiker um eine Gewinnung oder Wiedergewinnung

Poetische Sublimierung von Folkore

des Nationalen aus dem Volksbrauchtum, um eine poetische Sublimierung von Folklore, die er vor allem der Lebensweise des Landadels entnahm. Realien aus dem altpolnischen Milieu der Szlachta und deren Bezeichnungen werden sorgsam gesammelt und abgebildet.

Monumentales
Versepos

Aus dem ursprünglich geplanten Sittenbild im Stil von Goethes *Herrmann und Dorothea* (1797) wurde ein monumentales Epos, das „in zwölf Büchern und fast 10 000 Versen den *Polnischen Alexandriner* (13silbige Reimpaare) in einer bis dahin nicht dagewesenen Kunstform anwendet" (Kneip 1999, S. 158). *Pan Tadeusz* gilt als letztes bedeutendes Versepos der europäischen Literatur. Die romantische Verquickung von lyrischen, epischen und dramatischen Elementen war charakteristisch für Mickiewicz und die polnische Literatur seines Jahrhunderts. So ist in Polen im 19. Jahrhundert kein Romanepos von Weltgeltung (wie in Russland *Krieg und Frieden*, 1868/69) entstanden; diese Vakanz wird von *Pan Tadeusz* ausgefüllt – eine epische Erzählung in lyrischer Gestalt mit einem dramatischen Aufführungsgestus.

Kresy

Natur als Heimat

Nicht die aristokratischen Metropolen Krakau, Warschau oder Petersburg – letztere wird im „mental mapping" des Epos interessanterweise dem westlich verfeinerten Kulturraum zugeschlagen – bilden den geokulturellen Raum des polnischen Mythos, sondern die östlichen, in traditioneller ländlicher Lebensweise verharrenden Rand- und Grenzgebiete, die heute zu Litauen, Weißrussland und der Ukraine gehören und als „Kresy" bezeichnet werden. Es war Mickiewiczs Heimat, die aber über den persönlichen Bezug hinaus symbolisch aufgeladen wird: Gepriesen werden die grenzenlose Weite und die schlichte Natur, die den Blick (und das Herz) frei machen. Die Natur wird als die gemeinsame, alles und alle überwölbende und umhüllende Heimat imaginiert: Gerüche, Farben, Töne erwachen zum Leben und ziehen den Leser magisch in das poetische Idyll hinein.

Bausteine des
Nationalen

Entfaltet wird ein Panoptikum der Nation: Die Kontrahenten Tadeusz Soplica, ein junger Schlachtschitz aus traditioneller Familie, und Graf Horeszko, ein von westlicher Romantik und englischer Mode geprägter Magnat, vertreten die zwei Spielarten des polnischen Adels, die sich in Polen gegenüberstanden. Tadeusz, dessen Name auf Tadeusz Kościuszko, den berühmten General und Anführer des Kampfes gegen Russland, anspielt, zieht die einheimische Natur und Lebensweise allem Westlichen und Exotischen vor, dem der Graf huldigt.

„Ist denn die heimische Birke nicht doch unendlich viel schöner,
Die, wie die Bäuerin, wenn ihren Sohn sie beweint, den verstorbenen,
Oder vergrämt ihren Ehemann als Witwe, ringt ihre Hände ..."
(Mickiewicz 1976, S. 90)

Den männlichen Protagonisten stehen zwei Frauenfiguren zur Seite: die elegante Kokette Telimena und die reine, naturnahe Zosia, ihre Nichte, der die westliche mondäne Petersburger Erziehung ihrer Tante nichts anhaben konnte. Das Verwirrspiel der Liebe, in dem schließlich jeder den richtigen Partner bekommt, gehört zu diesem letzten Bild des in Auflösung begriffenen ironisch-elegischen Idylls.

Alle Besitzstreitereien und Liebeshändel finden ein jähes Ende, als in den Krähwinkel die europäische Geschichte einbricht: Der Druck der russischen Besatzer auf die Polen wächst, als die Napoleonische Armee anrückt, verstärkt durch eine polnische Legion, was dem Befreiungskampf im Lande neuen Auftrieb gibt. Es ist ähnlich wie *Eugen Onegin* eine Geschichte ohne Ende. Was aus Tadeusz wird, der sich den Freiheitskämpfern anschließt, bleibt ungewiss – so ungewiss, wie das Schicksal Polens zum Zeitpunkt der Niederschrift war.

<aside>Einbruch der Geschichte in die Idylle</aside>

<aside>Offenes Ende</aside>

Die Fäden im Hintergrund zieht der Priester Robak, der heimlich als Verbindungsmann zwischen der Napoleonischen Armee und den aufstandswilligen Litauern operiert und hinter dem sich Jan Soplica, der Vater des Tadeusz verbirgt. Mit ihm wird das vom frühen Mickiewicz bevorzugte Motiv der Wandlung des romantischen Helden vom unglücklich Liebenden zum Freiheitskämpfer noch einmal aufgegriffen. Sein tragisches Schicksal und sein Tod erscheinen als Vermächtnis, um alle Streitigkeiten zu beenden und die Kräfte im Kampf zu einen.

<aside>Romantischer Held im Hintergrund</aside>

Im patriotischen Kampf um die Freiheit Polens verbinden sich alle Schichten und alle Ethnien: So wird der von allen angesehene jüdische Gastwirt Jankiel zu einer Symbolfigur des Polentums:

<aside>Multiethnische Gemeinschaft ...</aside>

„War er auch Jude, so war ziemlich klangrein sein Polnisch.
Vornehmlich liebte er Lieder, in denen die Seele des Volkes lebt."
(Mickiewicz 1976, S. 109)

Jankiel erblickt im legendären Führer der polnischen Legion der Napoleonischen Armee, General Dąbrowski, den ersehnten Messias, der das Land von der Tyrannei befreien und dem sie alle folgen würden. Dem Juden wird so einen Platz in der polnischen Nation zugewiesen: Das Polenbild im *Pan Tadeusz* schließt multiethnische Gemeinschaft und religiöse Toleranz ein.

<aside>... und religiöse Toleranz</aside>

Auch das russische Volk wird nicht pauschal als Gegner der Polen betrachtet, die Rede ist vielmehr von „leiblichen Brüdern", die sich in Familienstreitereien ergehen. Der russische Kapitän Rykow etwa, der lange in Polen lebte, bekennt seine Hochachtung vor dem Stolz der Polen und schließt sich ihrem Kampf an. Verräter und moralisch degeneriert sind alle, die in den Dienst der russischen Unterdrückermacht treten – das können auch Polen sein, wie die dubiose Figur des Feiglings Płut demonstriert.

Aufgeklärter Sarmatismus

Das sarmatische Ideal lieferte die Folie für das polnische Nationalbewusstsein im *Pan Tadeusz*, aber es wurde den modernen Bedingungen angepasst. Tadeusz und Zosia, die Vertreter der jungen Generation, die die Zukunft Polens gestalten werden, erweisen sich bei aller Traditionsverhaftung auch von den Ideen der Aufklärung beeinflusst. Ihr Plan ist es, die noch in Leibeigenschaft gehaltenen Bauern zu befreien und mit ihnen zusammen in der Wirtschaft zu arbeiten. Das polnische Gleichheitsideal der alten Adelsrepublik wollen sie nicht auf die Szlachta beschränkt sehen, sondern auf das ganze Volk ausdehnen.

Poetisches Idyll

Pan Tadeusz ist ein poetisches Gemälde, kein politisches Pamphlet, obwohl am Ende die Hoffnung auf Befreiung der Heimat und auf Rückkehr nach langen Jahren der Emigration geäußert wird (die dem realen Dichter allerdings verwehrt blieb).

Kresy-Mythos im 20. Jahrhundert

Mickiewiczs Epos trug dazu bei, den Kresy-Mythos zu formulieren, der für Polen ein wichtiges Mittel der Identitätsbildung wurde. Aus der für diese Regionen charakteristischen Grenzerfahrung, dem engen Nebeneinander von ethnischen, konfessionellen und sozialen Existenzweisen, entstand eine Situation der Ambivalenz: Der Kresy-Mythos bietet Nahrung für einen Nationalismus der extremen Abgrenzung, aber auch als Beispiel für Toleranz. Beide Lesarten wurden in der Literatur der Folgezeit mit unterschiedlichen Akzentsetzungen gepflegt. Der Roman *Dolina Issy* (*Das Tal der Issa*, 1955) des in Litauen geborenen Nobelpreisträgers Czesław Miłosz spinnt den nostalgisch-poetischen Faden des Kresy-Mythos von Mickiewicz weiter als Hommage an die Heimat, die Landschaft und ihren Märchenzauber. In der Gegenwartsliteratur sind es vor allem die Romane und Erzählungen des polnischen Autors Andrzej Stasiuk (z. B. *Biały kruk, Der weisse Rabe*, 1995; *Dukla, Die Welt hinter Dukla*, 1997) und seines ukrainischen Dichterkollegen Juri Andruchowich (*Dvanadcat obrutschiw, Zwölf Ringe*, 2003), die die Karpatenlandschaft als Imaginationsraum der Kresy wählen, um postmoderne und multiethnische Grenzerfahrungen des neuen Osteuropa poetisch zu besingen oder grotesk zu überzeichnen.

6.2 Ukraine als „Grenzland" – Gogols *Taras Bulba*

Literarische Bedeutung Gogols

Nikolai Gogol steht zwischen Romantik und Realismus. Mit den *Peterburgskie powesti* (*Petersburger Novellen*, 1835), dem Roman *Mertvye duschi* (*Tote Seelen*, 1841/42) und der Komödie *Rewisor*

(*Der Revisor*, 1836) erwarb er den Ruf eines brillanten Satirikers und grotesken Autors. Er kann als Vorläufer von Dostojewski und Kafka gesehen werden, denn er karikierte den seelenlosen Beamtenapparat der Petrinischen Ordnung und zwang die Deformation des modernen Menschen in fantastisch-groteske Bilder. Seine zeitgenössischen Erfolge errang er durch eine neuartige Sprache und Erzählperspektive, die er aus seiner ukrainischen Heimat in die Petersburger Hochkultur mitbrachte. Die Welt der ukrainischen Folklore mit ihren Gespenstergeschichten und ihrer bildhaften Sprache fand durch Gogol kunstvoll Eingang in die russische Literatursprache (vgl. Schmid 2004, S. 229–236).

In jüngster Zeit wird, ausgelöst durch den Zerfall des sowjetischen Imperiums und die Wiedererlangung der Souveränität der osteuropäischen Länder, vehement um die nationale Zugehörigkeit Gogols zur ukrainischen oder zur russischen Literatur gestritten; das gilt in ähnlicher Weise auch für Mickiewicz, der als weißrussischer wie als litauischer Autor reklamiert wird (vgl. Kluge 1999). Diese Debatten sind Ergebnis einer modernen nationalen Segregation, wie sie zur Wirkungszeit der Autoren so noch nicht ausgebildet war. So wie Mickiewicz sich als Litauer und Pole fühlte, fühlte sich Gogol als Ukrainer und Russe.

Nationale Zugehörigkeit

Eine ähnliche Bedeutung, wie sie Mickiewicz den Kresy für das polnische Nationalbewusstsein zugemessen hat, maß Gogol der Ukraine für das russische zu. Die Ukraine war eine von Russland und Polen umkämpfte und umworbene Region, ein Grenzland (= russisch: *okrajna*), das seine Identität in der Abgrenzung von beiden Imperien ausbildete. Die dort lebenden Kosaken, die sich ethnisch vielfältig zusammensetzten und ein eigenes Gemeinwesen entwickelten, erregten insbesondere in der Epoche der Romantik sowohl in der russischen als auch in der polnischen Literatur die Fantasie der Dichter (vgl. Kornblatt 1992).

Ukraine als Grenzland

Gogols Erzählung *Taras Bulba* (1. Fassung 1835) vereinnahmt das Grenzland Ukraine poetisch für Russland, indem die Kosaken nicht in ihrem (nationalen) Unabhängigkeitsbestreben hervorgehoben, sondern als Inkarnation der russischen Nationaltugenden gestaltet werden. Gogol zeichnet in der Kosakengemeinschaft den idealen Mythos einer freien, militanten, vitalen Gemeinschaft, wie sie nur in der „schweren Zeit" eines „halbnomadisierenden Teils von Europa" entstehen konnte. Der russische Charakter habe hier sein kräftiges, breites Profil, sein festes Gepräge erhalten (Gogol 1832 in: Ebert 2004, S. 138). Diese Charaktereigenschaften der Kosakenschaft sind in der Figur des Taras

Kosaken als Inkarnation des Russentums

Bulba, der den Rang eines Ataman, eines militärischen Führers, bekleidet, sowie seines ältesten Sohnes Ostap konzentriert. Bulba hat zwar seine Söhne an der Kiewer Akademie studieren lassen, sieht ihre eigentliche Bestimmung jedoch in der kriegerischen Gemeinschaft des freien Kosakentums, dem Kosakenlager, dem „Sitsch".

Bedeutung des Kosakenlagers

Der ausladenden Beschreibung des Kosakenlagers mit seinen rauen Männersitten gibt Gogol breiten Raum, das Lager wird ähnlich wie Mickiewiczs Gutshof Soplicowo zum imaginären Raum nationaler Fantasien. Diese Fantasien werden beflügelt durch ein ähnliches Freiheitspathos, haben aber unterschiedliche Gegner: Wo sich Mickiewiczs Figuren gegen den russischen Zarismus wenden, ist dieser bei Gogol im Gegenteil der Auftraggeber der Kosaken, die zwar einst vor russischer Leibeigenschaft geflohen waren, sich aber später als Grenzwächter des russischen Reichs mit eigenständigen Rechten in den Dienst des Zaren stellten (vgl. Zernack 1994, S. 197–204). Die historische Aufgabe der Kosaken, die auch die polnischen Könige erkannten, habe, so Gogol, darin bestanden, Europa vor dem Ansturm aus dem Osten zu schützen.

In *Taras Bulba* wird jedoch ein anderer Akzent gesetzt: Zwar ist im historisch-mythologischen Rahmen der Erzählung nicht die polnische Zentralmacht der Gegner, sondern die sich selbstherrlich gebärdenden

Verhältnis zu den Polen

polnischen Magnaten, doch steht der religiöse Konflikt, d. h. der Kampf der (russischen) Orthodoxie mit dem (polnischen) Katholizismus im Zentrum. Es geht gegen Andersgläubige jeder Art, die als Nichtgläubige, als Heiden gebrandmarkt werden und gegen die sich die Gewalt der Kosaken richtet: Tataren, Juden und Katholiken.

Anders als die Polen und Tataren, die als Gegner gefürchtet werden,

Darstellung der Juden

sind die Juden der Verachtung anheim gegeben, sie werden als Sündenböcke für alle tatsächlichen und eingebildeten Missetaten dingfest gemacht. Gogols Jude Jankel, der ebenso wie der Jude Jankiel in *Pan Tadeusz* die Rolle eines Mittelsmannes zwischen den Parteien einnimmt, ist kein angesehener, in die Gesellschaft integrierter Schankwirt wie bei Mickewicz, sondern ein abgerissener, gewiefter Kleinwarenhändler, der ständig vor dem Zorn der Kosaken auf der Hut sein muss.

Die größte Bedrohung der Kosakengemeinschaft jedoch geht von einer jungen Polin aus, in die sich der jüngste Sohn des Atamans Bulba, Andrij, verliebt. Der Genderaspekt spielt hier eine wichtige Rolle:

„Die fremde Frau"

Aufgerufen wird der Topos der „fremden Frau", der häufig auch in der russischen Literatur als Störfaktor für intakte Gemeinschaften eingesetzt wird (vgl. Ebert 2004, S. 127–144). Oberflächlich gesehen ist die Polin die Verführerin, die den Mann von seinem rechten Wege abbringt und ihn sogar zum Verräter an der eigenen nationalen Sache werden lässt. Durch ihre Schönheit und Sinnlichkeit lenkt sie den jungen Andrij von der Gemeinschaft der Kosaken und ihren Werten ab und verkörpert insofern eine Bedrohung für das Kosakentum. Andrij ist fasziniert von der für ihn neuen fremden Welt, von der Pracht der römisch-katholischen Kultur, die von der griechischen Antike ihre ästhetische Inspiration gewonnen hatte. Der Kontrast der zwei Welten, der russischen (orthodoxen) und der polnischen (katholischen), wird in einem ästhetischen Diskurs markiert, der die Gegensätze unterstreicht: Das pulsierende Leben in der Kosakengemeinde, in der Gesang und Tanz dominieren, steht gegen die bildhaft-statuarische Beschreibung des polnischen Milieus. Die fremde Frau repräsentiert ein anderes Kulturmodell, das Andrij anzieht. Er wechselt nicht nur die Fronten, sondern auch die Werte: Nicht mehr das Kosakentum verkörpert für ihn das Vaterland, für das er in den Kampf zieht, sondern die geliebte Frau. Aus dem rauen Kosaken wird ein Ritter westlichen Zuschnitts. *Das fremde Kulturmuster*

Vom Kosak zum Ritter

Durch den Wechsel der kulturellen Orientierung wird Andrij zum Verräter an seinem eigenen Volk. Mit diesem „Verrat" thematisiert Gogol seine ureigene Zerrissenheit zwischen der russischen und der westlichen Kultur: Aus seiner Publizistik kennen wir seine Verehrung des europäischen Mittelalters, die den „wilde[n] Kampfgeist der Ritter" einschließt. Die Ritter seien aber nicht wie die Kosaken durch endlose Raubzüge und Kriege wild und hart geworden, sondern durch die Frauenverehrung in ihren Sitten gebändigt worden. Der hohen Liebe schrieb Gogol einen gewaltigen Einfluss auf die Formung der Sitten zu: „Alles Edle im Charakter der Europäer folgte aus ihr" (Gogol 1977, S. 26). *Facetten des Verrats*

Mit seinem Frontenwechsel gibt Andrij wesentliche Tugenden des Kosakentums auf: Er lässt die Geringschätzung materieller Werte und Äußerlichkeiten hinter sich und begibt sich in das gefährliche Reich des äußeren Glanzes: Seine einfache derbe Kleidung tauscht er gegen die goldbetresste Uniform des Gegners. Damit hat er sich den westlichen Werten verschrieben und Verrat an seiner Heimat geübt. Taras tötet seinen Sohn, den Verräter, mit eigener Hand und stirbt am Ende selbst. *Andrijs Verrat*

In der Geschichtsauffassung Gogols gehören Russland und Europa zusammen, durch die geopolitische Situation und die historischen Schicksale haben sie aber unterschiedliche Existenzweisen ausgeprägt. In der Erzählung *Taras Bulba* werden die romantischen Züge der Herausbildung des russischen Nationalcharakters deutlich verstärkt und die europäischen Werte zurückgenommen, bzw. deutli- *Russland und Europa* cher mit jenen negativen Kapitalismuszügen verbunden, die Gogol im Westen und im westlich geprägten Petersburg beklagt.

Zwei nationale Mythen im Vergleich

Wie Mickiewicz im *Pan Tadeusz* erweckte auch Gogol in *Taras Bulba* eine untergegangene Welt literarisch zum Leben. Beide siedelten ihre jeweiligen nationalen Geschichtsmythen jenseits der Metropolen in ländlichen Randgebieten an und stellten damit die Volkskultur über die aristokratische verwestlichte Hochkultur. Während Mickiewicz allerdings die Hochburg dieser westlichen Kultur im russischen Petersburg sieht und die russische Fremdherrschaft als Angriff westlicher Kultur auf die urpolnische Kultur versteht, ist es bei Gogol gerade umgekehrt: Die polnische Fremdherrschaft mit ihrer lateinischen Kultur und ihrem Katholizismus bedroht die ursprüngliche Lebensweise und die durch die Orthodoxie vereinte Gemeinschaft der Russen.

6.3 Messianismus und Slawophilie

Das Bekenntnis zur multiethnischen Nation, das sowohl in Russland als auch in Polen von Anfang an die staatliche und kulturelle Identität begleitet hatte, hinderte die Schriftsteller, Künstler und Philosophen nicht, gleichzeitig einen Diskurs der Auserwähltheit zu pflegen. In diesem Diskurs wurden die Denk- und Handlungsmuster der jeweils eigenen Kultur als die einzig möglichen betrachtet, um die Probleme der modernen Zivilisation zu lösen und sie als zukunftsträchtig und vorbildhaft für ganz Europa zu empfehlen. Diese ideelle nationale Aufrüstung, die im Zuge der gesamteuropäischen Nationenbildung des 19. Jahrhunderts zu sehen ist, war verbunden mit einer heroischen Remythologisierung der nationalen Geschichte, die in der Historienmalerei (etwa von Jan Matejko in Polen und Ilja Repin in Russland) ihren bildhaften und in kultur- und religionsphilosophischen Utopien ihren ideologischen Ausdruck fand.

Topos der Auserwähltheit

Messianismus

Ein maßgeblicher Propagandist des polnischen Messianismus wurde Mickiewicz. In der 1832 verfassten Schrift *Księgi narodu polskiego i pielgrzymstwa polskiewo* (*Die Bücher des polnischen Volkes und der polnischen Pilgerschaft*) sowie in seinen Vorlesungen über polnische und slawische Literatur am Collège de France in Paris erhob er den Messianismus zum „Merkmal der polnischen Nationaldichtung" (Mickiewicz 1994, S. 328).

Literarische Gestalt fanden diese Ideen in Symbolen und Allegorien, die – wie in der europäischen Literatur und Kunst häufig anzutreffen – geschlechtlich konnotiert sind. Mickiewiczs berühmtes und wirkungsmächtigstes Gedicht *Do matki polki* (*An die Mutter Polin*, 1930) verdeutlicht den Zusammenhang von Religion, Nation und Geschlecht. Aufgerufen wird darin die „Mutter Polin" als irdische Inkarnation der Gottesmutter in doppelter Funktion: als Gottesgebärerin und Königin von Polen einerseits, als die sie seit dem 17. Jahrhundert in der polnischen Kultur figurierte, als Mater dolorosa andererseits, als die sie seit der polnischen Teilung das unterdrückte Vaterland repräsentierte. Ihre Aufgabe ist eine heroische: Ihr obliegt es, die Söhne für den selbstlosen Kampf zu erziehen und sie auf ihren Leidensweg vorzubereiten:

„Mutter Polin"

„Ein ruhmlos Kampf bleibt deinem Sohn beschieden
Und ein Martyrium ... ohne Auferstehn".
(Mickiewicz 1994, S. 256)

Dies „ohne Auferstehn" bleibt allerdings die Ausnahme. In der Regel wurde gerade der Gedanke der Auferstehung zum Kern des polnischen Messianismus, zum Trost und zur Überlebensstrategie des einzelnen in der Gemeinschaft nach dem gescheiterten Novemberaufstand von 1830. Alle Figuren von Mickiewicz – von *Konrad Wallenrod* bis zu Gustaw / Konrad der *Ahnenfeier* – entsprechen dem messianistischen Auferstehungsparadigma, das die polnische Romantik-Spezialistin Maria Janion so zusammenfasst:

Topos der Auferstehung

„Der polnische Messianismus, der zu Recht als ‚klassisch' gilt, hat die Überzeugung, die Geschichte der Menschheit reproduziere die Heilsgeschichte, im Detail ausgestaltet: Die polnische Geschichte seit den Teilungen Ende des 18. Jahrhunderts wiederhole Passion und Auferstehung Christi. Die Rolle Christi und Polens im Erlöserwerk werden gleichgesetzt". (Janion 1998, S. 25)

Polen konnte somit zum „Christus der Völker" (Juliusz Słowacki) werden. Sein Leidensweg prädestinierte es zum „Erlöser und Retter aller Völker" (Janion 1998, S. 26f.). Dieser Erlösungsmythos, der im konspirativen Freiheitskampf entstanden war, prägte das kulturelle Selbstbewusstsein Polens und entfaltete insbesondere in Krisen- und Kriegszeiten – wie dem Zweiten Weltkrieg, dem Warschauer Aufstand oder der Zeit von Solidarność und Kriegsrecht der 1980er-Jahre – seine literarische und politische Wirkungskraft (vgl. Brockmann 2006, S. 83–98). Von Maria Janion wird er erst mit der jüngsten politischen Wende verabschiedet – zusammen mit dem romantischen Paradigma, für das er das zentrale Leitmotiv darstellte (Janion 1998, S. 39–42).

Vom Auserwähltheitsgedanken ließ sich auch die slawophile Richtung der russischen Literatur leiten, wenngleich die Entstehungsursachen andere waren (→ KAPITEL 3). Nicht Fremdherrschaft bot den An-

Slawophilie

lass für eine offensive Selbstdarstellung, sondern Kritik an der Rückständigkeit Russlands, die vom In- und Ausland erhoben wurde:

Russlandkritische Stimmen

Europäische Russlandreisende geißelten die despotische Ordnung des Staates, teils aus katholischer Sicht, wie Joseph de Maistre (*Soirées de St. Pétersbourg*, 1821), teils aus liberaler Sicht, wie der Marquis de Custine, der in seinen Reisebriefen (*La Russie en 1839*, 1843) die nicht überwundene Tyrannei, die mangelnde Selbstständigkeit und Nachahmungssucht in Russland beklagte.

Tschaadajew: Philosophische Briefe

Der russische „Kriegs- und Modeheld" (Städtke 2002, S. 148) Pjotr Tschaadajew, Verfasser der seit 1829 anonym kursierenden *Lettres philosophiques*, kam zu demselben Befund: „Gleichsam außerhalb der Zeit stehend, sind wir von der universalen Erziehung des Menschengeschlechts unberührt geblieben" (Tschaadajew 1992, S. 8).

Apologie eines Wahnsinnigen

Nachdem Tschaadajew vom Zaren für unzurechnungsfähig erklärt worden war, verfasste er seine Rechtfertigungsschrift *Apologie d'un fou* (*Apologie eines Wahnsinnigen*, 1837). Darin leitete er aus dieser tabula rasa – im Gefolge der Idee Hegels und Herders, dass einzelne „Volksgeister" die Entwicklung des „Weltgeistes" vorantreiben würden – die Bestimmung für Russland ab, die „Mehrzahl der in den alten Gesellschaften entstandenen Gedanken zu verwirklichen, über die wichtigsten, das Menschengeschlecht beschäftigenden Fragen ein endgültiges Urteil zu fällen" (Tschaadajew 1992, S. 168). Während die „Westler" an den frühen Tschaadajew anknüpften, folgten die Slawophilen diesem späten Tschaadajew der *Apologie*.

Die Dichter und Philosophen Alexej Chomjakow, Iwan Kirejewski und Konstantin Aksakow entwarfen in den 1840er-Jahren eine an altrussischen Werten orientierte Zukunftsutopie für Russland, die von dem deutschen Russlandreisenden August Freiherr von Haxthausen nach Westeuropa vermittelt wurde. Wie im polnischen Messianismus wurde aus der Verbindung von Volksgemeinschaft und Religion ein universaler Geltungsanspruch abgeleitet: Der slawophile Kerngedanke orientierte sich am Gemeinschaftsgeist der Russen, der in der Dorfgemeinde (*obstschina*) und der religiösen Gemeinde der orthodoxen Kirche (*sobornost*) ihre wichtigsten Säulen hatte. Diese Idee erfuhr im Folgenden unterschiedliche Modifikationen: Sie mündete in der zweiten Hälfte des 19. Jahrhunderts in den politischen Panslawismus, der die Vereinigung der slawischen Brüder unter russischer Führung vorsah.

Bausteine der Slawophilie

Panslawismus

In der Literatur hinterließ sie deutliche Spuren, insbesondere im Schaffen Lew Tolstois und Fjodor Dostojewskis, die sich zwar nicht als Slawophile betrachteten, aber wesentliche Denkfiguren aus deren

Utopie übernahmen. Dostojewski verkündete in seiner späten Publizistik, insbesondere im *Dnewnik pisatelja* (1873; *Tagebuch eines Schriftstellers*, 1876–81) und seiner berühmten Rede zum Puschkin-Jubiläum 1880 unverhüllt, dass in der Orthodoxie die Rettung des russischen Volkes und der ganzen Menschheit liege, da nur sie das christliche Ebenbild in seiner ganzen Reinheit bewahrt habe. Zum Exponenten dieser Idee erhob er Puschkin: In dessen Fähigkeit, sich in fremde Literaturen und Kulturen einzufühlen, offenbare sich der russische nationale Geist. Ein echter Russe zu sein bedeute, Bruder aller Menschen zu werden. Neben der Leidensfähigkeit sei es vor allem die Fähigkeit zur grenzenlosen, alles verzeihenden Liebe, die den Weg zur Harmonie aller Völker im Sinne des Evangeliums weise (vgl. Dostojewski 2003, S. 25–46).

Puschkin – der ideale Russe

Dostojewskis Toleranz- und Harmoniesehnsüchte haben ihn nicht gehindert, in Bezug auf Fremde – seien es Deutsche, Polen oder Juden – stereotype Negativbilder zu bedienen, die in seinem publizistischen und literarischen Spätwerk unverkennbar sind (vgl. Świderska 2001; zur Aktualität von Dostojewskis Ambivalenz vgl. Gerigk / Neuhäuser 2008).

Interessanterweise reklamieren sowohl die polnischen Messianisten als auch die russischen Slawophilen den Terminus slawisch für ihre Zwecke: Obwohl Mickiewicz in seinen Vorlesungen zur slawischen Literatur die russische Literatur in ihren revolutionären Teilen würdigt, auch die russische Bauerngemeinde als Vorbild für die Lebensweise des slawischen Menschen betrachtet und auf den großen Einfluss des Tschechischen auf die polnische Kultur hinweist (vgl. Lednicki 1956b, S. 148–150), gesteht er doch vor allem dem Polentum zu, den slawischen Geist zu vertreten (vgl. Mickiewicz 1994, S. 327–330). Der Begriff slawophil wiederum wurde automatisch mit russophil, bzw. russisch-dominiert assoziiert, eine Redepraxis, die sich bis in die Bezeichnung der Wissenschaftsdisziplin unserer Tage gehalten hat: Mit Slawistik ist – sofern nicht ergänzt durch die Präfixe Süd- oder West- – im allgemeinen Russistik gemeint.

Slawische Gemeinsamkeiten?

Wie der polnische Messianismus hat auch die russische Slawophilie in der Literatur bis in die Gegenwart hinein Spuren hinterlassen. Es sind nationale Erlösungsutopien, die zweifellos aus dem Drang der osteuropäischen Kulturen erwachsen sind, sich im gesamteuropäischen Chor Gehör und eine eigene Stimme zu verschaffen und Überlebenshilfen für prekäre soziale und politische Situationen auszubilden.

Fragen und Anregungen

- Welche Aspekte begründen die Bedeutung von Adam Mickiewiczs *Pan Tadeusz* als polnisches Nationalepos?
- Erläutern Sie, in welcher Weise die Kosaken in Nikolai Gogols *Taras Bulba* russische Identität stiften.
- Vergleichen Sie, welche Rolle der Topos des Juden in beiden Texten spielt.
- Vergleichen Sie den Kresy-Mythos bei Mickiewicz und Gogol.
- Was sind die Ähnlichkeiten und was die Unterschiede in den Konzepten des Messianismus und der Slawophilie?

Lektüreempfehlungen

Quellen
- **Nikolaj Gogol: Taras Bulba** [1835/42]. Aus dem Russischen übersetzt und mit Anm. vers. v. Joseph Hahn, München 1981.
- **Adam Mickiewicz: Pan Tadeusz oder Die letzte Fehde in Litauen. Verseopos** [1834]. Aus dem Polnischen nachgedichtet von Hermann Buddensieg, Berlin/Weimar 1976.
- **Adam Mickiewicz. Dichtung und Prosa.** Ein Lesebuch von Karl Dedecius, Darmstadt 1994 (Polnische Bibliothek).

Forschung
- **Judith Deutsch Kornblatt: The Cossack Hero in Russian Literature. A Study in Cultural Mythologie**, Wisconsin 1992, S. 39–60. *Studie über Geschichte und Mythos des Kosakentums in der russischen Literatur vom 19. Jahrhundert (Gogol) bis zu seinem Ende im Sozialistischen Realismus.*
- **Rolf-Dieter Kluge (Hg.): Von Polen, Poesie und Politik – Adam Mickiewicz**, Tübingen 1999. *Informativer Sammelband, der den Dichter im Zusammenhang dieser drei zentralen Begriffe vorstellt.*
- **Jekatarina Lebedewa: Russische Träume. Die Slawophilen – ein Kulturphänomen**, Berlin 2008. *Die Slawophilen werden in einer informativen Studie weniger als genuin philosophische, denn als poetische Bewegung vorgestellt, bei der sich philosophische Positionen und Dichtung wechselseitig durchdringen.*

7 Orientalismus im Osten?

Abbildung 7: Karl Pawlowitsch Brüllow: *Die Fontäne von Bachtschissarai* (1849), Gemälde zu Alexander Puschkins gleichnamigem Poem (1824)

Das Gemälde des Malers Karl Brjullow zeigt eine Szene aus Puschkins romantischem Poem „Die Fontäne von Bachtschissarai" (1824). Es ist ein typisches Beispiel für die Mode des Orientalismus, die die europäische Malerei und Literatur im 19. Jahrhundert erfasst hatte. Die Darstellung des russischen Malers mit italienischen Affinitäten fügt sich ein in die Galerie der exotisch-opulenten Gemälde von Künstlern wie Eugène Delacroix und Jean-Auguste-Dominque Ingres, die die Fantasie in eine Welt der Leidenschaften und Emotionen jenseits der eigenen westlich-rationalen bürgerlichen Ordnung entführen, wo der Orient also zu einem Projektionsort eigener Sehnsüchte stilisiert wird, dessen wichtigster erotischer Schauplatz der Harem ist.

Die Begegnung des Westens mit dem Orient erfolgte aus dem Blickwinkel von Fremden, zumeist Eroberern. Der amerikanisch-palästinensische Literaturtheoretiker Edward Said kritisiert die Orient-Vorstellung des Westens: In seinem Buch *Orientalism* (1978; *Orientalismus*, 1981) erhebt er den Vorwurf, der Westen verbreite ein einseitiges, stereotypes Bild vom Orient, das von der Überlegenheit der eigenen, der westlichen Kultur geprägt sei. Damit eröffnete er einen – bei aller Zugespitztheit seiner Thesen – fruchtbaren Orientalismus-Diskurs, der neue Perspektiven für die Betrachtung von Nationalliteraturen bringt.

Das gilt auch und besonders für die Literaturen in Osteuropa, das ja aus der Perspektive des Westens häufig selbst als Orient wahrgenommen wurde und wird. Ungesicherte Territorialgrenzen, ständige Grenzverschiebungen, wechselnde Bündnisse haben ein multiethnisches Völkergemisch in Osteuropa geschaffen, das zu einem markanten Identifikationsmerkmal in diesen Regionen geworden ist. Mongolenüberfälle, die mongolo-tatarischen Ansiedlungen in den slawischen Gebieten, später die Türkenkriege haben zu einer langen Präsenz des Asiatischen in den ost- und südeuropäischen Regionen geführt, die im Westen unbekannt geblieben ist.

7.1 **Orientalisches in Osteuropa**
7.2 **Krim-Visionen**
7.3 **Die literarische Eroberung des Kaukasus**

7.1 Orientalisches in Osteuropa

Das Verhältnis zum Orientalischen ist in Osteuropa durch eine im Westen unbekannte Ambivalenz von Attraktion und Abwehr gekennzeichnet. Russland und Polen haben beide zu unterschiedlichen Zeiten und aus unterschiedlichen Anlässen ihre Kulturmission darin gesehen, Europa vor der Überflutung durch die „gelbe Gefahr", das asiatische Heidentum, bewahrt zu haben – Russland durch den Sieg über die mongolo-tatarische Herrschaft der „Goldenen Horde" Ende des 15. Jahrhunderts, Polen durch den Sieg über die Türken bei Wien, den der Heerführer und zum König Jan III. ernannte Sobieski im Jahre 1683 errungen hat. „Bollwerk des Christentums" ist ein wichtiger Topos der osteuropäischen Selbstbeschreibung, den sowohl Russen als auch Polen für sich reklamieren. Zugleich wird gerade in der Literatur- und Kulturgeschichte deutlich, welche tiefen Spuren die asiatische Präsenz in der Lebensweise, Sprache und Kleidung bei der einheimischen slawischen Bevölkerung hinterlassen hat, z. B. bei den Kosaken, der polnischen Szlachta oder der Moskauer Kaufmannschaft. Adam Krzeminski konstatiert für Polen:

Ambivalentes Verhältnis zum Orient

Orientalische Präsenz

„An der Nahtstelle zweier Kulturen gelegen, der asiatischen und der europäischen, übernahm die Rzeczpospolita von ersterer die materielle, von letzterer die geistige Zivilisation. Als Folge davon war der Verteidiger der goldenen Freiheit ein türkisch gekleideter Adliger." (Krzeminski 2000, S. 144)

Zahlreiche russische Schriftsteller stammen von tatarischen Adelsgeschlechtern ab, die unter Katharina der Großen naturalisiert wurden: Iwan Turgenjew, Iwan Aksakow, Anna Achmatowa, Michail Bulgakow. Sie ergänzen den multiethnischen Stammbaum der russischen Literatur, der sich auf Puschkins afrikanische, Lermontows schottische, Gogols ukrainisch-türkische, Dostojewskis polnische Wurzeln stützt.

Der Sarmatismus, also der Abstammungsmythos der polnischen Szlachta, hat selbst orientalische Wurzeln:

Sarmatismus in Polen

„Spätestens seit der Herrschaft von Zygmunt I. dem Alten [1529–47] erheben die polnischen Humanisten das iranische Reitervolk der Sarmaten, das die nordpontischen Steppen in den Jahrhunderten um die Zeitenwende bevölkerte, zu den unmittelbaren Vorfahren der Slaven im allgemeinen und des polnischen Adels im besonderen." (Osterrieder 2000, o. S.)

Sarmatismus funktionierte zugleich als Abgrenzungsmythos gegenüber Moskau, denn während der Kriege mit Moskau im 16. und

17. Jahrhundert wurde das Territorium der Moskauer Rus nicht zu *Sarmatia* gerechnet, sondern zu *Scythia*, worunter man das wilde Barbarenland verstand.

<small>Orientalischer Habitus der Szlachta</small>

Vom asiatischen Vorbild inspiriert war das äußere Erscheinungsbild der Szlachta: die Rüstung, die zivile Kleidung, der Prunk der Paläste: „Der martialische Orientalismus der Szlachta trieb im 17. Jh. noch solche Blüten, das man etwa bei der großen Schlacht von Wien 1683 Schwierigkeiten hatte, polnische und türkische Kämpfer an ihrer äußerlichen Erscheinung auseinanderzuhalten." (Osterrieder 2000, o. S.)

Das wird in den opulenten Beschreibungen der Lebensweise und Erscheinung der Szlachta in der *Trylogia* (*Trilogie*, 1884/86/88) von Henryk Sienkiewicz sichtbar. Ungeachtet dieser orientalischen Ausstattung der Szlachta wurde in der polnischen Literatur der xenophobische Mythos des Türken als Vertreter von Despotismus und Barbarei, der die „Goldene Freiheit" und die individuellen Rechte des Polentums bedroht, besonders in Kriegszeiten gepflegt.

Die in osteuropäischen Regionen gern zur Selbstidentifikation genutzten Topoi – das weite Feld, die wilde Natur, die Grenzenlosigkeit und Anarchie – wurden in der westlichen Wahrnehmung häufig als Beleg für deren Zugehörigkeit zum Orient oder zumindest zu „Halb-Asien" genommen, wie der aus Galizien stammende Schriftsteller Karl-Emil Franzos seine *Kulturbilder aus Galizien, der Bukowina, Südrussland und Rumänien* von 1876 überschrieb.

<small>„Halb-Asien"</small>

Während in Polen die orientalischen Elemente gleichsam in das kulturelle Selbstbild assimiliert wurden, erlangten sie in der russischen Konzeptualisierung einen eigenen Stellenwert. In der Epoche der Moderne fand das Bekenntnis zum asiatischen Teil des russischen Erbes Eingang in verschiedene Kulturkonzepte: Das Spektrum reicht von der revolutionär anarchistischen Bewegung der „Skythen" (*skifstvo*) bis zu der von Philosophen und Literaten der Emigration entwickelten Idee des „Eurasismus". Der Gedanke des Skythentums kommt prägnant in der nachrevolutionären Lyrik des Dichters Alexander Block zum Ausdruck, dessen Poem *Skify* (*Skythen*, 1918) mit den Zeilen beginnt:

<small>Skythentum in Russland</small>

„Ihr seid Millionen. Wir – Legion, Legion, Legion!
Versucht nur, euch mit uns zu schlagen!
Ja, unsre schrägen Augen, gierig schon,
Verkünden: Wir sind Skythen, Asiaten!"
(Block I 1978, S. 247)

Der Text enthält eine Drohung gegenüber dem Westen: Wenn dieser den Krieg gegen Russland, das zwar selbst asiatisch, aber dennoch

Träger der Zivilisation ist, nicht beendet, wird Russland seine Bollwerkfunktion gegen den „Panmongolismus", die aus Asien heranstürmende Gefahr, aufgeben:

„Wir werden aus den Augenschlitzen sehn,
Wie sich um euer Fleisch die Hunnen streiten,
Wie eure Städte brennend untergehn
Und zwischen Trümmern ihre Pferde weiden."
(Block I 1978, S. 249)

Die eurasische Bewegung entstand in der Emigration als Versuch von Intellektuellen, die Mittlerfunktion Russlands zwischen Osten und Westen zu profilieren, indem die Idee eines starken monarchistischen Russland den Untergang des dekadenten Westens aufhalten sollte. Als Neo-Eurasismus erlebte die Bewegung in den 1990er-Jahren ihre radikalisierte Wiedergeburt durch den ultrakonservativen antiwestlichen Publizisten Alexander Dugin und den Schriftsteller Eduard Limonow (vgl. Hielscher 1993, S. 465–469). Die Selbstkonzeptualisierung Russlands als „Halb-Asien" ist in der Literatur des 19. und 20. Jahrhunderts unverkennbar, die Forschung entdeckt diesen „orientalischen" Aspekt der Nationalgeschichte und Nationalliteratur allerdings erst in jüngster Zeit (vgl. Figes 2003, S, 377–449).

Eurasismus

7.2 Krim-Visionen

Neben solchen orientalischen Selbstzuschreibungen findet in der russischen Literatur aber auch der Orient als fremdes, d. h. neu zu entdeckendes, exotisches „ästhetisches Objekt" (Michail Bachtin) seinen Platz. Der Kolonialismus war eine wichtige Säule des russischen Imperiums, wenngleich er sich nicht auf überseeische Gebiete erstreckte, sondern auf die Randgebiete im Westen (Polen, Baltikum), im Süden (Krim, Südrussland, Kaukasus) und im Osten (Sibirien). Diese geografische Nachbarschaft der eroberten Gebiete hatte Konsequenzen für den Charakter der praktischen Eroberungspolitik, welche durch die Literatur weitgehend unterstützt wurde.

Orient als ästhetisches Objekt

Eine besondere Rolle spielte die Halbinsel Krim – 1783 unter Katharina für Russland erobert und seitdem neben dem Kaukasus der bevorzugte Ort der russischen Orientfantasien. Das halbasiatische Russland machte sich daran, die „wilde Krim zu zivilisieren" (Jobst 2001, S. 121). Die russische kulturelle Wahrnehmung situierte die koloniale ‚Neuerwerbung' in einem mentalen Spektrum zwischen antikem Tauris, d. h. einem Ort am Rande der Zivilisation, und orienta-

Krim als exotischer Ort

lischem Märchenort aus *Tausend und einer Nacht*. Das orientalisch geprägte Krim-Bild herrschte in der ersten Hälfte des 19. Jahrhunderts vor, trat jedoch in der Folgezeit durch die schrittweise „Russischmachung" (Jobst 2007, S. 23) der Halbinsel in den Hintergrund.

> „Russischmachung" der Krim

Die eindrucksvollsten orientalischen Krim-Bilder stammen von Puschkin und Mickiewicz, die beide kurz hintereinander die Krim bereisten. Obwohl sie sich in einer ähnlichen Situation befanden – beide kamen als Verbannte in den neurussischen Süden –, unterschieden sich ihre Krim-Fantasien grundlegend, und sie zogen unterschiedlichen poetischen Gewinn aus der Begegnung mit der damals noch weitgehend muslimisch geprägten Halbinsel.

Alexander Puschkin entdeckte auf seiner Krim-Reise im Jahre 1823 das geheimnisvoll-romantische Potenzial des verlassenen Palastes in Bachtschissarai, der vor der Eroberung der Halbinsel durch die Russen Sitz der krimtatarischen Sultane gewesen war. In Byronscher Manier, Lord Byrons *The Corsair* nachempfunden (vgl. Herdmann 1982, S. 124–141; → KAPITEL 5.2), schrieb er das Poem *Bachtschissaraiski fontan* (*Die Fontäne von Bachtschissarai*, 1824), sein einziges wirklich romantisch zu nennendes Werk. Er verarbeitete darin die Legende eines Eifersuchtsdramas, das sich im Harem des Sultans abgespielt haben soll und zum Tod der Polin Maria Potocka, der Lieblingfrau des Khan Girej, geführt habe, deren Grabmal bis heute in Bachtschissarai zu besichtigen ist. Parallel zu der erinnerten Legende streut der lyrisch-elegische Sprecher gelegentlich persönliche Assoziationen über eine geheimnisvolle Geliebte ein – ein unverkennbares Spiel mit romantischer Melancholie.

> Die Fontäne von Bachtschissarai

Puschkins Poem scheint auf den ersten Blick jener Orientmode in der europäischen Literatur zu folgen, die als Pendant zur Malerei entstand und beispielsweise in Pierre Loti (Vers *Isphahan*, 1904), Gustave Flaubert (*Voyage en Orient*, 1849–51) und Jan Potocki (*Le manuscrit trouvé à Saragosse*, entstanden 1797–1815) prominente Vertreter gefunden hat. Der europäische Betrachter erschließt seiner Fantasie eine Welt, die ihm im realen Orient verborgen bliebe und die er mit eigenen Vorstellungen füllen kann. Auf die damit verbundene Feminisierung des Orients, die der Eroberung des Fremden eine sexuelle Dimension verleiht, ist in der feministischen Forschung häufig hingewiesen worden (vgl. Weigel 1987, S. 175).

> Orientalismus-Mode in der Literatur

> Feminisierung des Orients

Auch Puschkins Ich-Erzähler begibt sich in das Innere des Harems, gebremst allerdings durch einen Haremswächter, einen „bösen Eunuchen". Dieser Eunuch gehört einerseits zum exotischen Inventar, kontrolliert aber andererseits die im Harem eingeschlossenen Bewoh-

> Blick ins Innere des Harems

nerinnen und auch den Erzähler. Selbst in diesen scheinbar ungebrochen romantischen Text baut Puschkin eine metaphorische Brücke zu seiner eigenen Situation als verbannter und unter permanenter Bewachung stehender Dichter ein.

Der mächtige Khan wird nicht in seinem militärischen Handeln betrachtet, sondern als ein Mann, der in Leidenschaft zu einer Frau entbrannt ist: zur schönen, strengen, blonden und blauäugigen katholischen Polin Maria, die er auf einem seiner Feldzüge erbeutete. Marias Widersacherin ist die dunkelhaarige und schwarzäugige Georgierin Sarema, bis dahin Lieblingsfrau des Khan, die wahrscheinlich den plötzlichen Tod der Rivalin verschuldet hat und dafür selbst mit dem Tode bestraft wird. Maria, die stolze europäische Adelstochter kann und will sich der Haremsordnung nicht fügen, während die georgische Sarema – seit frühester Jugend im Harem und durch ihre Erziehung mit nichts anderem vertraut – in der Liebe zum Khan ihren Lebenssinn sieht. Nicht nur die Temperamente, auch die Lebensmuster sind grundverschieden, und der tragische Zusammenprall wird unvermeidlich.

Romantisches Eifersuchtsdrama

Europäische Polin versus orientalische Georgierin

Das Leben im Harem wird in dieser romantischen Erzählung nicht idealisiert, sondern als unfreies Leben im goldenen Käfig gebrandmarkt:

Harem als goldener Käfig

„Nein, die scheuen Frauen von Girej,
Die sich weder zu denken, noch zu wünschen erlauben,
Verblühen in trostloser Stille;"
(Puschkin 1985, S. 127)

Puschkin verzichtet auf den dem Orientalismus eigenen Voyeurismus: Der Blick in den Harem ist desillusionierend und destruiert stereotype Orientfantasien des Westens. Von der Wirkungsmächtigkeit der Literatur in Russland bis ins 20. Jahrhundert zeugt die nicht bewiesene, aber oft kolportierte Legende, es sei Puschkins Poem zu verdanken, dass der Palast von Bachtschissarai nicht zerstört worden sei, als Stalin im Mai 1942 die Deportation der Krimtataren anordnete. Sicher zu sein scheint: der Palast ist durch Puschkin russisches Kulturgut geworden.

Adam Mickiewicz kam 1824, also wenig später als Puschkin, nach Odessa und auf die Krim. Das Ergebnis seines Aufenthalts im „russischen Orient" sind die *Sonety odeskie* (*Odessaer Sonette*, 1826) und die *Sonety krymskie* (*Krim-Sonette*, 1826), die zu seinen lyrischen Meisterwerken gerechnet werden und die 1826 in Moskau herausgegeben wurden. Weil Mickiewicz den *Krim-Sonetten* das von Goethe entliehene Motto „Wer den Dichter will verstehen, muß in

Krim-Sonette

Dichters Lande gehen" vorangestellt hat (Mickiewicz 1994, S. 137), werden sie in der Forschung jedoch eher mit Goethes *West-östlichem Divan* (1819–27) verglichen als mit Puschkins *Bachtschissarai*-Poem.

Motivisch sind die Ähnlichkeiten zu Puschkin allerdings auffällig. Auch Mickiewiczs lyrischer Held gerät in den Bann des Khan-Palastes von Bachtschissarai, doch lässt er nicht die exotische Haremswelt vergangener Zeiten aufleben, sondern konstatiert mit sarkastisch-elegischem Unterton deren endgültiges Ende:

„Der Liebe seidne Sofathrone sind verfallen,

Gewürm, ein Heer von Nattern in den Polstern nistet."

(Mickiewicz 1994, S. 144)

Das Grab der Potocka ruft ihm vor allem seine eigene Situation ins Bewusstsein:

„Gleich dir, Tochter Polens, werd ich selbst hier enden."

(Mickiewicz, 1994, S, 146)

Der lyrische Held durchstreift als Pilger die Landschaften der Krim und umsegelt ihre Küsten. Das Erste Sonett *Die Ackermanischen Steppen* gibt den Grundton des ganzen Zyklus vor: Die Schönheit der Krim-Landschaft nimmt den Pilger gefangen und lässt ihn zugleich den Schmerz über den Verlust der Heimat empfinden.

<aside>Sehnsucht nach der verlorenen Heimat</aside>

Der polnische Dichter Czesław Miłosz erkennt zwei grundlegende Symbole in diesen Gedichten: zum einen die See, als ein Lebenselexier, das Element, in dem stürmische Bewegung herrscht und das zu unbekanntem Ziel führt, zum anderen den Berg als einen erhabene Ort über dem Alltäglichen, den Ruhepol, der den rastlosen Wanderer zum Innehalten und zur Selbstbesinnung bringt (vgl. Miłosz 1983, S. 218f.). Im Gedicht *Chatyrdah* erscheint dem Dichter die gesamte Halbinsel als ein Boot: Die Krim-Reise wird zu einer geistigen Wallfahrt, wo das gespaltene Ich des Pilgers sein Gleichgewicht sucht.

<aside>„See" und „Berg" als zentrale Symbole</aside>

Das orientalische Motiv befördert diese Suche: Das Staunen des Pilgers über die Vielfalt der Landschaft und über die gelassene Weisheit des islamischen Geistlichen Mirza, den er trifft und mit dem er in einen Dialog eintritt, eröffnet eine neue Dimension der Erkenntnis. Allerdings gewinnt der Mirza keine konkrete ethnische Gestalt, sondern stellt die abstrakte Projektion eines orientalischen Weisen dar. Er kann deshalb auch als des Dichter-Pilgers alter ego betrachtet werden.

<aside>Funktion des Mirza</aside>

Das letzte Gedicht der *Krim-Sonette, Ajudah,* erhellt den metaphorischen Sinn des gesamten Zyklus. Die grellen Sinneseindrücke, die der Sturm und die lichthellen Farben im Reisenden erzeugten, werden verglichen mit der Tätigkeit des Dichtens:

<aside>Selbstermutigung des Dichters</aside>

„So mag auch dir, Poet, der Aufruhr der Gefühle
Das Herz gar oft erschüttern zum Zerspringen.
Vertrau dich deiner Kunst, sie kann den Sturm bezwingen."
(Mickiewicz 1994, S. 156)
Die Reise in die exotische Fremde beschreibt also nicht nur die individuelle Selbstsuche des Pilgers, sondern bestärkt ihn in seinem poetischen Programm, aus den Versuchungen und Entbehrungen des Lebens seine Kraft als Dichter zu schöpfen.

7.3 Die literarische Eroberung des Kaukasus

Anders als Polen, das selbst Beute der Eroberung fremder Mächte geworden war, entfaltete Russland seine Kolonialgelüste im 19. Jahrhundert ungehemmt. Die seit dem Mittelalter praktizierte russländische Expansionspolitik, die sich in alle Himmelsrichtungen erstreckt hatte und insbesondere bei der Eroberung Sibiriens erfolgreich war, richtete sich nun auf den Kaukasus, der neben der Krim der wichtigste Ort russischer Orientimaginationen wurde.

Das Zusammentreffen von aggressiver zarischer Eroberungspolitik im Kaukasus mit dem Aufblühen der Romantik, die in ganz Europa eine Orientmode auslöste, beförderte die Konstruktion eines russischen Orients im Kaukasus. Genährt wurde dieser Trend durch die emsig betriebene Reisetätigkeit von Staatsbeamten, Militärs und Touristen in die neu erobert, bzw. kampfumwehte Region (vgl. Layton 1994, S. 1). *Der rusische Orient*

Im Gegensatz zur Krim, die eher als liebliches muslimisches Paradies imaginiert wurde, bot der Kaukasus Raum für die raue, wilde Räuberromantik der extremen Empfindungen: Die erhabene, dramatisch schöne und zugleich Furcht gebietende Bergwelt war Schauplatz mannigfaltiger Eroberungsdramen, Liebestragödien, Entführungen oder Überfälle von Angehörigen wilder Bergstämme, die sich der „Befriedungspolitik" der zarischen Regierung widersetzten, die unter der Leitung des legendären Generals Alexej Jermolow (1817–27 Generalgouverneur der transkaukasischen Provinzen) den gesamten Kaukasus unter ihre Kontrolle bringen wollte. Der Kaukasus war der (literarische) Raum, wo der romantische Held seine militanten und erotischen Abenteuer erleben konnte, es war zugleich der Grenzraum, in dem Eigenes und Fremdes, anders als in den Orientbildern des Westens, nicht so deutlich geschieden waren. *Räuberromantik*

Der seit dem 18. Jahrhundert umkämpfte Kaukasus wurde aus russischer Perspektive „nie mehr als ganz fremdes Land" betrachtet *Vermischung von Eigenem und Fremden*

(Frank 1998, S. 62). Obwohl die Begegnung mit dem Kaukasus in der Literatur vorwiegend im orientalischen Fokus beschrieben wurde, spielte die Frage, wie diese Begegnung die eigene – nationale russische, aber auch individuelle – Identität berührt, bei allen Autoren eine Rolle. Das sind neben Puschkin, der mit den zwischen 1822 und 1825 verfassten *Südlichen Poemen* die Kaukasus-Literatur eröffnete, der ehemalige Dekabrist und Modeautor Alexander Bestushew-Marlinski, der Dichter Michail Lermontow und schließlich Lew Tolstoi, der fast ein halbes Jahrhundert später mit dem romantischen Kaukasus-Mythos brach. Alle haben den Kaukasus bereist und (außer Puschkin) als Offiziere im Kaukasus gedient. Der Kaukasus war nicht nur exotischer Sehnsuchtsort, sondern auch Ort der Verbannung, ein „warmes Sibirien", wohin unbotmäßige Adlige zum Zivildienst (Puschkin) oder Militärdienst (neben Lermontow auch Bestushew-Marlinski und weitere Dekabristen) geschickt wurden. So wurde der Kaukasus einerseits zum Ausdruck des Anderen schlechthin, was seine Attraktivität als „ästhetisches Objekt" erhöhte. Andererseits wurde er als zentraler Topos in die russische klassische Literatur integriert und somit konstitutiver Bestandteil des Eigenen.

<small>Ambivalente Bedeutung des Kaukasus</small>

Diese ambivalente Bedeutung des Kaukasus-Topos durchzieht das russische Kulturbewusstsein bis in die Gegenwart. Es zeigt sich an der Behandlung der in der Literatur bevorzugten Motive – der wild romantischen Natur, der edlen Wilden, der exotischen Schönheit –, die zumeist zweigleisig erfolgt: Zum einen nach dem westlichen Orientalismus-Raster, in dem (christliche) Zivilisation und (islamische) Barbarei aufeinander stoßen, zum anderen nach dem Raster der russischen multinationalen Identitätsprägung, in der das vermeintlich Fremde als Teil des Eigenen gesehen wird.

<small>Christliches Georgien versus islamische Bergvölker</small>

Die geopolitische und kulturelle Mannigfaltigkeit des Kaukasus findet durchaus Eingang in diesen Diskurs: Das christliche Georgien, das schon um 1810 zum russischen Reich gehörte, wurde häufig mit den paradiesischen Insignien des Orients ausgestattet: Es erscheint etwa bei Puschkin feminin, lieblich. Die noch unbefriedeten islamischen Bergvölker, insbesondere die Tschetschenen, Tscherkessen, Daghestaner und Kabardiner hingegen sind die Barbaren und Feinde Russlands – ein Stereotyp, das im legendären Anführer Schamil, der Russland von 1834 bis zu seiner Festnahme 1859 den Krieg (*jihad*) erklärt hatte, seine machtvolle Verkörperung fand.

<small>Russen im Kaukasus</small>

Obwohl die Kaukasus-Literatur im 19. Jahrhundert, insbesondere die Werke Puschkins, vom russischen Publikum als ethnologische Beschreibung der fremden Kultur gelesen wurde (ohne dass die Literatur selbst diesen Anspruch erhob), ging es zunächst um den Effekt der Wahrnehmung dieser fremden Welt aus russischer Perspektive. Puschkins und auch Lermontows Figuren (s. u.) waren russische Byrons, Außenseiter, Abenteurer, die im Kaukasus sich selbst finden wollten. Alexander Bestushew-Marlinski und der späte Tolstoi hingegen stellten Kaukasier, „edle Wilde" ins Zentrum ihrer Texte. Gerade der Vergleich zwischen Lermotow und Tolstoi zeigt, wie sehr sich das Verhältnis von Eigenem und Fremden im Laufe eines halben Jahrhunderts gewandelt hat.

Michail Lermontow (1814–41) verdankt die russische Literatur eine Reihe von Werken über den Kaukasus. Das bekannteste ist der Roman *Geroj naschego wremeni* (*Ein Held unserer Zeit*, 1840). Verwoben in einen Reisebericht wird die Geschichte Petschorins, eines Byronschen Helden und Nachkommen Eugen Onegins (→ KAPITEL 5.3), erzählt, der im Kaukasus zahlreiche Begegnungen und Abenteuer erlebt und schließlich den Tod findet. Die unterschiedlichen Erzählperspektiven vermeiden eine eindeutige Charakterisierung der Person, doch am Ende tritt das Bild eines extremen Individualisten und Egozentrikers hervor, zugleich aber eines Repräsentanten der nach dem Dekabristenaufstand orientierungslos gewordenen russischen Jugend. Im literarischen Rollenspiel, nach dem der Roman strukturiert ist, bleibt die Position des Autors seinen Figuren gegenüber im Hintergrund, doch sind sie erkennbar als „Helden ihrer Zeit" im Zeitalter des russischen Kolonialismus konzipiert. Ihre Begegnung mit den Bergvölkern des Kaukasus wird eindrucksvoll in der ersten Episode des Romans, der Erzählung *Bela* geschildert.

Petschorin – ein Nachfolger Onegins

Die Erzählung spielt unmittelbar an der Frontlinie des russischen Reiches. Die russischen Vorposten und Festungen im Kaukasus existieren teils im Kriegszustand, teils in ungesicherter, labiler friedlicher Nachbarschaft mit den verschiedenen Bergstämmen. Der erfahrene Kaukasus-Offizier und Erzähler der *Bela*-Geschichte, Maksim Maksimytsch, verachtet zwar die „Asiaten", ist aber mit ihren Sitten, ihren Lebensgewohnheiten und ihrer Sprache vertraut und hat selbst einige Gewohnheiten von ihnen angenommen. Auch der Spieler Petschorin studiert die Gepflogenheiten des Gegners, jedoch nutzt er sie vor allem für seine persönlichen Interessen. Die amerikanische Literaturwissenschaftlerin Susan Layton stellt fest, dass Petschorin der erste Russe in der Literatur ist, der wie ein kaukasischer Bandit handelt (vgl. Layton 1994, S. 216). Als er die schöne tscherkessische Fürstentochter Bela besitzen möchte, entführt er sie nicht einfach, sondern vereinbart ein Tauschgeschäft mit Belas Bruder, in dem er für die

Bela-Geschichte

Schwester ein Pferd bietet, wissend, dass in Belas Welt eine Frau weniger wert ist als ein Pferd. So stillt Petschorin seinen Eroberungsdrang, und als der befriedigt ist, verliert er das Interesse an dem Beutestück. Er hoffte mit dem Naturkind Bela seine gelangweilte, zivilisationsmüde Seele auffrischen zu können, doch das erweist sich als Irrtum.

Die Eroberer befleißigen sich gegenüber den Naturvölkern einer Rhetorik, die von tiefer Verachtung gekennzeichnet ist: Die „Asiaten" werden von dem ansonsten sympathischen und mit dem Schicksal Belas mitfühlenden Maksim Maksimytsch als „schreckliche Bestien", „Räuber", „Halsabschneider" bezeichnet (Lermontow 1990, S. 9, 11). Handelt Petschorin als gleichgültiger und rücksichtsloser Individualist, so ist Maksim Maksimytsch der Repräsentant der russischen Kolonialmacht, die sich anschickt, ihr Territorium zu erweitern und die dort ansässigen Bewohner, die „wilden Asiaten" mit den Segnungen der Zivilisation zu beglücken. Mit dem Fall Bela, in dem die bedenkenlose Zerstörung einer tscherkessischen Familie in Kauf genommen wird, gibt Lermontow eine Vorstellung darüber, mit welchen Mitteln das geschieht. Petschorin verhält sich als subtiler Kolonialisator, der sich die Sitten der zu erobernden Völker zu eigen macht, um sie besser beherrschen zu können. Bela wird zum Symbol für diese gewaltsame Aneignung des Fremden, die zu ihrer Vernichtung führt.

Während Lermontows Erzähler sich einer expliziten Be- oder Verurteilung dieser Eroberungshaltung noch enthält, sondern es dem Leser überlässt, aus dem Dargestellten seine Schlüsse zu ziehen, geht Lew Tolstoi in seiner späten Erzählung *Hadshi Murat* mit der russischen Eroberungspolitik hart ins Gericht. Bereits in seiner frühen Erzählung *Kosaki* (*Die Kosaken*, 1863) hatte Tolstoi die romantischen Träume vom exotischen Paradies im Kaukasus persifliert. Seine im Jahr 1904 entstandene Erzählung *Hadshi Murat* konnte erst nach seinem Tod 1912 veröffentlicht werden.

Der Krieg hat hier jegliche Faszination verloren. Die Erzählung, die sich als Mischung aus Erlebtem, Erinnerten und Erdachten eines zweifellos autobiografisch gefärbten Ich-Erzählers präsentiert, wählt eine schillernde Gestalt als Helden, die zwischen den Fronten, zwischen dem legendären Imam Schamil – Anführer der aufständischen Bergvölker (Muriden) – und den russischen Eroberern, steht.

Als Schamils Stellvertreter Hadshi Murat in die russischen Dienste trat, wurde er von beiden Seiten mit Misstrauen verfolgt und nach seiner Flucht von den Russen getötet. Der romantisch überhöhte Rächer und Verräter gerät in Tolstois realistischer Darstellung „zur tragischen Figur, die eine tiefe Würde ausstrahlt" (Hielscher 1998, S. 248). Die russische Eroberungspolitik wird nicht nur in ihren Mitteln kritisiert wie von Tolstois literarischen Vorgängern, sondern sie wird infrage gestellt. Tolstoi wählt die Perspektive der einfachen russischen Soldaten, die in ihrem eigenen Leben Parallelen zu dem der Bergvölker sehen, um den Anspruch der russischen Führungskaste auf kulturelle Überlegenheit gegenüber den Kaukasiern zu entkräften. Er zeigt, dass nicht die ethnischen Differenzen entscheidend sind, sondern die sozialen: Nicht Kaukasier und Russen sind für ihn die eigentlichen Gegenspieler, sondern die unterdrückten Volksschichten und die Oberschicht auf beiden Seiten. Vor diesem Hintergrund erkennen die Soldaten den Krieg als ihren eigenen Interessen fremd, nur den Mächtigen dienend, und lehnen ihn ab. Die zerstörerische Potenz, die Kriegen generell innewohnt, hat Tolstoi in dieser letzten Erzählung eindrücklich zur Anschauung gebracht.

Hadshi Murat als tragische Figur

Fragen und Anregungen

- Was bedeutet Orientalismus in der europäischen Kultur, und was sind seine Besonderheiten in Osteuropa?

- Erläutern Sie, welche Elemente des Orientalischen Bestandteil der russischen und der polnischen Literatur und Kultur geworden sind und diskutieren Sie die Unterschiede.

- Welche Krim-Bilder existieren in der russischen Literatur?

- Vergleichen Sie die Krim-Visionen bei Alexander Puschkin und Adam Mickiewicz.

- Wie wird die militärische Eroberung des Kaukasus in der russischen Literatur thematisiert?

Lektüreempfehlungen

- **Michail Lermontow: Ein Held unserer Zeit** [1849]. Übersetzt und herausgegeben von Peter Urban, Berlin 2006

- **Adam Mickiewicz: Krim-Sonette** [1926], in: Mickiewicz Dichtung und Prosa. Ein Lesebuch von Karl Dedecius, Frankfurt a. M. 1994, S. 137–158.

Quellen

- Alexander Puschkin: Die Fontäne von Bachtschissarai [1824], in: ders., Gesammelte Werke in sechs Bänden, Band 2, Poeme und Märchen. Herausgegeben von Harald Raab, nachgedichtet von Friedrich Bodenstedt, übersetzt von Martin Remané, 4. veränderte Auflage Berlin/Weimar 1985, S. 151–170).

- Lew N. Tolstoi: Hadschi Murat. Eine Erzählung aus dem Land der Tschetschenen [1912]. Aus dem Russischen von Arthur Luther, mit einem Nachwort von Wolfgang Kassack, Frankfurt. a. M./Leipzig 2000.

Forschung

- Susi Frank: Gefangen in der russischen Kultur. Zur Spezifik der Aneignung des Kaukasus in der russischen Literatur, in: Die Welt der Slaven XLIII, 1998, S. 61–84. *Auseinandersetzung mit dem Orientalismus-Diskurs in den Texten Puschkins und Lermontows.*

- Karla Hielscher: Das Feindbild des Tschetschenen in der klassischen russischen Literatur, in: Im Zeichen-Raum. Festschrift für Karl Eimermacher zum 60. Geburtstag, herausgegeben von Anne Hartmann und Christoph Veldhues, Dortmund 1998. *Ein konzentrierter literaturgeschichtlicher Überblick über die Entstehung und Ausbildung des Feindbildbildes der Tschetschenen in der russischen Literatur.*

- Kerstin Jobst: Die Perle des Imperiums. Der russische Krim-Diskurs im Zarenreich, Konstanz 2007. *Eine fundierte kultur- und diskursgeschichtliche Untersuchung, die die Russischmachung der Krim in ihren verschiedenen Etappen nachzeichnet.*

- Susan Layton: Russian Literature and Empire. Conquest of the Caucasus from Pushkin to Tolstoy, Cambridge 1994. *Ausgehend von Edward Saids Orientalismus-These werden die wichtigsten Werke der russischen Kaukasus-Literatur analysiert.*

8 Gesellschaftsbilder im realistischen Roman

Abbildung 8: Sittenbilder aus dem Warschauer Hinterhofmilieu (Obrazki z Życia podwórzowego Warszawy)

Das Bild zeigt ein Kaleidoskop von Genreszenen aus dem Warschau des 19. Jahrhunderts. Nicht das repräsentative Stadtzentrum mit dem Königsschloss und den Bürgerhäusern des Nowy Swiat, der mondänen Hauptstraße, wird porträtiert, sondern die Vororte mit ihren grauen und verfallenen Hinterhöfen geraten in den Fokus künstlerischer Betrachtung. Ins düstere Bild gesetzt werden Randfiguren der Gesellschaft, die sich auf der Schattenseite des Lebens befinden, aber dem Milieu der Hinterhöfe eine düster-romantische Aura verleihen: Leierkastenmann, Bettler, Altstoffhändler, Straßenmusiker.

Bei aller Verschiedenheit der nationalen Ausgangssituationen lassen sich gemeinsame Züge im europäischen Realismus erkennen: Dazu gehören die soziologisch und historisch fundierte Beschreibung der Gesellschaft mit ihren unterschiedlichen Klassen und Schichten, die Erkundung der sozialen Verwerfungen, der sozialpsychologischen und sozialpathologischen Zustände, dargestellt an exemplarischen Figuren oder Familien. Dem entsprachen literarische Verfahren, die den Effekt von Kunstlosigkeit und Wirklichkeitsnähe erzeugen sollten: die Sprache, die Personen, die dargestellten Gegenstände und Sachverhalte sollten lebensecht wirken und den Gesetzen der „Wahrscheinlichkeit" folgen. Die konkreten Erscheinungsformen des Realismus variierten nicht nur in den verschiedenen Nationalliteraturen, sie unterschieden sich auch bei einzelnen Autoren beträchtlich.

Wenn im Folgenden der Russe Turgenjew und der Pole Prus als Repräsentanten des Realismus ausgewählt werden, so nicht, weil sie durch persönliche Kontakte oder konkrete literarische Einflüsse verbunden waren, sondern, weil sie die bedeutendsten Chronisten des gesellschaftlichen Umbruchs waren, der sich in ihren Ländern in der zweiten Hälfte des 19. Jahrhunderts vollzog. Dabei ist durchaus in Rechnung zu stellen, dass Turgenjew auf die europäische Literatur zwischen 1870 bis 1880 eine immense Ausstrahlung hatte, die nicht nur aus seinen gesellschaftsrelevanten Themen resultierte, sondern vor allem aus seinem objektiv-berichtenden, unparteiischen Erzählgestus, an dem französische Realisten wie Gustave Flaubert und Guy de Maupassant und möglicherweise auch Bolesław Prus ihre Erzählweise geschult haben.

8.1 **Realismus in Russland und Polen**
8.2 **Iwan Turgenjew:** *Väter und Söhne*
8.3 **Bolesław Prus:** *Die Puppe*

8.1 Realismus in Russland und Polen

Der Realismus startete seine gesamteuropäische Karriere von Frankreich aus, wo um die Mitte des 19. Jahrhunderts natur- und sozialwissenschaftliche Erkenntnismethoden über die Metaphysik triumphierten und auch in der Literatur und Kunst dem neuen Interesse an der empirischen Welt, den zeitgenössischen gesellschaftlichen Verhältnissen in ihrem historischen Gewordensein Tribut gezollt wurde (→ ASB STOCKINGER). Mit Realismus war ein Begriff gefunden, den fast keiner der ihm subsumierten Autoren für sich akzeptierte, der sich aber als tragfähig erwies, um den unübersehbaren strukturellen, thematischen und ästhetischen Paradigmawechsel im System von Kunst und Literatur zu benennen.

Merkmale des Realismus

In Frankreich präsentierte sich der Realismus in vielfältigen Formen: von der soziologisch-physiologischen Skizzenliteratur, über die sozialkritischen Sittenbilder Honoré de Balzacs, die sprachlich prägnante unpersönliche Deskription Gustave Flauberts bis hin zum naturalistischen Determinismus Émile Zolas. In Russland fand die neue französische soziologische Richtung früher Eingang in die Literatur als in Polen.

Soziologische Tendenzen

In den 1840er-Jahren entstand in Russland die „Natürliche Schule", die, angeregt durch französische Sittenstudien die bislang unterrepräsentierten sozialen Schichten Russlands zur literarischen Gestaltung brachte: die Beamten, das Stadtproletariat, den kleinen Landadel, die Bauern und Leibeigenen. Als wichtigste Vertreter dieser Schule galten Gogol und Dostojewski, aber auch Turgenjew lernte hier sein literarisches Handwerk. Um die Jahrhundertmitte begann die Blütezeit des russischen Realismus. Angeführt von dem Dreigestirn Iwan Turgenjew, Lew Tolstoi, Fjodor Dostojewski eroberte sich die russische Literatur einen führenden Platz in der Weltliteratur. Obwohl auch diese Autoren unverkennbar Einflüsse aus Westeuropa verarbeiteten – Charles Dickens, Honoré de Balzac, George Sand, Stendhal sind vor allem zu nennen –, schufen sie nicht nur komplexe Gesellschaftspanoramen, sondern entfalteten eine eigenständige Prosa, die ihrerseits nach Westeuropa zurückwirkte. Der französische Diplomat Eugène-Melchior de Vogüé stellte in seinem viel beachteten Buch *Le roman russe* (*Der russische Roman*, 1886) die Fähigkeit der Russen zur Gestaltung der menschlichen Natur über die artistische, aber seelenlose Brillanz der Franzosen (vgl. Zelinsky 1979, S. 8–9). In der Tat bekannten Flaubert, Maupassant und Zola von Turgenjew, André Gide von Dostojewski und Thomas

Natürliche Schule

Die großen russischen Romane

Mann von allen drei großen russischen Romanciers gelernt zu haben.

Der polnische Realismus erlangte keine ähnliche internationale Bedeutung: Die anhaltende Fremdherrschaft schürte das nationale Pathos weiterhin, und die für den Realismus signifikante kritische gesellschaftliche Selbstreflexion setzte sich in der Literatur nur zögerlich durch. So ist die polnische Romanliteratur der zweiten Hälfte des 19. Jahrhunderts häufig historischen Themen gewidmet. Eingang in die Weltliteratur fanden jedoch nur diejenigen Werke, die nicht auf die polnische Geschichte beschränkt blieben, sondern Sujets aus der ägyptischen oder römischen Antike wählten. Zu nennen sind hier vor allem der mit dem Nobelpreis ausgezeichnete Roman *Quo vadis*, (1896) von Henryk Sienkiewicz sowie der Roman *Faraon* (*Pharao*, 1897) von Bolesław Prus. Die zahlreichen anderen historischen Romane, wie die für die polnische Identität so wichtige *Trilogie* (1884/86/88) von Sienkiewicz und die großen Gesellschaftsromane und Novellen, die die polnische Situation zur Zeit der Teilungen beschreiben, blieben hingegen weitgehend eine innerpolnische Angelegenheit.

Die Wahl historischer Stoffe in der polnischen Literatur ist zweifellos als Ausweichmanöver vor der wachsamen Zensur der Teilungsmächte zu betrachten. Zugleich wird damit eine heroische Vergangenheit erschaffen, die den durch die Teilungen verletzten Nationalstolz der Polen kompensieren und ihnen als Kraftquell für die Bewältigung der Probleme in Gegenwart und Zukunft dienen sollte.

Dennoch trat auch in Polen ein Dreigestirn prominenter Realisten auf den Plan. Neben Prus und Sienkiewicz gehörte Eliza Orzeszkowa dazu, die ähnlich wie Sienkiewicz ein quantitativ sehr umfangreiches und qualitativ unterschiedliches Œuvre geschaffen hat. Ihre Werke sind vor allem der sozialen und sittlichen Lage der Frau gewidmet, deren Rechte sie entschieden einklagt, wobei die moralische Tendenz, die die Literatur des polnischen Positivismus in ihren Anfängen programmatisch vertritt, hier noch deutlich zu erkennen ist. Orzeszkowas reifstes Werk, die Romantrilogie *Nad Niemniem* (*An der Memel*, 1888) rankt sich um eine Liebesgeschichte auf dem Land und enthält trotz der Zensur durch die russische Teilungsmacht zahlreiche Verweise auf den Aufstand von 1863. Dieses Werk überwand die Phase der publizistischen Tendenzliteratur und avancierte zum Musterroman des positivistischen Realismus. Die poetische Leistung liegt vor allem in der eindrucksvollen, Mickiewicz ebenbürtigen Beschreibung der Natur, der Folkolore sowie der Sitten und Gebräuche auf dem Land.

Vergleichbare persönliche und schöpferische Beziehungen, wie sie zwischen Puschkin und Mickiewicz bestanden hatten, sind in dieser Phase zwischen den großen polnischen und russischen Romanciers jedoch nicht bekannt, eher scheinen der Januaraufstand 1863 und die darauf folgende rigide Russifizierungspolitik in Polen die Gräben vertieft zu haben. Dostojewski etwa liefert in seinem Spätwerk negative Darstellungen der Polen (vgl. Świderska 2001). Andererseits hat sein Kollege Lew Tolstoi in seinem Spätwerk, so in der Erzählung *Za chto* (*Wofür?*, 1906) die russische Polenpolitik heftig angegriffen. Die polnischen Realisten waren bemüht, die Feindbilder nicht eskalieren zu lassen, um das Aufbauprogramm im Lande nicht zu gefährden. Das romantische Pathos der Rebellion und der Verweigerung hatte sich als untauglich erwiesen, die Gesellschaft in die Moderne zu führen, die Aufstände hatten die Katastrophe nur verschärft.

Zwei getrennte Wege des Realismus

Positivismus, wie die Spielart des Realismus in Polen häufig genannt wird, bedeutet sowohl Hinwendung zum Konzept des empirischen Soziologismus im Sinne des französischen Soziologen Auguste Comte, als auch eine positive, vorwärtsweisende Einstellung zum gesellschaftlichen Leben. Die auffällige Orientierung der polnischen Positivisten am französischen Vorbild ist zweifellos als Bekräftigung der Zugehörigkeit Polens zur europäischen Kultur zu lesen, wohingegen die russische Literatur des 19. Jahrhunderts sich im Streit darüber ergeht, ob ein russischer Sonderweg oder der Anschluss an die Entwicklung des europäischen Westens angestrebt werden sollte. Das Ziel war in beiden Fällen, den Zustand der Gesellschaft zu beschreiben und die Zukunft der Nation zur Diskussion zu stellen. Das verlangte nach der großen Form: Zyklen wie Balzacs *Comédie Humaine* (*Die menschliche Komödie*, 1829–54) oder Zolas *Les Rougon Macquart* (*Die Rougon-Macquart*, 1873–91) lieferten die Muster, die in Russland und Polen auf unterschiedliche Weise nachgeahmt wurden. Ähnelte sich die realistische Prosa beider Länder im gesellschaftskritischen Impetus, so unterschied sie sich in der Beschreibung der Lösungswege. Nicht nur die gesellschaftliche Basis, die für den Realismus eine wichtige, nicht zu umgehende Größe war, sondern auch die literarischen Traditionen, auf die man sich bezog oder von denen man sich abgrenzte, waren verschieden.

Positivismus

Für den Realismus signifikant war die Auseinandersetzung mit der Romantik: In Polen galt sie dem übermächtigen Erbe der Mickiewicz-Ära mit ihrem nationalen Freiheits- und Opferpathos, in Russ-

Unterschiedliche Traditionsbezüge

land den liberalen Utopien der Adelsintelligenzia. In beiden Fällen ging es, anders als in Frankreich, weniger um Formfragen als um Weltbilder, weniger um einen ästhetischen als um einen ideellen Diskurs. Zu den übergreifenden Merkmalen des Realismus gehört, dass das Verhältnis zwischen Mensch und Gesellschaft, Mensch und Geschichte in seinen Determinationen betrachtet wird. In Russland wurde der einsame romantische Held der Adelskultur nunmehr zum „überflüssigen Menschen" erklärt, an seine Stelle rückte der „neue Mensch", der Pragmatiker oder auch der ungestüme Revolutionär, der seinen Platz in der Gesellschaft sucht oder der sie verändern will. In Polen wurde der romantische Freiheitskämpfer vom bürgerlichen Aufsteiger und Praktiker abgelöst. Doch dieser Paradigmawechsel vollzog sich nicht problemlos: Auch der neue Mensch, der Mensch der Moderne geriet in Konflikt mit seiner Epoche und in psychologische Zwiespälte, an denen er häufig scheiterte.

Warum Turgenjew und Prus?

Turgenjew wie auch Prus haben ein umfangreiches Œuvre hinterlassen, aus dem jeweils ein Roman mit dem Aufeinanderprall der Weltanschauung zweier Generationen herausragt (vgl. Folejewski 1950/51, S. 132), der für den Realismusdiskurs besonders signifikant ist: *Väter und Söhne* von Turgenjew und *Die Puppe* von Prus. Beide Romane reflektieren die unterschiedlichen gesellschaftlichen Kontexte: Für Russland ist es die Gesellschaftsreform der 1860er-Jahre mit der Bauernbefreiung als Kernstück, die einen neuen Pragmatismus und Hoffnung auf Modernisierung gebiert, in Polen steht, 20 Jahre später, bereits der Beginn der Industrialisierung im Zentrum der Auseinandersetzung. In beiden Fällen entfalten die Protagonisten der jüngeren Generation einen Pragmatismus, den sie – vorläufig noch erfolglos – gegen die liberalen oder romantischen Ideale der Vätergeneration durchzusetzen versuchen. Ihre pragmatisch-materialistischen Weltanschauungen enthalten ihrerseits utopische Züge, und sie erscheinen als ihrer Zeit Vorauseilende, als Zu-früh-Gekommene.

Unterschiedliche Gesellschaftszustände

8.2 Iwan Turgenjew: *Väter und Söhne*

Gesellschaftschronist

Turgenjew schuf mit seinen Romanen von *Rudin* (1856) bis *Now* (*Neuland*, 1877) eine fortlaufende Gesellschaftschronik, in der das „ideologische und sozialpsychologische Profil mehrerer Generationen, von den Romantikern und Hegelianern, Slawophilen und Westlern über die Nihilisten bis hin zu den sozialrevolutionären Narodniki festgehalten ist" (Lauer 2000, S. 297f.). Sein berühmtester Roman ist *Otzy i deti* (*Väter und Söhne*, 1862), der einen Generationswechsel thematisiert: Die liberale und idealistisch gestimmte Adelsintelligenzia der Nachdekabristenära steht gegen die junge Generation der revolutionären Demokraten, die mit den Idealen ihrer Väter zu brechen entschlossen waren.

Mit seinen frühen Skizzen *Sapiski ochotnika* (*Aufzeichnungen eines Jägers*, 1852) stand Turgenjew in der Tradition der „Natürlichen Schule". Deren realistische Beschreibungstechnik, die die Figuren in ihr soziales Milieu einordnet und weitgehend auf auktorialen Erzählerkommentar und Wertung verzichtet, behielt Turgenjew auch in seinen großen Romanen bei. Seine Romane sind in der Regel alle ähnlich aufgebaut: In die Beschaulichkeit eines verträumten „Adelsnestes" auf dem Lande bricht ein Fremder, ein Reisender ein, der sowohl die äußere Ordnung und die Gedankenwelt als auch die Gefühlsbalance der Bewohner stört. Eine Liebesromanze, die immer unglücklich endet, gehört ebenso zum Motivrepertoire des „poetischen Realismus" von Turgenjew (Lauer 2000, S. 335) wie die Einbindung der Handlung in die umgebende Natur. Turgenjew ist ein Meister der Novelle, und auch seine Romane bewahren den Novellencharakter mit einer durchgängigen Handlungslinie ohne wesentliche Abschweifungen und Nebenhandlungen.

Poetischer Realismus

In *Väter und Söhne* ist das Sujet insofern abgewandelt, als es eine Doppelkonstellation gibt: Der junge Arkadi Kirsanow besucht mit seinem Studienfreund Jewgeni Basarow das heimatliche Adelsgut der Kirsanows. Hier wird der Generationenstreit zwischen den Vätern (Kirsanows Vater und Onkel) und den beiden Studenten ausgetragen. Der Onkel vertritt einen weltläufigen westorientierten Liberalismus, er glaubt an den gesellschaftlichen Forschritt, aber er vertraut in der Manier der Adelsintelligenzia auf die Kraft der Ideen, Basarow hingegen vertritt die junge Generation der revolutionär demokratisch gesinnten Rasnotschinzen, die die Welt praktisch verändern wollen und die den liberalen Ideen der Väter eine scharfe Absage erteilen. Seine Position ist also radikaler, sodass die Hauptkontrahenten des Romans nicht Vater und Sohn Kirsanow sind, sondern Basarow und der Onkel.

Kampf der Ideologien

Turgenjews Roman traf den Nerv der Zeit, er entstand in den Jahren der längst überfälligen Abschaffung der Leibeigenschaft (1861). Seine Kritik richtetet sich gegen den lebensfernen, romantischen Träumereien anhängenden Adel, der sich als unfähig erwies, die Probleme der Zeit anzupacken. Darüber hinaus werden in *Väter und Söhne* auch grundsätzliche weltanschauliche Fragen verhandelt:

> Typus des neuen Menschen

Mit Basarow wird der Typus eines „neuen Menschen" in die russische Literatur eingeführt, der sich durch Kompromisslosigkeit, analytischen Verstand und Rationalismus auszeichnet, der Naturwissenschaften gegen Kunst und Ästhetik setzt, puren Materialismus gegen Metaphysik. Der eigentliche Skandal, den der Typus Basarow und durch ihn der gesamte Roman auslöste, besteht jedoch darin, dass er

> Nihilismus

mit seiner Idee des Nihilismus anarchistisches Gedankengut propagierte. Arkadi Kirsanow, der sanftere Freund Basarows, erklärt: Ein Nihilist, das sei jemand, „der sich keiner Autorität beugt, der kein Prinzip auf Treu und Glauben hinnimmt" (Turgenjew 1994, S. 207). Diese Erklärung war noch im Sinne eines aufklärerischen Skeptizismus zu interpretieren, doch die Äußerungen von Basarow selbst ließen keinen Zweifel, dass er sich nicht mit weltanschaulichen Haltungen zu begnügen beabsichtigte, sondern dass Nihilist als Synonym für Revolutionär zu lesen war (vgl. Turgenjew 1994, S. 405).

In einem Rededuell zwischen Basarow und dem älteren Kirsanow, das am Ende in ein wirkliches Duell mündet, prallen die Gegensätze radikal aufeinander: Gegen Puschkins Lyrik setzt Basarow mit Lud-

> Kunst versus Wissenschaft

wig Büchners Chemiebuch *Kraft und Stoff* (1856) eine naturwissenschaftliche Perspektive, als Kunst akzeptiert er nur „die Kunst Geld zu machen und Hämorrhoiden zu kurieren". „Aristokratismus, Liberalismus, Progreß, Prinzipien" hält er für überflüssige Fremdwörter und steht dafür „alles zu verneinen". Auf Kirsanows Einwand, man dürfe doch nicht nur zerschlagen, sondern müsse auch aufbauen, antwortet Basarow: „Das soll nicht mehr unsere Sorge sein. Zunächst muß reiner Tisch gemacht werden" (Turgenjew 1994, S. 211, 234, 235).

Basarow wird jedoch durchaus als ein widersprüchlicher Charakter gezeichnet, der sich auf andere Weise als seine ideellen Kontra-

> Physiologie versus Gefühl

henten aus der alten Adelskaste als realitätsfern erweist: Der gnadenlose Rationalist, der Liebe lediglich als einen physiologischen Akt ansieht und romantische Gefühle ablehnt, verliebt sich unsterblich in die schöne und kluge Gutsbesitzerswitwe Odinzowa, eine jener Femmes fatales, die Turgenjews Werke neben den reinen, idealen Frauenfiguren bevölkern. In Odinzowa, die ihm an geistiger Kraft ebenbürtig, an Gefühlskälte jedoch noch überlegen ist, findet er seine Meisterin.

Basarow, der Arzt und Naturwissenschaftler werden will, betrachtet die Natur als Werkstatt und Experimentierfeld: Das Bild von dem Frösche sezierenden Forscher, der Menschen ebenso wie Frösche als zu analysierende Objekte ansieht, steht im Kontrast zu der ganzheitlichen Sicht, die die Poetik der Romanwelten Turgenjews im Allgemeinen auszeichnet. Der Mensch wird darin als Teil der Natur betrachtet, welche nicht nur Kulisse oder Forschungsobjekt, sondern integraler Bestandteil seiner Existenz ist. Indem Basarow diese Harmonie zwischen Mensch und Natur aufkündigt, ist er nicht mehr lebensfähig. Er stirbt, nachdem er sich bei der Behandlung eines typhuskranken Bauern infiziert hat, aber er stirbt ebenso an der Unmenschlichkeit seines Verhaltens und Wollens. Er ist einerseits ein Zu-früh-Gekommener, andererseits ein Idealist, der keine lebbare Alternative zu der veralteten Adelskultur bieten kann. Der pessimistische Ausgang des Romans ist zweifellos auch der Lektüre Arthur Schopenhauers geschuldet: Der späte Turgenjew stand unter dem Einfluss des deutschen Philosophen.

<small>Mensch und Natur</small>

Der genaue Beobachter Turgenjew bleibt in der Schilderung seiner Figuren unbestechlich realistisch und bietet damit ein komplexes, vielschichtiges Tableau der russischen Gesellschaft im Umbruch. Die Ablösung der Leibeigenschaft war dabei der erste Schritt, auf den andere wichtige Reformen folgten. Das entscheidende, von den jungen Rasnotschinzen erstrebte Ziel wurde dennoch nicht erreicht – die Abschaffung der Autokratie.

<small>Gesellschaft im Umbruch</small>

Der Roman löste eine heftige Reaktion in Russland aus. Nihilismus wurde zu einem heiß diskutierten – und auch tatsächlich praktizierten – Phänomen: Bald nach Erscheinen des Romans kam es in Petersburg zu einer Reihe von Brandanschlägen. Man warf Turgenjew vor, dies mit seinen nihilstischen Ideen ausgelöst zu haben – ein Missverständnis, das daher rührte, dass Turgenjews Romane zwar hochbrisante gesellschaftspolitische Fragen aufwarfen, aber keine politischen Programmschriften sein, sondern gesellschaftliche Stimmungen einfangen wollten. Die Beschimpfungen, denen sich Turgenjew in Russland ausgeliefert sah, veranlassten ihn (neben privaten Gründen) schließlich endgültig im Ausland – zunächst in Deutschland, dann in Frankreich – seinen Wohnsitz zu nehmen, wo er nicht als radikaler Ideologe geschmäht, sondern als unbestechlicher Realist gelesen und geschätzt wurde.

<small>Politische Wirkung</small>

8.3 Bolesław Prus: *Die Puppe*

Bolesław Prus, der in der Gegend von Lublin als Alexander Głowacki in einer adligen Familie geboren wurde, wählte als Hauptwohnsitz Warschau, das Zentrum des Positivismus. Seine Aufenthalte in

Westeuropa (Österreich, Deutschland, Schweiz und Frankreich) blieben Episode. Er pflegte vor allem die publizistische Form, schrieb Feuilletons und Reportagen für positivistische Zeitschriften und verfasste mehrere Erzählungen. Aus seiner Feder stammen die Romane *Placówka* (*Der Vorposten*, 1886), der den Einzug der Moderne ins polnische Dorf behandelt, und *Emancypantki* (*Die Emanzipierten*, 1891–93), der die missliche Lage der arbeitenden Frau beschreibt, sowie als einziger historischer Roman *Faraon* (*Pharao*, 1895), der sich verschlüsselt mit der Unabhängigkeit Polens auseinandersetzt.

Der Roman *Lalka* (*Die Puppe*, 1888), dessen Handlung in den Jahren 1878/79, also etwa zwei Jahrzehnte später spielt als die von Turgenjews *Väter und Söhne*, entwirft ein Panorama der polnischen Gesellschaft im Zeitalter der Modernisierung. Der Romantitel hatte seinerzeit Irritationen ausgelöst. Die Kritik wies ihn der weiblichen Hauptfigur, dem adligen Fräulein Isabella Łęcka zu, der Autor verneinte dies jedoch. Vielmehr führt er den Titel auf einen tatsächlichen und im Roman episodisch behandelten Prozess zwischen einer Adligen und ihrer Mieterin um eine scheinbar gestohlene Puppe zurück.

Eigentlich jedoch hätte der Roman „Drei Generationen" heißen sollen (vgl. Markiewicz 1967, S. 88). Der Generationskonflikt wird ähnlich wie bei Turgenjew benutzt, um alte und neue Weltanschauungen und Handlungsmuster aufeinanderprallen zu lassen, wenngleich der Konflikt anders akzentuiert ist und auf andere Weise ausgetragen wird: Die Polarisierung zwischen der Adelsideologie und dem Pragmatismus der neuen Menschen, die Turgenjews Roman durchzieht, wird bei Prus durchbrochen. Mit der Hauptfigur, dem aus dem verarmten Kleinadel aufgestiegenen Kaufmann Stanisław Wokulski, der sich zwischen Tradition und Moderne eine neue Identität sucht, betritt nun als wichtigster Akteur das Bürgertum die gesellschaftliche Bühne. Sein Aufstieg wie auch bereits sein Scheitern werden in der Gestalt des Kaufmanns exemplifiziert.

Wokulski selbst betrachtet sich als gespaltene Persönlichkeit: „In mir sind zwei Menschen [...] der eine vollkommen vernünftig, der zweite ein Wahnsinniger." (Prus 1954, S. 285) Die Struktur dieses Epochenromans wird beherrscht von dieser Zerrissenheit zwischen positivistischem Pragmatismus, dem Willen und der Fähigkeit, sich kraft der eigenen Energie Reichtum und einen führenden Platz in der Gesellschaft zu sichern einerseits und dem „Wahnsinn" des romantischen Idealismus, der unerfüllten Liebe zu der schönen Isabella andererseits, die Wokulski verflucht und von der er dennoch nicht loskommt. Wie Turgenjew führt Prus den moralischen und ökonomischen Kollaps des Adels vor, allerdings wird nun auch die neu aufsteigende bürgerliche Klasse – insbesondere der neue Mensch und Pragmatiker Wokulski – auf den Prüfstand der Praxis geführt und in seinen Defiziten erkennbar.

Im äußerlichen soziologischen Rahmen und im Sujet sind starke Affinitäten zu Balzacs *Comédie Humaine* zu erkennen: Ein kleiner Handelsgehilfe, der zwar adliger Herkunft, aber arm ist, klettert Sprosse für Sprosse die soziale Stufenleiter hinauf und scheitert an der arroganten Abwehr der noch immer tonangebenden Aristokratie, die den Emporkömmling nicht aufnehmen will. Wie bei Balzacs Figuren erfahren wir, dass die Geschäfte, mit denen er seinen Reichtum erwirbt, zweifelhaft sind, stärker als bei Balzac jedoch wird betont, dass Wokulski seinen Reichtum durch eigene Leistung, durch eigener Hände Arbeit erschaffen hat. Das positivistische Programm, aus den gegebenen Umständen (der Fremdherrschaft) das Beste machen und das Land in die Moderne führen zu wollen, ist unverkennbar.

Das Muster Balzac

Als ihn eine Reise nach Paris führt, sieht Wokulski in der Stadt nicht den Moloch, in den Balzacs Figuren geraten, sondern das Zentrum der europäischen Zivilisation. Dem physiologischen deterministischen Denken des Realismus folgend, vergleicht er die Großstadt mit einem Organismus, die wie eine Pflanze oder ein Tier eine eigene Anatomie und Physiologie habe und einem unerbittlichen Gesetz folge. Es gibt, so die Schlussfolgerung, „in der Gesellschaft keinen Zufall, sondern es gilt das unbeugsame Gesetz" (Prus 1954, S. 469). Aus diesem Lebensgesetz der Franzosen erhofft er die Rettung für sich selbst: „Ich bin ein Wilder [...], doch wird mich die Zivilisation heilen" (Prus 1954, S. 470). Die Hoffnung erfüllt sich nicht, der „Wahn", das romantische Erbe der nationalen Kultur, die unvernünftige Leidenschaft, der er sein Vermögen, seine Gesundheit opfert, obsiegen am Schluss. Wokulski verschwindet wie Basarow, doch bleibt sein Ende offen.

Paris als Vorbild

Das Leitmotiv der unglücklichen Liebe hat nur wenig mit demjenigen in Lew Tolstois Roman *Anna Karenina* zu tun (→ KAPITEL 9.3), mit dem es gelegentlich verglichen wird. Nicht nur, weil das Ehebruchmotiv als zentraler Kernpunkt fehlt, sondern auch weil es in *Die Puppe* um ein anderes Thema geht, das wiederum Turgenjew näher steht: So wie Basarow am Ende nicht seine menschliche Natur zu überlisten in der Lage ist und der Odinzowa verfällt, so ist auch Wokulski nicht Herr über sein Begehren. Das Verhalten der angebeteten Protagonistin ist dabei zweitrangig, sie bleibt im Roman seltsam

Motiv der unglücklichen Liebe

zwiespältig und wenig konturiert: Isabella erweist sich mal als oberflächliche Abenteurerin, die Wokulski für ihre Zwecke benutzt, mal als sensible Aristokratin, die sich weigert, von Wokulski gekauft zu werden. Sie ist vor allem als eine Projektionsfläche für die unerfüllten Sehnsüchte des Stanisław Wokulski zu sehen.

Dessen unglückliche Liebe wird zu Recht als im realistischen Sinne unglaubwürdig betrachtet, sie ist wohl auch eher als ein raffiniertes intertextuelles Manöver zu sehen, mit dem die verhängnisvolle Last der romantischen Tradition sichtbar gemacht werden soll, die noch immer auf der neuen, aufstrebenden Generation liegt. Ähnliches geschieht mit Basarow, der als Anspielung auf Puschkins Figur Jewgeni (Eugen) Onegin den beziehungsreichen Vornamen Jewgeni trägt (→ KAPITEL 5.3). Zwar verachtet er die Poesie Puschkins, erleidet aber am Ende das Schicksal seines literarischen Namensvetters: Er erliegt der romantischen Liebe, ohne dass allerdings diese Schicksalsverwandtschaft im Roman kommentiert würde. Prus hingegen trägt den Konflikt mit der Romantik offen aus: Wokulski stößt in Paris, dem Ort der modernen Zivilisation, auf einen Gedichtband des Romantikers und Emigranten Mickiewicz (→ KAPITEL 5). Als er die frühen Liebesgedichte Mickiewiczs, in denen der Dichter sein Liebesleid besang, erneut liest, erkennt er die Parallele zu seiner eigenen Situation – eine aus Standesgründen versagte Ehe. Ihm, dem Mann der neuen Zeit, wird bewusst, wie sehr er noch in der romantischen Tradition verhaftet ist:

> „‚Nun weiß ich, von wem ich so verhext wurde …‘ ‚Ihr habt mein Leben ruiniert … Zwei Generationen habt ihr vergiftet! […] Wer lehrte mich die Frauen des Alltags zu verachten und ein unerreichbares Ideal zu suchen? Liebe ist der Welt Freude, sonniges Leben […] du aber, was hast du aus ihr gemacht? … Einen Traueraltar, auf dem die Totenklage für das zertretene Menschenherz gesungen wird!'" (Prus 1954, S. 501)

Doch Wokulski bleibt nicht bei der Anklage stehen, sondern wendet sich den sozialen Verhältnissen zu, die dieses Leid ausgelöst haben. Er verflucht den Standesdünkel, der dieses „sonderbare Land" Polen noch immer regiert und der das Land in zwei gänzlich verschiedene Völker teile, „Aristokratie und das gemeine Volk." (Prus 1954, S. 501)

> „So sehr glaubt man an den Wert der Geburt, daß selbst die Söhne von Handwerkern und Kaufleuten entweder Ahnentafeln erwerben oder sich in irgendwelche verarmte Adelsfamilie eindrängen." (Prus 1954, S. 501)

Dieser für Polen dargestellte Gesellschaftskonflikt wurde weitgehend dem der nachnapoleonischen Restaurationszeit in Frankreich, in der Balzacs Romane handeln, nachempfunden. Das französische Muster der Allianz zwischen verarmtem Adel und emporkommendem Bürgertum scheint hier weitaus kräftiger durch als bei dem überzeugten „Westler" Turgenjew, der dem Bürgertum für die russische Entwicklung wohl zu Recht keinerlei Bedeutung beimaß.

Geboten wird ein Panorama der polnischen Gesellschaft „von reichen Palästen, über graue Zinskasernen bis zu den zerfallenen Warschauer Elendsquartieren" (Miazek 1995, S. 200). Ebenso breit ist das Spektrum der Figuren: Es reicht von der adelsstolzen Familie Łęcki, über den Patrioten Rzecki, einen engen Vertrauten Wokulskis, der als Teilnehmer am Ungarnfeldzug an die heroische Vergangenheit Polens erinnert, bis hin zu den modernen Träumern, dem Flugmaschinenkonstrukteur Ochocki und dem Kaufmann Geist in Paris, die das neue Technik- und Ingenieursdenken repräsentieren. Auch bei den Frauenfiguren erhalten Bürgerliche und aufstrebende Kleinbürgerinnen eine tragende Rolle. Sie verkörpern neue Werte, die der moralischen Dekadenz des Adels entgegengestellt werden.

Gesellschaftspanorama

Was bei den Zeitgenossen Verwirrung auslöste, erscheint uns heute modern: Erzählt wird nicht geradlinig, sondern die Personen und Ereignisse werden aus unterschiedlichen Perspektiven geschildert, die sich ergänzen, aber auch widersprechen und Lücken lassen. Eine besondere Bedeutung kommt dabei den verstreut eingeschobenen Aufzeichnungen im „Tagebuch eines alten Handlungsgehilfen" zu, die den Haupterzählgestus durch die dezidierte Sicht des alten Romantikers und Patrioten Rzecki ergänzen und konterkarieren. Sie spannen den großen historischen Bogen der Erzählung von den patriotischen Zeiten des Aufstandes, an dem Wokulski ebenfalls teilgenommen hatte, bis zu seiner darauf folgenden Verbannung nach Sibirien – Themen, die aus Zensurgründen nur angedeutet werden konnten. In der Art des perspektivischen Erzählens sind Ähnlichkeiten zu Lew Tolstoi zu erkennen, der sich aber weitaus stärker als Prus einer plastischen, detailgenauen Schilderungstechnik bedient.

Modernes Erzählen

Die Modernität des Romans und seine Bedeutung für die polnische Literaturenentwicklung wurden spät erkannt. Ähnlich wie im Falle von Turgenjews objektiver Erzählweise begegnete man der perspektivischen, für die positivistische Tendenzliteratur untypischen Erzählweise in Prus' Roman anfangs mit Unverständnis (vgl. Miazek 1995, S. 203–205). Inzwischen ist die Kritik zu der Erkenntnis gelangt, dass Prus „einen neuen, ungewöhnlich aufnahmefähigen Ty-

Probleme der Rezeption

pus des Synthese-Romans" geschaffen habe, „der in sich einen Roman des sozialen Querschnitts mit einem Chronik-Roman verbindet" (Saloni 1975, in: Miazek 1995, S. 205). In Deutschland ist *Die Puppe* im Schatten von Prus' bekannterem Romans *Pharao* verblieben, in der DDR wurde der Roman einmal verlegt (1954), in der Bundesrepublik überhaupt nicht.

Fragen und Anregungen

- Skizzieren Sie die Merkmale des europäischen Realismus und berücksichtigen Sie dabei die Besonderheiten russischen und des polnischen Realismus.

- Worin sind Iwan Turgenjews *Väter und Söhne* und Bolesław Prus' *Die Puppe* vergleichbar und worin unterscheiden sie sich?

- Worin besteht die Provokation, die Turgenjews Roman *Väter und Söhne* in der zeitgenössischen Kritik ausgelöst hat?

- Welche Elemente konstituieren die Modernität des Romans *Die Puppe*?

Lektüreempfehlungen

Quellen
- **Bolesław Prus: Die Puppe** [1888]. Aus dem Polnischen übertragen von Kurt Harrer, Nachwort von Henryk Bereska, Berlin 1954.

- **Iwan Turgenjew: Vorabend. Väter und Söhne** [1862]. Herausgegeben von Peter Thiergen, übersetzt von Frida Rubiner, Stuttgart 1989.

Forschung
- **Peter Brang: Iwan Turgenjew Väter und Söhne**, in: Bodo Zelinsky (Hg.), Der russische Roman, Düsseldorf 1979, S. 134–160. *Eine informative Beschreibung der wesentlichen Inhalts- und Strukturelemente des Romans.*

- **Bonfacy Miazek: Bolesław Prus**, in: ders., Studien zur polnischen Literatur, Frankfurt a. M. 1995, S. 196–216. *Eine übersichtliche Zusammenfassung des Werdegangs und Beschreibung der wichtigsten Werke von Prus.*

9 Stadt versus Land

Abbildung 9: Michail Wassiljewitsch Nesterow: Leo Tolstoj, Gemälde (1900)

STADT VERSUS LAND

Der wohl prominenteste russische Autor des 19. Jahrhunderts erscheint auf diesem Gemälde des symbolistischen Malers Michail Nesterow inmitten jener Umgebung, aus dem er seine Intuition gewinnt – die unberührte, bäuerliche Natur. Die Darstellung trifft die zwiespältige Situation, in der sich Tolstoi befindet: Die statuarische, in sich gekehrte Haltung des weißbärtigen Mannes, der einen schlichten Bauernkittel trägt, deutet auf einen volksverbundenen Weisen oder Heiligen, als der Tolstoi in den letzten Lebensjahren von seiner Anhängerschaft verehrt wurde. Zugleich steht er einsam in der kulissenhaft wirkenden Landschaft, eine wirkliche Verbindung zu ihr wird nicht hergestellt, überdies ist bekannt, dass er sich seine vermeintlich schlichten Kittel von einem englischen Maßschneider anfertigen ließ. Er bleibt der Graf, der Aristokrat, der in die Rolle des Bauern schlüpfte und als solcher eine dekorative Pose einnimmt, der er vergebens zu entkommen sucht.

Die Entdeckung des Landlebens als eine Alternative zur westlich geprägten Stadtkultur und zu den Verheerungen, die diese bei all ihren Reizen und Verlockungen in der Psyche des Menschen anrichtet, ist ein wichtiges Sujet der Literatur im Übergang vom Realismus zum Naturalismus bis hin zu den verschiedenen Strömungen der Moderne (→ ASB AJOURI). Urbanismus und Antiurbanismus liegen in der Literatur jener Epoche dicht beieinander, auch der Stadt-Land-Kontrast hat viele Facetten. Bei den osteuropäischen Autoren erfährt dieser Kontrast eine zusätzliche nationale Konnotierung, indem die Großstadtkultur mit ihren negativen Begleiterscheinungen als ein Produkt des Westens betrachtet wird, das in die eigene Gesellschaft und Kultur implantiert wurde und deren Ursprünglichkeit zerstört. Der Einfluss des Milieus auf die Befindlichkeit des Menschen war ein genuines Thema des Realismus. In Osteuropa erhielt es eine spezifische Färbung durch die Fragestellung: Ist das westliche Lebensmodell tauglich für die Zukunft der eigenen Nation? Tolstoi und sein großer Gegenspieler Dostojewski haben diese Frage in ihrem Spätschaffen für Russland verneint. Für Polen hat Władysław Stanisław Reymont einige Jahrzehnte später, bereits unter dem Eindruck des Industrialisierungsbooms, eine ähnliche Antwort gegeben.

9.1 **Dostojewskis düsteres Petersburg**
9.2 **Reymonts *Gelobtes Land***
9.3 **Tolstois patriarchalische Idylle: *Anna Karenina***
9.4 **Reymonts *Bauern-Epos***

9.1 Dostojewskis düsteres Petersburg

Charles Dickens, Eugène Sue und Honoré de Balzac haben schon früh den sittenverderbenden Großstadtmoloch beschrieben, in dem die Macht des Geldes die menschlichen Werte verdrängt und die kapitalistische Ordnung soziales Elend und psychologische Entfremdung produziert. In den agrarisch geprägten Ländern Russland und Polen setzte diese Entwicklung verspätet ein und wurde in der Literatur bereits auf dem Hintergrund der westeuropäischen Erfahrungen thematisiert.

<small>Großstadtthema als europäische Tendenz</small>

Ein entschiedener Kritiker der modernen Großstadt war Fjodor Dostojewski. Er wählte als Handlungsort für seine antiurbanistischen Erzählungen und Romane die Stadt Petersburg, die als Symbol der westlichen Kultur in Russland galt. Insbesondere in seinen Romanen erforscht er intensiv die Wirkung des Großstadtlebens auf den Menschen und macht die negativen Einflüsse verantwortlich für die Frustrationen und Deformationen der menschlichen Seele sowie den Verlust des Gleichgewichts. Dostojewski hatte Balzac selbst übersetzt und verehrte Dickens und Sue. In seinen frühen Erzählungen und im Roman *Unishennye i oskorblennye* (*Erniedrigte und Beleidigte*, 1861) hatte er vor allem die soziale und psychische Not der Deklassierten in Petersburg geschildert. In seinem Spätschaffen gelangte er dann zu einer vielschichtigeren Darstellung des Verhältnisses zwischen Mensch und Umwelt, die er selbst einen „Realismus höherer Ordnung" nannte.

<small>Sozialkritik</small>

Dostojewski war 1849 wegen Mitgliedschaft in einem revolutionären Zirkel verhaftet und zum Tode verurteilt worden. Das Urteil wurde in letzter Minute in Straflager und Verbannung nach Sibirien umgewandelt. Die Begegnung mit Strafgefangenen und Verbrechern verschiedener Couleur hat ihn von einer allzu mechanisch verstandenen Kausalität zwischen Charakter und sozialen Umständen geheilt. Mit *Prestuplenie i nakazanie* (*Verbrechen und Strafe*, 1866), dem ersten und berühmtesten der fünf großen Romane, die er nach seiner Rückkehr aus der achtjährigen Verbannung verfasste, präsentierte er das Ergebnis seiner neuen, eher suchenden als dekretierenden Konzeption von der Natur des Menschen. Obwohl auch alle nachfolgenden Romane *Idiot* (*Der Idiot*, 1866), *Besy* (*Die Dämonen*, 1872), *Podrostok* (*Der Jüngling*, 1875) und vor allem der unvollendet gebliebene Roman *Bratja Karamasowych* (*Die Brüder Karamasow*, 1880) Weltbedeutung und Einfluss auf die europäischen Geistesgrößen erlangten – von Friedrich Nietzsche und Sigmund Freud bis zu Franz Kafka und Thomas Mann (vgl. Gerigk 2000) – kann *Verbre-*

<small>Suche nach der Natur des Menschen</small>

chen und Strafe als der bekannteste und literarisch vollkommenste angesehen werden.

Roman Verbrechen und Strafe

Dieser Roman überschreitet die Grenzen des Milieurealismus, da er zwar die soziale Not der Unterprivilegierten in der strahlenden Metropole Petersburg zeigt, jedoch die Gründe für den Mord, den der arme Student Raskolnikow an einer alten Zinsverleiherin begeht, in der Schwebe lässt. Monokausale Erklärungen für das Verhalten von Menschen werden verworfen. Raskolnikow handelt aus sozialer Not, aber auch, um ein ideelles Experiment durchzuführen, selbst eine pathologische Disposition seiner Natur wird nicht ausgeschlossen.

Der Sumpf Petersburg

Dennoch wird vor allem die in jeder Hinsicht ungesunde Atmosphäre der Stadt für die negative Entwicklung Raskolnikows verantwortlich gemacht. Einer der Protagonisten des Romans, der Zyniker und Verführer Swidrigajlow, äußert kurz vor seinem Selbstmord die Überzeugung, dass Petersburg eine Stadt der Halbverrückten sei:

„Selten findet man einen Ort, der so viele düstere, prägende, eigenartige Einflüsse auf die Seele des Menschen ausübt wie Petersburg. Allein schon die klimatischen Einflüsse!" (Dostojewski 2002, S. 632)

Materialismus, Nihilismus, napoleonischer Größenwahn: diese importierten Ideen des Westens finden – so die Botschaft des Romans – in der morbiden, auf Sumpfgelände von Zar Peter dem Großen errichteten künstlichen Stadt ihren unheilvollen Nährboden. Die Handlung spielt in der Gegend des Heumarktes, dem Armenviertel jenseits des glanzvollen Zentrums, des Winterpalais' und des Newski-Prospekts, die Puschkin und Gogol als Schauplatz für ihre Petersburger Texte wählten (vgl. Anziferow 2003; → KAPITEL 5.4).

Kritik an Sozialutopien

Seine kranken, ambivalenten, komplizierten Charaktere setzt Dostojewski gegen die Ideen des aus Frankreich kommenden Frühsozialismus, der sich im Russland jener Jahre großer Popularität erfreute und auch den jungen Dostojewski beeindruckt hatte. Besonderen Anklang fanden die Utopien des Sozialphilosophen Charles Fourier, die davon kündeten, dass der Forschritt der Zivilisation auch die Perfektionierung des Menschen und die Organisation einer glücklichen Menschheit ermöglichen würde (vgl. Wett 1986, S. 111–116). Dostojewskis „Realismus höherer Ordnung" intendiert die Untersuchung der subtilen, komplexen und letztlich unergründlichen Beziehungen, in die der Mensch in einer für ihn nicht mehr durchschaubaren urbanen Umwelt verstrickt wird. Petersburg wird zum realistisch gezeichneten und zugleich symbolisch überhöhten Ort, der die negativen Einflüsse westlicher Zivilisation auf den (russischen) Menschen in sich vereinigt. Der Dostojewski-Forscher Hans-Jürgen Gerigk nennt Dostojewski einen „Machiavelli des Romans", der Macht über seinen Leser gewinnt:

„Seine *thematischen* Machtmittel heißen Verbrechen, Krankheit, Sexualität, Religion, Politik und Komik, *formal* zusammengehalten durch eine skrupellose Erzähltechnik, mit der dem Leser gleichzeitig etwas gezeigt und etwas vorenthalten wird." (Gerigk 2000, S. 11)

Gerigk widerspricht damit der in der Dostojewski-Forschung populären These des russischen Literaturwissenschaftlers und Kulturphilosophen Michail Bachtin, der bereits 1929 auf die dialogische Struktur der Sprachverwendung und polyphone Struktur von Dostojewskis Romanen verwiesen hat (vgl. Bachtin 1985). Polyphonie meint, dass die Figuren gegenüber dem Erzähler eine eigene Stimme erhalten, dass sie Ideenträger sind, nicht aber Sprachrohr des Autors, dass sich die widersprüchliche Weltsicht des Autors in diese Vielfalt der Figuren aufspaltet, die so zu seinen partiellen Doppelgängern werden. Bachtins These lautet, dass sich bei Dostojewski die menschliche Individualität durch die wechselnden Begegnungen und Dialoge, denen der Mensch in seinem sozialen Milieu ausgesetzt ist, formt, verändert und somit unabgeschlossen bleibt. Folgt man dieser Lesart, so verbieten sich eindeutige Kausalitätsbeziehungen zwischen Mensch und Umwelt. Gerigks Gegenargument lautet, dass die Handlungsführung der Romane bei Dostojewski keine Polyphonie erkennen lasse, sondern stattdessen eine deutliche Stellungnahme des Autors (Gerigk 2000, S. 61).

<aside>Kontroverse um Polyphonie und Dialogizität</aside>

In der Tat suggeriert der Handlungsverlauf unverkennbar die ideologische Botschaft, dass es zur moralischen Läuterung und seelischen Genesung des Helden unerlässlich sei, den „Sumpf" Petersburg zu verlassen. Erst in der Verbannung; in den sibirischen Weiten, außerhalb der bazillenverseuchten künstlichen Stadt und wieder vereinigt mit dem natürlichen Milieu, dem russischen Land, dem Mutterboden (*potschwa*) kann sich Raskolnikows Gesundung vollziehen. Dazu gehört auch die religiöse Bekehrung, die Annahme der Leidenslehre des Evangeliums, die dem verwirrten Menschen den rechten Weg aus der Sackgasse des westlichen Atheismus und Nihilismus zu weisen vermag. Eine dezidierte Bezugnahme auf slawophile Utopien der russischen Dorfgemeinde oder des patriarchalischen Gemeinwesens findet nicht statt. Dostojewskis Fokus bleibt auf die moderne Großstadt konzentriert, die sich vor dem Hintergrund der russischen Muttererde in ihrer Fremdartigkeit allerdings besonders abzeichnet.

<aside>Eindeutige ideologische Botschaft?</aside>

> Für die Beschreibung der Erzählstruktur des Romans ist Bachtins Ansatz durchaus hilfreich: Das Romangeschehen besteht nach dem Verbrechen, das am Anfang geschildert wird, vor allem aus Reflexionen und Gesprächen, die Raskolnikow mit sich selbst und den übrigen Protagonisten führt. Sie wachsen sich zu einem permanenten Streitgespräch aus, das immer wieder überraschende Wendungen nimmt und keine endgültigen Urteile zulässt. Die den Roman tragende ideologische Polarität – westliche Zivilisation versus russische Bodenständigkeit – wird also in eine dialogische Erzählstruktur der permanenten Rede und Gegenrede eingebettet und bleibt unaufgelöst in der Schwebe.

Dialogische Erzählstruktur

> Es ist vor allem diese offene Dialogizität, die dem „vertrackten Russen" (wie Sigmund Freud Dostojewski einmal nannte) seine provozierende Wirkung für die Literatur und Geistesgeschichte des 20. Jahrhunderts sichert. Der „Machiavelli der Literatur" fasziniert nicht wegen seiner dualistischen Ideologie, sondern wegen der unauflösbaren Ambivalenzen des Denkens, die in seinen Romanen zum Tragen kommen und die ihn zum Vorreiter der Moderne machen.

Dostojewskis Modernität

9.2 Reymonts *Gelobtes Land*

In der polnischen Literatur zeigten sich die ausgeprägten antiurbanistischen Tendenzen erst in der Phase nach dem Positivismus, am Übergang zwischen Realismus und Modernismus in den 1890er-Jahren. Sie waren verbunden mit dem nunmehr auch in Osteuropa einsetzenden Industrialisierungsboom, der in der aufstrebenden Stadt Łódź, dem „polnischen Manchester" seinen markantesten Ausdruck fand. Was für die polnische Nation eine Tragödie bedeutete – die Besetzung des Łódźer Gebiets durch Russland nach dem Wiener Kongress 1815 –, legte den Grundstein für den Aufschwung der Industrialisierung in Osteuropa, die von der russischen Regierung gefördert wurde und für die sich durch den Wegfall der Schutzzölle in Russland ein riesiger Markt eröffnete (vgl. Schlögel 2001, 127–133).

Das polnische Manchester

Bolesław Prus hatte in seinem Roman *Die Puppe* (1890) Paris noch als Vorbild für die Umsetzung des Programms der „organischen Arbeit" betrachtet, die Entwicklung eines kapitalistischen Unternehmertums als Chance für die Modernisierung Polens (→ KAPITEL 8.3). Sein Schriftstellerkollege Władysław Stanisław Reymont (1867–1925) beschrieb ein Jahrzehnt später in seinem Roman *Zemia obiecana* (*Das Gelobte Land*, 1899) nicht nur den rasanten Aufstieg der Industrieme-

Urbanismus und Antiurbanismus

tropole Łódź, sondern beleuchtete auch die Kehrseite der Modernisierung, die Rücksichtslosigkeit und Geldgier, die dieses „Gelobte Land" erst möglich machten (vgl. Miazek 1995, S. 365).

Reymont, der seinem Herkunftsmilieu, einem Dorf in der Nähe von Tschenstochau, entkommen wollte, um Schriftsteller zu werden, arbeitete sich nach Gelegenheitsarbeiten als Schneider, Eisenbahnarbeiter und Wanderschauspieler zu einem angesehenen Publizisten und Schriftsteller empor. Reymont orientierte sich, wie die polnische Literatur seit dem Positivismus allgemein, an der französischen Literatur, vor allem an Balzac und Zola. Wie Zola sammelte er „menschliche Dokumente", teilte aber nicht den absoluten biologischen Determinismus des Naturalisten Zola. Für seinen Roman über Łódź, eine Auftragsarbeit seines Warschauer Verlages (Gebethner & Wolf), recherchierte er das Material sorgfältig vor Ort. Die Arbeit an dem Roman dauerte fast zwei Jahre.

<small>Vorbild Zola</small>

Reymont zeichnet in *Das Gelobte Land* den im kapitalistischen Schmelztiegel entstandenen neuen Typus, den „Lodzer Mensch[en]", der sich durch Flexibilität, Unternehmergeist und Zielstrebigkeit auszeichnet, aber auch durch Skrupellosigkeit und Berechnung (Schlögel 2001, S. 133–135). Die für den „Lodzer Menschen" auf den ersten Blick nebensächliche ethnische und soziale Herkunft erweist sich im Roman dennoch als bedeutsam. Im Zentrum steht der aus dem Adel stammende polnische Ingenieur und Unternehmer Borowiecki, mit dessen Augen sowohl der Glanz als auch das Elend der Industrialisierung betrachtet werden und der selbst von der Macht des Geldes verführt wird. Illusionslos akzeptiert er die Wolfsgesetze und lebt nach ihnen:

<small>Der „Lodzer Mensch"</small>

„Vergiß nicht, dass du in Łódź bist. Du vermeinst Geschäfte unter zivilisierten Menschen Mitteleuropas zu führen. Łódź aber, das ist ein Wald, eine Wüste, – hast du scharfe Krallen, dann geh mutig vorwärts und erwürge rücksichtslos deine Nächsten, sonst erwürgen sie dich, saugen dich aus und werfen dich dann beiseite." (Reymont I 1984, S. 195)

Das ist die Philosophie der jungen Unternehmergeneration, die sich von den Traditionen ihrer Väter löst: Karol Borowiecki vom Ehrenkodex des polnischen Adels, sein deutscher Freund Max Baum von der protestantischen Ethik seines Vaters, sein jüdischer Freund Moritz Welt von dem geschäftlichen Ungeschick seines Vaters. Borowiecki, der ins „Gelobte Land" gezogen war, um sein Glück zu machen, hatte am Ende „nur seine Millionen, die Langeweile und die Leere ..." (Reymont II 1984, S. 352). Sein Glück jedoch hatte er nach eigener Ansicht verspielt.

<small>Auflösung der Traditionen</small>

Als lichter Gegenpol zu dieser düsteren Welt der Maschinen und der verlorenen Gefühle erscheint Borowieckis Braut Anka, die an Adam Mickiewiczs Frauengestalten erinnert: aufopferungsvoll pflegt sie Borowieckis kranken Vater und wartet geduldig auf ihren Helden, bis sie sich, aus ihrer ländlichen Idylle gerissen, in der rauen Łódźer Wirklichkeit wiederfindet. Dort entdeckt sie in ihrem Bräutigam einen Fremden, der sich von allem entfernt hat, was ihr teuer ist: der Natur, der Reinheit der Gefühle und den Gebräuchen auf dem Land.

Ideales Frauenbild

Die Kritik nahm *Das Gelobte Land* gespalten auf: Beklagten die einen die zu düsteren Farben, so erkannten die anderen eine realistische Wiedergabe der Großstadt; sahen die einen nationale Stereotype bestätigt, betrachteten die anderen den Roman im Raster des sozial- und zivilisationskritischen Antiurbanismus, dessen Botschaft lautet, dass die Stadt wie ein Moloch seine Opfer ohne Rücksicht auf Nationalität und Status verschlinge (vgl. Popiel 1999, S. 200).

Zwiespältige Rezeption

Deutlich wird aber auch in diesem Roman, dass die Industrialisierung und die Herrschaft des Geldes als Fremdkörper, als Produkt einer aus dem Westen importierten kapitalistischen Zivilisation betrachtet werden, die auf den Menschen allgemein zerstörerisch wirke und die den nationalen Traditionen Polens widerspräche. Im Roman wird betont, dass es die ausländischen Unternehmer sind, die die Wirtschaft in Łódź dominieren und die den Aufstieg der Polen aus der Klasse der Arbeitenden und Dienenden verhindern möchten. Obgleich auch Dostojewski und Tolstoi den Kapitalismus als unrussisch klassifizierten, ist der nationale Diskurs in den literarischen Texten Reymonts ausgeprägter als bei den russischen Realisten.

Industriemetropole als Fremdkörper

Das Gelobte Land ist durch die international beachtete Verfilmung von Andrzej Wajda 1974 über die Grenzen Polens hinaus bekannt geworden. Gegenwärtig erlebt der Mythos Łódź eine Renaissance und ist zum idealisierenden Symbol der nachsozialistischen polnischen Gründerzeit avanciert, in dem die multiethnische Dimension des „Lodzer Menschen" gefeiert wird, während die kapitalismuskritischen Aspekte Reymonts und die in Wajdas Verfilmung betonten Nationalstereotype in den Hintergrund getreten sind.

Renaissance des Mythos von Łódź

9.3 Tolstois patriarchalische Idylle: *Anna Karenina*

Lew Tolstoi ist der bedeutendste Epiker des russischen Realismus. Aus dem Hochadel stammend und selbst mächtiger Gutsbesitzer, entwickelte er sich zunehmend zum Kritiker der eigenen Klasse und zum bedeutendsten Analytiker der russischen Gesellschaft seiner Zeit. Als er mit dem Roman *Anna Karenina* (1877) den „Übergang vom geschichtlichen zum gesellschaftlichen Erzählen" vollzog (Zelinsky 1979, S. 208), hatte er bereits ein umfangreiches Werk über persönliche Erfahrungen und Ereignisse aus der neueren russischen Geschichte vorgelegt – so eine dreibändige Autobiografie, zahlreiche Erzählungen und die Roman-Epopoe *Wojna i mir* (*Krieg und Frieden*, 1868). Hatten ihn bereits zuvor an der Historie vor allem die in die Gegenwart hineinragenden Prozesse und ihre Wirkung auf das Schicksal der Menschen interessiert, so war *Anna Karenina* ganz in der Gegenwart Russlands angesiedelt. Das private Ehebruchsmotiv, das im Zentrum des Romans steht, bietet den Anlass, um die Suche des Menschen nach Selbsterfüllung und Glück in seinen konkreten gesellschaftlichen Bedingungen zu beschreiben. Die Milieus, in denen die Figuren agieren, Stadt oder Land, spielen dabei für das Gelingen eine wesentliche Rolle. Tolstois Helden sind Adlige, die zwischen der mondänen Welt der städtischen Metropolen mit ihrer westlichen Lebensweise und ihrem Gutshof auf dem Land hin und her pendeln.

Von der Geschichte zur Gegenwart

Als Leitmotiv fungiert die Idee von der glücklichen Familie: Es hält erzähltechnisch die sich verzweigenden Handlungslinien zusammen, bildet inhaltlich die zentrale Säule des im Roman vorgetragenen Gesellschaftskonzepts und bestimmt somit die Architektur des Romans. An drei Familien werden unterschiedliche Familienmodelle vorgeführt. Der Bezugsrahmen bleibt die Welt des Adels.

Idee der Familie als Leitmotiv

Zwei Paare bilden die extremen Gegenpole: Anna Karenina und ihr Geliebter Wronski folgen ihrer Leidenschaft, zerstören die Familie und scheitern. Kitti und Lewin gründen mit Bedacht und in bewusster Verantwortung eine Familie und finden zu einem harmonischen Leben. So wie sich das Unglück der ersten Familie allmählich steigert, so steigert sich das ruhige Glück der zweiten. Eine dritte Familie, bestehend aus Annas Bruder Stepan, seiner Frau Dolly und deren Kindern, bildet die Mitte. Sie leben das übliche verlogene Leben der Aristokratie: Er amüsiert sich, sie erträgt seine Abenteuer stumm und hält die Familie zusammen.

Architektur des Romans

Die Paare repräsentieren drei Arten zu leben: Anna und Wronski sind mit der mondänen Petersburger Welt verbunden, in der galante Abenteuer üblich sind, aber der Bruch mit gesellschaftlichen Spielregeln nicht geduldet wird. Annas offenes Bekenntnis zu ihrer Leidenschaft führt sie ins Unglück. Stepan und Dolly hingegen verkörpern die ausschweifende großzügige Moskauer Lebensart des russischen

Adels, die aber auf Kosten der Ehefrau geht. Kritik wird in beiden Fällen an der Doppelmoral der Aristokratie geübt, und sie wird wie bei Dostojewski als eine Übernahme westlicher Lebensart gegeißelt. Es geht hier weniger um die Verwerfungen der Großstadt, um Antiurbanismus als literarisches Motiv, sondern vielmehr um die Kritik an der parasitären Existenz der besitzenden Klasse – des Adels, der sich von den Wurzeln des Volkes entfernt hat.

<small>Kritik am Westlertum des Adels</small>

Kitty und Lewin brechen aus diesem Milieu aus. Lewin, der Gutsbesitzer vom Lande, dessen Name beziehungsreich auf Tolstois Vornamen Lew anspielt, verachtet die aristokratische städtische Gesellschaft und westliche Zivilisation und findet zu einem sinnerfüllten Leben, indem er sich der Landwirtschaft widmet. Im naturverhaften, dem Rhythmus der Jahreszeiten unterworfenen arbeitsreichen, asketischen Leben der Bauern sieht er sein Ideal und die Zukunft für seine Familie. Die Landarbeit, die Verwaltung seines Gutes und die körperliche Arbeit auf den Feldern nehmen ihn völlig in Anspruch und werden dem luxuriösen, schamlosen Leben der Besitzenden entgegengestellt. Kitty, ursprünglich in der Moskauer Welt der Bälle und Vergnügungen zu Hause, stellt sich ebenfalls auf ein einfaches, arbeitsreiches erfülltes Leben an der Seite ihres Mannes ein. Die Leidenschaft, die sie ursprünglich wie ihre Schwester Anna für Wronski fühlte, tauscht sie gegen ein vernünftiges, vertrauensvolles, eher freundschaftliches Verhältnis zu ihrem Mann ein. Beide zusammen verkörpern das patriarchalische Lebensmodell der Familie, die der Autor Tolstoi als Grundlage der gesellschaftlichen Existenz Russlands betrachtete. Die Modernisierungen des Westens, importierte Maschinen, modern eingerichtete Krankenhäuser, wie sie Wronski auf seinem Gut anlegen lässt, werden als nicht segensreich für Russland beschrieben. Gepriesen wird die körperliche Einheit mit der Natur in der Gemeinschaft der Bauern, wie sie sich im gemeinsamen Mähen der Wiese herstellt. Bildung und Kultur werden als eher schädlich betrachtet. Dem Landleben in seinen traditionellen patriarchalischen Lebens- und Arbeitsformen wird also vor der städtischen Zivilisation als die natürliche, der menschlichen Natur angemessene Existenzweise entschieden der Vorzug gegeben.

<small>Der russische Weg</small>

<small>Patriarchalisches Lebensmodell</small>

Die Erzählstruktur ist weitgehend perspektivisch, d. h. die Figuren werden dem Leser nicht von einem allwissenden Erzähler nahegebracht, sondern durch die wechselseitigen Wahrnehmungen der Protagonisten selbst. Kunstvoll wird die Wiedergabe der Innenwelten mit wechselnden Außenperspektiven verwoben und damit die Wirkung von „Unmittelbarkeit und Anschaulichkeit des seelischen und

<small>Perspektivische Erzählstruktur</small>

geistigen Geschehens" erzeugt (Zelinsky 1979, S. 233). Wertende Erzählerkommentare werden vermieden. Bachtins Diktum aus dem Jahre 1929, Tolstois Romane seien im Unterschied zu Dostojewskis eher monologisch verfasst (vgl. Bachtin 1985, S. 78), ist insofern unzutreffend, jedoch sind seine Romane nicht als Rededuelle angelegt, sondern als opulente Gemälde, die den Menschen als sich permanent wandelndes, niemals mit sich identisches Wesen in seinem äußeren Handeln und in einer farbig und plastisch genau ausgemalten Umwelt beschreibt. Das äußere Milieu und die äußere Erscheinung der Figuren und Gegenstände gewinnen ein besonderes Gewicht für die Geschichte, die erzählt wird. Plastische Darstellung

Ein für Tolstoi allgemein charakteristisches Stilmittel ist die naturalistische Beschreibungstechnik, die häufig dazu dient, Verfremdungseffekte zu erzeugen. Sie wird vor allem dann eingesetzt, wenn es gilt, den schönen Schein zu zerstören, mit dem die Artefakte der Zivilisation und Kunst häufig umgeben sind. Die naturalistische Beschreibungstechnik lässt die Sympathie des Autors für den „homme naturel" in der Prägung Jean-Jacques Rousseaus erkennen, ergänzt durch Anklänge an den biologistischen Determinismus, wie ihn Émile Zola in seinem Romanzyklus *Les Rougon Macquart* (1871–93) vertritt. Doch erhebt Tolstoi sich mit seiner komplexen Figurengestaltung über den naturalistischen Determinismus, der ihm keine erschöpfende Antwort bei seiner Suche nach der Natur und Bestimmung des Menschen gibt. Seine Figuren offenbaren eine Welthaltigkeit und ein Eingebundensein in die Gesellschaft, die mit ökonomischen, juristischen, politischen Problemen ringt. Zugleich sind sie ständig auf der Suche nach sich selbst, reflektieren über den Sinn des Lebens und ihr Verhältnis zu Gott. Wie auch sein Rivale Dostojewski hat sich Tolstoi nicht mit seinen Antworten, sondern mit seinen Fragen einen führenden Platz in der Weltliteratur gesichert.

9.4 Reymonts *Bauern*-Epos

Die berühmte polnische Romantetralogie *Chłopi* (*Die Bauern*, 1904–09;), die Władysław Stanisław Reymont während eines längeren Frankreichaufenthalts verfasste, kann gleichsam als die episch entfaltete Ausführung des bei Tolstoi skizzierten Entwurfs vom bäuerlichen Lebensideal angesehen werden, auch wenn ihr Entstehungshintergrund andere Referenzpunkte hat und keine Spuren eines Einflusses von Tolstoi erkennen lässt. Der Roman *Die Bauern* steht

Zwischen Realismus, Naturalismus und Neoromantik

am Übergang zwischen dem Naturalismus Émile Zolas, auf dessen Roman *La Terre* (*Die Erde*, 1887) er polemisch Bezug nimmt, und dem Modernismus der neoromantischen Bewegung *Młoda Polska* (*Junges Polen*), die den Bauern und das Landleben als ästhetisches Sujet entdeckte (→ KAPITEL 10).

Bauer als literarischer Held

Der Adel, zumal auf dem Land, hatte im Zeitalter der Industrialisierung seine Macht und seinen geistigen Führungsanspruch, den Tolstoi noch verteidigt hatte, längst eingebüßt. Der Bauer wird nicht mehr aus der Gutsbesitzerperspektive betrachtet, sondern avanciert selbst zum literarischen Helden. Er wird – ähnlich wie bei Tolstoi – als „ewiger Säer" und „Erhalter und Hüter der höchsten Güter" gesehen, das Dorf als „einheitlicher Organismus und Kraftquell der Nation" (Reymont II 1984, S. 573).

Sprache und Stil

Reymonts Erzählstruktur ist von einem „aufwendigen und geradezu verschwenderischen Einsatz aller Darstellungsmittel (Figuren, Geschehen, Zeit und Raum)" getragen (Boronowski 1994, S. 59). Das betrifft zuerst die Sprache, die bildhaft und lebendig ist und die das Grundanliegen des Romans zum Ausdruck bringt: die Welt der Bauern nicht von außen zu gestalten, wie das in Tolstois Roman geschieht, sondern aus der Innensicht, die ganz und gar auf den Wahrnehmungshorizont der bäuerlichen Protagonisten beschränkt bleibt. Erzeugt wird ein expressiver Sprachstil, der die Struktur und Lexik der Volkssprache mit naturalistischen Sprachbildern von Zolascher Suggestivkraft und modernistischer Folklorestilisierung verbindet. Eine stilistische Besonderheit Reymonts ist die Aufhebung der für den Realismus charakteristischen sprachlichen Trennung zwischen Erzähler- und Figurenrede, wie sie bei Balzac und Tolstoi, aber auch bei Prus und Sienkiewicz zu finden ist (vgl. Boronowski 1994, S. 105–111). Die Hälfte des Romans wird von der direkten Rede der Figuren getragen (vgl. Boronowski 1994, S. 110), was die personale Erzählsituation begünstigt. Der Erzähler passt seinen Sprachstil und seine Sicht denen der geschilderten Figuren an und zieht so den Leser unmittelbar in die Atmosphäre und Erlebniswelt des Romans hinein.

Zyklische Zeitstruktur

Die vier Teile des Romans sind nach dem Zyklus des ländlichen Lebens aufgebaut: Es beginnt mit dem Herbst, darauf folgen der Winter und der Frühling, es endet mit dem Sommer – der Kreis ist geschlossen. Damit ist die Zeitstruktur als eine zyklische und naturverbundene vorgegeben. Ort und Zeit werden nicht genau markiert, aber Hinweise auf den Januaraufstand zeigen, dass die Handlung in der zweiten Hälfte des 19. Jahrhunderts spielt. Der Schauplatz Lipce befindet sich im russischen Teilungsbereich, in der Nähe von Łódź, doch die äußere Welt dringt kaum in die autarke Dorfwelt ein. Wo es doch geschieht, wird sie von den Dorfbewohnern abgewehrt: Die drohende Enteignung des Gemeindewaldes, der Plan der Verwaltung, eine russische Schule zu eröffnen, und die Ansiedlungspläne deutscher Kolonisten werden von ihnen verhindert.

Die Handlung ist vom ländlichen Arbeitsrhythmus bestimmt: Sommer und Herbst sind die arbeitsintensivsten Zeiten, die alle Energien binden und in denen das gemeinschaftliche Arbeiten im Mittelpunkt steht, was eine typisierte Darstellung der Figuren favorisiert. Winter und Frühling bringen dagegen Ruhephasen, in denen sich die menschlichen Tragödien abspielen und die individuellen Charaktere entfalten können. Das Dorf ist patriarchalisch strukturiert, aber als oberste Autorität erscheint nicht wie bei Tolstoi der Gutsbesitzer, sondern der reichste Bauer Boryna. Der Gutsbesitzer bleibt an der Peripherie, er wohnt nicht im Dorf, sondern am Rande, überdies ist er der Gegenspieler der in sich geschlossenen Dorfgemeinde, die als das Kraftzentrum dieser ländlichen Ordnung beschrieben wird. Eingebunden in dieses dörfliche Universum wird die Geschichte der Familie von Boryna erzählt, der nach dem Tod seiner Frau die junge, leidenschaftliche und schöne Jagna heiratet, die heimliche Geliebte seines Sohnes Antek. Der Generationskonflikt bildet die patriarchalische Struktur des Dorflebens ungeschönt und in aller Härte ab. Die unbotmäßige Jagna, die ihren Leidenschaften folgt und die Ordnung stört, wird erbarmungslos aus der Gemeinschaft ausgestoßen, während die entsagungsvolle Hanka, die Ehefrau Anteks und Mutter seiner Kinder, am Ende triumphiert. Zwei Frauenbilder stehen sich gegenüber, die davon zeugen, dass die Tradition in der hermetischen Welt des Dorfes über die Moderne den Sieg davon trägt.

Bei Reymont werden die Bauern und das Dorf als Träger nationaler Identität konzeptualisiert. Die sich nach dem Aufstand von 1863 ausbreitende Skepsis hinsichtlich der progressiven Rolle der Eliten für die nationale Befreiung führte dazu, dass der in der alten Adelsrepublik ignorierte Typus Bauer als Träger der polnischen Nation imaginiert wurde. Nach all den verlorenen Illusionen schien er die einzige verlässliche Größe im nationalen Spiel zu sein: Bewahrer der polnischen Sprache, des katholischen Glaubens der traditionellen Sitten und Gebräuche, von politischen Konjunkturen unberührt, erschien er ein Garant für Beständigkeit durch die Wirren der Zeiten hindurch. Reymont mobilisiert noch einmal das romantische Modell eines unverfälschten Polens, das nicht von fremden Sitten und Einflüssen verdorben ist und dieses (vorläufig noch!) erfolgreich vertei-

Marginalia:
- Handlungsstruktur
- Zwei Frauenbilder
- Bauer als Träger des Polentums

digt. Das Modell wird allerdings gebrochen durch eine realistisch-naturalistische Sichtweise, die die naive Idealisierung einer patriarchalisch-dörflichen Idylle nicht zulässt. Schonungslos naturalistisch werden die grausamen Sitten und Lebensumstände beschrieben, die die Bewohner zwingen, ihre individuellen Wünsche zugunsten des Gemeinwohls zu unterdrücken.

<small>Homogenes Polentum</small>

Anders als die multiethnisch gedachte Vision für Polen, die Mickiewicz in *Pan Tadeusz* entworfen hatte (→ KAPITEL 6.1), bleibt die nationale Gemeinschaft in Lipce jedoch ethnisch homogen: Fremde werden ausgestoßen bzw. gar nicht erst hineingelassen. Das richtet sich in erster Linie natürlich gegen die Unterdrücker, die Russen als Besatzungsmacht, und gegen die deutschen Siedler, die sich in der Nachbarschaft niederlassen wollen. Sie alle haben keine Chance, die Autarkie des Dorfes und damit des letzten noch geschützten Raumes

<small>Preis der Autarkie</small>

authentischen Polentums zu zerstören. Der Preis ist allerdings hoch – es wird in autochthoner archaischer Verschlossenheit verharrt, der Einbruch der Moderne wird mit Macht verhindert.

Der Roman *Die Bauern* bietet eine ästhetische Reminiszenz zu der Frage, was authentisches Polentum bedeutet, jedoch kein gesellschaftspolitisches Lebensmodell für ein zukünftiges Polen. Der Roman überragt die zu jener Zeit in Mode kommenden Bauernromane

<small>Bedeutung des Romans</small>

durch seine naturalistisch-realistische Gestaltungskraft, seine Poetizität und sprachliche Meisterschaft, die ihm nach anfänglich zögernder Rezeption im Ausland schließlich 1924 den Nobelpreis einbrachten. Er wurde von zeitgenössischen Kritikern in seiner Bedeutung mit Homers *Ilias* und Hesiods *Werken und Tagen* aus der griechischen Antike, aber auch mit Adam Mickiewiczs *Pan Tadeusz* (→ KAPITEL 6.1) verglichen (vgl. Boronowski 1994, S. 58).

Fragen und Anregungen

- Skizzieren Sie, welche besonderen Ausprägungen das Großstadtthema in der osteuropäischen Literatur erfährt.

- Was bedeutet der „Lodzer Mensch" und welche Bewertung erfährt er bei Władysław Stanisław Reymont?

- Diskutieren Sie an konkreten Textbeispielen, welche Rolle der Topos Petersburg in Fjodor Dostojewskis Roman *Verbrechen und Strafe* spielt.

- Welche Rolle spielt der Stadt-Land-Kontrast für die Architektur von Lew Tolstois Roman *Anna Karenina*?

- Vergleichen Sie die Darstellung des Landlebens in Tolstois *Anna Karenina* und Reymonts *Die Bauern*.

Lektüreempfehlungen

- Fjodor Dostojewski: Verbrechen und Strafe [1866]. Übersetzt von Swetlana Geier, Zürich 1994.

Quellen

- Władysław St. Reymont: Das Gelobte Land [1890]. Übersetzt von Alexander von Guttry, Leipzig 1984.

- Władysław St. Reymont: Die Bauern [1904–09], 2 Bände. Übersetzt von Jean Paul d'Ardeschah, mit einem Nachwort von Alois Hermann, Rudolstadt, o. J.

- Leo N. Tolstoi: Anna Karenina Roman in Acht Teilen [1877]. Übersetzt und kommentiert von Rosemarie Tietze, München 2009.

- Peter M. Boronowski: Studie über die ‚Chłopi' und Dorfnovellen Władysław St. Reymonts, München 1994. *Eine ausführliche, auf Entstehungskontexte, Struktur und Sprache des Romans eingehende Analyse.*

Forschung

- Birgit Harreß: Fedor Dostoevskij: Prestuplenie i nakazanie (Schuld und Sühne), in: Der russische Roman, herausgegeben von Bodo Zelinsky, Köln 2007, S. 250–273. *Eine kompakte Vorstellung des Romans, der nach der Übersetzung von Swetlana Geier aus dem Jahr 1994 „Verbrechen und Strafe" heißt. Die im Roman verhandelten Diskurse werden mit der Textgestaltung verbunden, die Studie lässt einen kulturgeschichtlichen Ansatz erkennen.*

- Bodo Zelinsky: Lew Tolstoj. Anna Karenina, in: Der russische Roman, herausgegeben von Bodo Zelinsky, Düsseldorf 1979, S. 208–241. *Eine übersichtliche Struktur- und Geschehensbeschreibung des Romans. In der Neubearbeitung des Sammelbandes von 2007 wurde der Karenina-Artikel desselben Autors durch einen kulturgeschichtlich orientierten Ansatz ersetzt, welcher als Ergänzung empfohlen wird (S. 224–249).*

10 Theater als Forum der Moderne

Abbildung 10: Stanisław Wyspiański: *Chochoły (Die Krakauer Planty bei Nacht)* (1888/89)

Das Bild des berühmten Krakauer Malers und Schriftstellers vermittelt die geheimnisvoll düstere, von Weltschmerz und Einsamkeit getragene Atmosphäre des Fin de Siècle, die den Zeitgeist der Dekadenz zum Ausdruck bringt. Die Farben des Tages sind dem fahlen nächtlichen Mondlicht gewichen, die ohnehin karge Parklandschaft hat sich in eine gespenstisch anmutende Strohpuppenmaskerade verwandelt. Die lebensspendende Kraft der Natur wird gebändigt durch eine dämonische Macht, die sich auf das Lebendige gelegt hat und es in seiner Umklammerung hält.

In seinem späteren Drama Wesele (*Die Hochzeit*, 1901) erlöst der polnische Dramatiker Stanisław Wyspiański den Strohmann aus seiner Erstarrung und schickt ihn auf den Weg, die Lethargie des Landes zu durchbrechen. Es ist freilich ein anderer Strohmann, einer der auf dem Land zu Hause ist und an die gesunden und mobilisierenden Kräfte des polnischen Bauern appelliert.

In dieser Spannung zwischen Endzeitstimmung und Aufbruch formiert sich die Literatur und Kunst der Moderne in Osteuropa. Was die europäische Moderne vereinte, war der ästhetische Aufstand gegen die literarischen und künstlerischen Konventionen des Realismus und einen sich kommerzialisierenden Kulturbetrieb (→ ASB AJOURI). Die Art der Rebellion unterschied sich je nach nationalen Bedingungen, doch ging es gerade für die osteuropäischen Künstler darum, nationale Beschränkungen und Traditionsverhaftungen zu überwinden, um Literatur und Kunst als eine übernationale Angelegenheit zu betreiben, die den Herausforderungen der Moderne gerecht wird. Neben der Lyrik war das Drama die bevorzugte Gattung, um den Bruch mit traditionellen ästhetischen Positionen zu vollziehen und den Weg zur Avantgarde des 20. Jahrhunderts zu bahnen. Mit Stanisław Wyspiański und Anton Tschechow werden für Polen und Russland zwei fundamental unterschiedliche Beispiele dafür vorgestellt.

10.1 **Facetten der Moderne in Russland und Polen**
10.2 **Wyspiańskis symbolistisches Drama**
10.3 **Tschechows Erneuerung des Theaters**

10.1 Facetten der Moderne in Russland und Polen

Die Literatur der Moderne in Russland zeichnet sich dadurch aus, dass nach der Dominanz des gesellschaftlichen Nutzens, die den Realismus geprägt hatte, nun das Augenmerk auf die poetische Qualität, die Literarizität und Kunsthaftigkeit von Literatur gelegt wurde. Dies schlug sich unter anderem in einem Gattungswechsel von der Prosa zur Lyrik, oder besser zur Poesie nieder. Alle Strömungen der russischen Moderne zwischen 1890 und 1920 – beginnend mit dem Symbolismus, der der gesamten Epoche seinen Stempel aufprägte, gefolgt von Akmeismus und Futurismus – waren in erster Linie von der Lyrik getragen (→ KAPITEL 12). Sie gilt in Anlehnung an das „Goldene Zeitalter" der Puschkin-Ära als „Silbernes Zeitalter". Der russische Begriff *modernism* hat in der sowjetischen Kulturpolitik allerdings eine negative Konnotation erfahren und wird in der internationalen Forschung gern vermieden.

Moderne in Russland

In Polen formierte sich die Literatur des Modernismus als eine Sammelbewegung disparater Strömungen und Phänomene, die unter dem Namen *Młoda Polska* (*Junges Polen*) bekannt wurde und die von 1890 bis zum Ende des Ersten Weltkrieges andauerte (vgl. Popiel 1999, S. 179–206). In der Literaturgeschichte hat sich der Begriff *Modernizm polski* eingebürgert. Ähnlich wie der russische Symbolismus griffen die Autoren des „Jungen Polen" die Motive und Poetiken der westeuropäischen Dekadenzliteratur auf und verbanden sie mit eigenen Interpretationen und Traditionen. Trotz der engen Orientierung an der Ästhetik und Literatur der Moderne des Westens hatten Programme der „reinen Kunst" in Russland und Polen kaum Chancen sich durchzusetzen.

Młoda Polska

Zwar pflegten die russischen Symbolisten (z. B. Waleri Brjussow und Sinaida Hippius) und die polnischen Modernisten (mit Stanisław Przybyszewski an der Spitze) insbesondere in den Anfangsjahren die Attitüde des L'art pour l'art, d. h. des reinen Ästhetizismus, doch diente diese vor allem der Provokation des bürgerlichen Geschmacks: „Épater le bourgeois" gehörte zum ästhetischen Programm der Moderne in allen Ländern. In Russland suchten die jüngeren Symbolisten Alexander Block, Andrej Bely und Wjatscheslaw Iwanow bald hinter der Ästhetik der Nacht, hinter den „Blumen des Bösen" das aufkeimende Leben, das „Goldene Vlies" als Symbol des Glücks. Sie träumten, unter dem Einfluss Friedrich Nietzsches, von einer kunstüberschreitenden ganzheitlichen Utopie, die die Erneuerung der gesamten Menschheitskultur und des Menschen zum Ziel hatte.

Ästhetische Utopien in Russland

THEATER ALS FORUM DER MODERNE

Zwischen Dekadenz und Aufbruch in Polen

Die Dichter und Künstler des „Jungen Polen" pflegten zumeist neoromantische Sehnsüchte nach einer Wiedererschaffung Polens aus dem Geist der Kultur. In den modernistischen Bewegungen beider Länder setzte sich, begleitet von Dekadenzmotiven wie Einsamkeit, Todessehnsucht, ekstatische Seelenzustände und Weltschmerz die Sehnsucht nach dem Gesamtkunstwerk im Sinne Richard Wagners durch, waltete ein Geist des Ästhetizismus, der alle Sphären der Kunst und des Lebens durchdringen sollte.

In Petersburg und Moskau sowie im traditionsbewussten, aber weltoffenen, habsburgisch beeinflussten Krakau, das dem Positivismus der russisch besetzten Provinzen reserviert gegenübergestanden hatte, entfalteten die Modernisten ein buntes literarisches Leben mit eigenen Zeitschriften, Verlagen, Theatern, bauten einen Kulturbetrieb **Kosmopolitische** auf, der den Austausch und Verkehr mit Paris, London, Berlin und **Moderne** den zeitgenössischen Modernen betrieb. Stéphane Mallarmé, Émile Verhæren, Friedrich Nietzsche, Henrik Ibsen und Oscar Wilde galten als Bundesgenossen der russischen und polnischen Modernisten. Es gehört zu den Paradoxa der kosmopolitisch orientierten Moderne, dass die poetisch filigranen, zwischen märchenhafter Anmut und apokalyptischer Beschwörung oszillierenden Texte, die Lyriker wie Sinaida Hippius, Alexander Block, Wjatscheslaw Iwanow, Leopold Staff, Kazimierz Tetmajer und Bolesław Leśmian, schufen, im Tresor der europäischen Moderne noch immer ein Schattendasein fristen.

Russische und polnische Beziehungen

Ein expliziter Austausch zwischen russischen und polnischen Dichter- und Künstler-Kollegen fand jedoch nicht statt, von einigen Ausnahmen abgesehen. Am stärksten beeinflusst vom russischen Symbolismus zeigte sich der bekannteste polnische Kritiker und Philosoph der Bewegung des „Jungen Polen" Stanisław Brzozowski. Der Orientierungs- und Beggegnungsort für alle Modernisten waren die europäischen Kulturmetropolen wie Paris, Florenz oder Berlin, aber auch Skandinavien.

Alexander Blocks Poem *Vergeltung*

Eher private Beziehungen nach Polen pflegte der Dichter Alexander Block, dessen Vater an der Warschauer Universität als Professor gelehrt hatte. Der Tod des Vaters führte den Dichter nach Warschau, dessen trostloser Zustand ihn erschreckte und ihm den Stoff für sein Poem *Wosmesdie* (*Vergeltung*, 1908–13) lieferte, mit dem er die Wende vom „grausamen neunzehnten Jahrhundert" zum noch finstereren und unbehausteren 20. Jahrhundert in apokalyptische Visionen zwang und Russlands Herrschaft in Polen anprangerte (Block I 1978, S. 231). Doch das war eine politische Beziehung, eine besondere Affinität zur polnischen Literatur ist auch bei Block nicht festzustellen.

Einige Spuren des russischen Symbolismus und Futurismus sind in der frühen Poetik des polnischen Dichters Julian Tuwim zu erkennen, während sein Dichter-Kollege Bolesław Leśmian, der zunächst in russischer Sprache zu schreiben begann, kaum poetische Einflüsse aus der russischen Moderne erfuhr. Insgesamt wurde in jener Epoche der geistig-kulturelle Austausch zwischen den Künstlern und Literaten im Zeichen der kosmopolitischen Moderne kultiviert, bei der die Fäden nicht über die nationale Herkunft, sondern über die ästhetischen Positionen geknüpft wurden.

Russische Einflüsse auf polnische Dichter

Auffällig an der Literatur und Kunst der Moderne in Osteuropa ist neben der Hinwendung zu den Genres der Poesie ein Hang zur Inszenierung und Theatralisierung. Dieser Hang ist zwar auch im Westen zu finden, doch gewinnt die Theatralisierung in Kulturen, die Literatur nicht mit „interesselosem Wohlgefallen", sondern als den wichtigsten Ort zur Herstellung von personaler und nationaler Identität betrachten, eine existenzielle Komponente. Die Inszenierung ist in der Kultur der Moderne in Russland und Polen allgegenwärtig: von der Lyrik über die Prosa bis hin zum Lebensverhalten, der Selbststilisierung des Künstlers als Bohemien oder Prophet. Natürlich erstreckt sie sich auch auf das dafür eigentlich zuständige Medium: auf das Theater selbst.

Theatralisierung als Merkmal der Moderne

Erstaunlicherweise hat der russische Symbolismus nur wenig bedeutende Theaterstücke hervorgebracht, obwohl er die Selbstinszenierung seiner Protagonisten in großem Stil anregte und dem Theater als Gesamtkunstwerk zentrale Bedeutung in seinem ästhetischen Programm einräumte. Am bekanntesten geworden ist Alexander Blocks im Stil der Commedia dell'arte gehaltenes Stück *Balaganschik* (*Die Schaubühne*, 1906), das die Illusionen des Symbolismus in ihrer Ambivalenz zwischen Utopie und Selbstzerstörung vorführt. Doch schuf der Symbolismus den Boden, auf dem neue Formen des Theaters gediehen: Anton Tschechows nichtaristotelische Dramatik, das avantgardistische Theater von Wsewolod Meyerhold und das psychologische Theater Konstantin Stanislawskis.

Symbolistisches Theater in Russland

Die Bewegung des „Jungen Polen" hingegen nutzte die Theaterbühne als eine wichtige Plattform der Selbstdarstellung. Stanisław Przybyszewski und Stanisław Wyspiański haben mit ihren Stücken und Krakauer Inszenierungen die Poetik des „Jungen Polen" entscheidend geprägt. Das avantgardistische formistische Theater Witkacys erhielt hier ebenso seine Inspiration wie die groteske Poetik Witold Gombrowiczs und später das absurde Theater Sławomir Mrożeks.

Bühne für das „Junge Polen"

10.2 Wyspiańskis symbolistisches Drama

Ganz im Zeichen des neoromantischen Modernismus steht die Theaterkonzeption des Malers und Dichters Stanisław Wyspiański (1869–1907). Er wird oft der „Vater des polnischen Theaters" genannt (Miazek 1995, S. 38). Das Malerhandwerk lernte er bei dem berühmten polnischen Historienmaler Jan Matejko. Während seiner Aufenthalte in Österreich, der Schweiz, Italien, Frankreich und Deutschland begeisterte er sich für die Opern von Carl Maria von Weber, Giuseppe Verdi und Richard Wagner, insbesondere beeindruckte ihn das Festspielhaus in Bayreuth.

Vorbild Wagner

Er entwickelte seine Dramenpoetik in Anlehnung an Wagners Idee des „Gesamtkunstwerks", in der eine vollkommene Synthese von Musik, Malerei und Sprache erreicht werden sollte. Wyspiański wollte in Wagner-Manier ein „monumentales Theater" (*Teatr ogromny*) auf dem Hügel des Krakauer Königsschlosses Wawel errichten, das große weltbekannte und nationale polnische Dramen spielen sollte. In seinen eigenen Inszenierungen war er als Bühnenbildner, Kostümbildner und Mitregisseur tätig.

Erfolgreiche Dramen

Seine erfolgreichsten Stücke, *Wesele* (*Die Hochzeit*, 1901) und das dem Warschauer Novemberaufstand 1830 gewidmete Drama *Noc listopada* (*Novembernacht*, 1904) haben der Ästhetik des „Jungen Polen" zum Durchbruch verholfen und seinen Autor als einen ihrer „geistigen Führer" bekannt gemacht. Die Stücke bleiben in ihrer Stoffwahl zwar dem nationalen Thema verbunden, doch erscheint dieses Thema durch die opulente theatrale Inszenierung in neuem Licht. Es oszilliert zwischen neoromantischem Pathos und grotesker Verfremdung – eine für die Ästhetik des „Jungen Polen" durchaus charakteristische Eigenschaft.

Streben nach Ganzheitlichkeit

Wyspiański strebte im Sinne von Henri Bergsons Lebensphilosophie eine ganzheitliche Weltsicht an, in der das Gegenwärtige, das Jetzt und Hier, eingebunden wird in den unendlichen Lebensstrom von Raum und Zeit, was im Mythos seine ästhetische Manifestation findet. Sein Synthesestreben beschränkte sich jedoch nicht auf eine Zusammenführung der Künste, wie in dem ebenfalls synthetischen Konzept des russischen symbolistischen Theaters unter der Leitung von Sergej Djagilew, in dessen *ballets russes* Bühnenbild, Poesie, Musik und Tanz eine abgestimmte Einheit bildeten. Wyspiański wollte vielmehr die unterschiedlichen kulturellen Traditionen – „antike, jüdische, christliche und heidnisch-slawische" – zu einem Ganzen verschränken, das die Einheit in der Vielheit zum Ausdruck bringen

Unterschiede zu ballets russes

sollte (Popiel 1999, S. 201). Die Einschmelzung nationaler historischer Sujets in eine antike Mythenwelt, enthält im Stück *Novembernacht* eine politisch subversive Botschaft, indem der Niederlage ihre episch profane Endgültigkeit genommen und das Weiterleben der Hoffnung im mythischen Kreislauf von Tod und Wiedergeburt gesichert wird.

Im Drama *Die Hochzeit* wird die ursprüngliche Idee, das damalige Polentum „konservieren" zu wollen, jedoch allmählich von der Absicht überformt, eine „Satire auf die Generation der *Młoda Polska* mit ihrer inneren Verlogenheit, ihrem von der romantischen Dichtung übernommenen Hang zur Phrasendrescherei und ihrer Hilflosigkeit angesichts der Anforderungen des realen Lebens" zu schreiben (Miazek 1995, S. 395). Pathos und Selbstironie gehen so ein ästhetisches Bündnis ein. Vor allem den in jener Zeit kultivierten Mythos einer Verbrüderung von Intelligenzia und Bauern als Grundlage eines neuen Polentums attackierte Wyspiański in seinem Stück. Mit der Uraufführung der *Hochzeit* 1901 im Krakauer Theater eroberte er die Herzen der Zuschauer, und seitdem entfaltet das Stück seine suggestive Wirkung immer wieder aufs Neue. Seit der Verfilmung von Andrzej Wajda (1973) kann daran auch ein internationales Publikum teilhaben.

Die Hochzeit

Ausgangspunkt war ein reales Ereignis: die Hochzeit des jungpolnischen Dichters Lucjan Rydel mit einem Bauernmädchen aus einem Dorf bei Krakau. Diese Hochzeit offenbarte die unterschiedlichen Lebenswelten und Denkweisen der sozialen Schichten, die keinen Boden mehr für ein gemeinsames Polentum boten, dafür aber Stoff für eine Komödie.

Realitätsbezug

In drei Akten und insgesamt 105 Szenen wird auf dem Landsitz, auf dem die Hochzeit gefeiert wird, ein permanentes Auf- und Abtreten von Paaren in unterschiedlichen Konstellationen inszeniert. Der Dichter Czesław Miłosz führt diese Struktur auf einen traditionellen polnischen Weihnachtsbrauch zurück: auf die Puppenshow (*szopka*), bei der Stabpuppen plötzlich kurz auftauchen und dann wieder verschwinden (vgl. Miłosz 1983, S. 356). Die Dialoge treiben keine Handlung voran, sondern es sind poetische Diskurse, die sowohl auf die soziale Brisanz des Zusammentreffens zweier getrennt lebender Schichten Bezug nehmen, als auch auf den Zusammenstoß von Tradition und Moderne in der Kunst der Gegenwart. Die poetische Entdeckung des Bauerntums und Landlebens durch die modernistischen Künstler wird einerseits zelebriert, andererseits satirisch aufs Korn genommen.

Aufbau

Zwischen Realismus und Modernismus

Das Stück steht zugleich am Übergang vom Realismus zum Modernismus. Der prominente zeitgenössische Dichter und Kritiker des Modernismus Tadeusz Boy-Żeleński stellte fest, dass das Stück im 1. Akt mit einer realistischen Szene beginnt (nämlich mit der Hochzeit im Dorf), die in den folgenden zwei Akten symbolistisch aufgeladen wird:

> „Dieses paarweise Hereinkommen der Personen, scheinbar ohne logischen Grund, ist in einer neben dem Tanzsaal liegenden Stube ganz natürlich; von Zeit zu Zeit erscheint auch jemand allein, um für einen Augenblick Luft zu holen und sich abzukühlen, und da, in diesem Augenblick der nervlichen Anspannung, gleichsam des gesteigerten Empfindens der Existenz, spielt ihm Wyspiański seinen Geist zu." (Żeleński 1992, S. 174)

Reale Prototypen

Alle Figuren haben reale Prototypen in der polnischen Künstler-Bohème der Jahrhundertwende (vgl. Żeleński 1992, S. 266–285). Der Gastgeber, für den der Maler Włodzimierz Tetmajer Pate stand, verkörpert etwa das „polnische Wesen", sein Hof ein „modernes Soplicowo" – den Schauplatz des *Pan Tadeusz* von Mickiewicz (→ KAPITEL 6.1), der auch im „Jungen Polen" wichtiger Referenzpunkt blieb, nicht selten im Sinne polemischer Abgrenzung (vgl. Wyspiański 1992, S. 274). Eine zentrale Gestalt ist der Dichter, hinter dem sich der Bruder des Malers verbirgt: Kazimierz Tetmajer, der wohl bedeutendste Lyriker des „Jungen Polen". Mit Nos schließlich hat hat Wyspiański die schillerndste Gestalt seiner Epoche, den aus Deutschland nach Polen zurückgekehrten und dort zu Ruhm gelangten Stanisław Przybyszewski zum Vorbild genommen.

Die jüdische Frau als Kulturträgerin

Dazu gesellt sich eine Galerie subtiler Mädchen- und Frauenfiguren, unter denen die Jüdin Rachel, Tochter des Schankwirts, intellektuell herausragt und im Stück zur wichtigsten Gesprächspartnerin des Dichters avanciert. Obwohl die intellektuelle und kunstsinnige Ausstattung dieser Figur eine Erfindung des Autors war, gab es im Krakau jener Zeit viele Frauen wie Rachel: „Sie füllten die Lesesäle für Frauen, die Leihbibliotheken, Theater, Konzertsäle" (Żeleński 1992, S. 278). Żeleński hebt nicht allein die kulturbildende Rolle der Frauen hervor, sondern insbesondere die Rolle der jüdischen Frauen wie auch der jüdischen Intellektuellen und Künstler. Damit weist er auf ein ganzes kulturelles Universum hin, das zu dieser Zeit besonders ausgeprägter Bestandteil der polnischen Kultur war und das mit dem Holocaust vollkommen ausgelöscht wurde. Rachel sucht die Originalität und Reinheit des Empfindens in der Poesie: „Honig, Lust, Farbe – Poesie / der Liebe, der Leidenschaft / und des

Glücks" (Wyspiański 1992, S. 53). Der Dichter wird dagegen von
den Geistern der Vergangenheit in Schach gehalten, die die Ausbildung des Eigenen, die Befreiung verhindern: „Geister irrn in uns umher, machen uns das Atmen schwer;" (Wyspiański 1992, S. 60).

Diese Geister, die im 2. und schließlich im 3. Akt, einer im Halbdunkel, von Alkohol und Traum geschwängerten Atmosphäre erscheinen, sind historische oder mythische Figuren aus der polnischen Geschichte: So taucht plötzlich, gleichsam einem Gemälde von Jan Matejko entsprungen, die legendäre Gestalt des Wernyhora auf, welcher angeblich den Untergang und die Wiedergeburt Polens und der Ukraine vorhergesagt hatte. Der Prophet erscheint dem Hausherren und mahnt an, dass die letzte Schlacht noch nicht geschlagen sei. Die kluge Jüdin Rachel versucht die Geistererscheinungen zu entzaubern:

„Ein atmosphärischer Wandel erschüttert die Luft.
Die Kate hat sich ins Polentum
Verliebt. Das eigentliche Maß dieses Schlags
Ist die Glut, die von den Gespenstern kommt,
Die in der Luft verbrennt
Wie eine Handvoll Flachs."
(Wyspiański 1992, S. 145)

Geisterbeschwörung

Der patriotische Appell des Wernyhora verebbt ungehört. Der Bauer Jasiek, dem die Befreiungstat nunmehr aufgegeben wird, kann damit nichts anfangen. Es ist nicht seine Geschichte, die da erinnert und wiederbelebt werden soll. Intelligenzia und Bauern haben im Grunde nichts miteinander zu tun. Der das gesamte Stück begleitende Tanz gerät zum Alptraum. Der gespenstische Totentanz am Ende enthält die geballte Spannung der Situation Polens und seiner Literatur um die Jahrhundertwende: Die Diskurse über die Formen, in denen das darzustellen sei, durchdringen das Stück, erweisen sich aber als formalistische Spielereien, die dem Ernst der Lage nicht angemessen sind. Es geht also auch hier weniger um Kunst als um Polen, das noch immer seiner Erlösung harrt – was die Literatur und Ästhetik, gleich welcher Richtung, auf ihre Ohnmacht verweist.

Bauernperspektive als Ausweg?

Das beeinträchtigt jedoch nicht die ästhetische Bedeutung des Theaters von Wyspiański, die in der eindrucksvollen Nutzung der verschiedenen Künste zu suchen ist: Artefakte der bildenden Kunst, Statuen, Gemälde, Gebäude werden durch Einsatz von Sprache und Rhythmus zum Leben erweckt, und somit wird das Drama in ein opulentes Gesamtschauspiel verwandelt.

Theater als Synthese der Künste

Das symbolistische Theater sowohl in Russland als auch in Polen ist ein Illusionstheater. Seine zukunftsweisende Leistung besteht da-

Bedeutung des symbolistischen Theaters

10.3 Tschechows Erneuerung des Theaters

Der Außenseiter

Einen radikal anderen und vollständig eigenständigen Weg zur Erneuerung des Theaters ging um 1900 Anton Tschechow. Seine „große Kunst der kleinen Erzählform und des Dramas" (Lauer 2000, S. 439) markiert den Übergang zwischen Realismus und Moderne. Er distanzierte sich von den zeitgenössischen Strömungen wie Impressionismus, Naturalismus und Symbolismus ebenso wie vom Realismus der großen Form, dessen Zeit er für vergangen hielt; und dennoch war er von all diesen Strömungen beeinflusst.

Am Wendepunkt des Realismus

Tschechow begann als Erzähler. Bereits in seinen Erzählungen führte er den Realismus an einen Wendepunkt, indem er nicht auf die „gesellschaftliche Totale" verzichtete, die russische Wirklichkeit jedoch in kleinsten Splittern, Episoden zu einem Mosaikbild zusammensetzte. Dieses Bild basierte zumeist auf konkreten Beobachtungen, die Tschechow in seinen Notizbücher festhielt (Lauer 2000, S. 440). Er fing alle gesellschaftlichen Sphären Russlands ein mit einem deutlichen Schwerpunkt auf der Mittelschicht, in der sich das in der Zeit der politischen Reaktion nach 1880 ausbreitende Gefühl der Lähmung, der Banalität (*poschlost*) besonders artikulierte. Er skizzierte Menschen, die in Sehnsüchten und Träumen verharrten, sich aber nicht aus der beengenden Alltagsroutine erheben konnten. Seine Erzählungen implizieren Sozialkritik, ohne dass sich der Autor als etwas anderes sah als einen „freie[n] Schriftsteller" (Lauer 2000, S. 440).

Von der Prosa zum Drama

Etwa 600 Prosatexte, Erzählungen und Essays sind von Tschechow überliefert, aber kein großer Roman. Die große Form realisierte er im Drama, dem er sich in der letzten, von schwerer Krankheit gezeichneten Lebensperiode, unter Aufbietung aller Kräfte, widmete. Bis zu seinem Tod im Jahr 1904 schrieb er 15 Stücke, darunter mehrere Einakter, von denen die vier großen – *Tschaika* (*Die Möwe*, 1895), *Djadja Wanja* (*Onkel Wanja*, 1897), *Tri sestry* (*Drei Schwes-

tern, 1900) und *Wischnjowy sad* (*Der Kirschgarten*, 1903) – seinen Ruhm als Dramatiker begründeten.

In seinen Dramen beschreibt er Menschen, die einsam sind, zerrissen zwischen Glückssehnsucht und Verzicht. Sie leben in der Vergangenheit und bleiben trotz äußerer Begegnungen und Gespräche allein. Für alle vier großen Dramen gilt:

Einsame Menschen

„[...] abgeschwächte szenische Handlung bei wuchernden Vergangenheits- und Zukunftsprojektionen, gestörte Kommunikation, die oftmals durch Tschechows typische Pausen, also Nullstellen der Kommunikation, ausgedrückt wird. Die genaue sozioökonomische Situierung der Vorgänge und die atmosphärische Dichte, die Tschechow bot, ließen aber immer auch die Aufnahme des Stückes als ‚naturalistische Bühnenaktion' oder als Stimmungsdrama zu." (Lauer 2000, S. 444)

Als seinen wichtigsten Gegner betrachtete Tschechow die Lüge, die er gnadenlos entlarvte, zunächst humoristisch, später differenzierter, indem er die Figuren in ihrer hintergründigen Tragik porträtierte. Die großen Dramen der Gegenwart fand er im Alltäglichen, im Verborgenen. Jegliches Pathos verabscheute er als prätentiös und legte schon 1866 in einem Brief die Prinzipien nieder, die für sein gesamtes Schaffen Gültigkeit behalten sollten:

Poetische Prinzipien

„1. Abwesenheit langgezogener Wortergüsse politisch-sozial-ökonomischen Charakters; 2. absolute Objektivität; 3. Wahrhaftigkeit in der Beschreibung der handelnden Personen und Gegenstände; 4. äußerste Kürze; 5. Kühnheit und Originalität; meide das Klischee; 6. Herzlichkeit." (Tschechow 1866 in: Urban 1985, S. 10)

Schon in seiner Erzählprosa hatte Tschechow die Prinzipien der Prägnanz und Kürze, der Objektivität, des Verzichts auf Pathos und der äußeren Dramatik verwendet. Die Übertragung dieser Prinzipien auf die Form des Dramas, die eigentlich gerade von zur Schau gestellten Leidenschaften und dramatischen Handlungswendungen lebt, war ein Affront gegen die aristotelische Dramenstruktur ebenso wie gegen die russische Theaterpraxis, die einen opulenten Aufführungsstil und pathetische Bühnenauftritte pflegte.

Bruch mit traditioneller Dramenstruktur

Tschechow ersetzte den klassischen Fünfakter, der eine Kulmination der Handlung im 3. Akt vorsah, durch den Vierakter, der das gleichmäßige Fließen der Zeit betont. Er konnte sich dabei auf Iwan Turgenjew stützen, der seit Mitte des 19. Jahrhunderts in seinen „Szenen" genannten Stücken ebenfalls eine Abkehr vom Handlungstheater praktiziert hatte. Insgesamt blieb aber im gesamten 19. Jahrhundert das traditionelle Handlungs- und Ereignisdrama, für das die

Turgenjews Erbe

Namen Nikolai Gogol und Nikolai Ostrowski standen, auf der russischen Bühne vorherrschend.

Das unsentimentale, leise, mit dem Prinzip der klassischen Einheit von Handlung, Zeit und Ort brechende Alltagstheater Tschechows löste zunächst Ratlosigkeit aus. Das Drama *Die Möwe* erlitt bei seiner Premiere 1896 in Petersburg einen eklatanten Misserfolg. Der Durchbruch erfolgte erst durch die Zusammenarbeit mit dem damals neu gegründeten Moskauer Künstlertheater, in dem Konstantin Stanislawski sein System des naturalistischen, psychologischen Theaters erprobte und dafür in Tschechows Dramatik das geeignete Material fand. Es brauchte einige Zeit, um die neue, nichtaristotelische Form im Theater zu etablieren. Das umstrittene Drama *Die Möwe* erwies sich dafür als besonders geeignet, da es anhand eines Generationskonflikts den Zusammenprall realistischer und symbolistischer Kunstauffassungen thematisierte, ohne einer Seite den Vorzug zu geben, und sich somit als ein echtes Übergangsstück präsentierte. Die moderne Tschechow-Forschung hat auf die vielfältigen Einflüsse aus den verschiedenen Zeitströmungen aufmerksam gemacht, die Tschechows Poetik insgesamt und die seiner Stücke insbesondere aufweisen (vgl. Freise 1997).

Die Möwe ist jedoch das einzige Werk, in dem die Frage nach einer zeitgemäßen modernen Ästhetik, der Notwendigkeit einer „neuen Form" auch explizit diskutiert wird. Gegenüber stehen sich zwei Auffassungen:

- Die ältere realistische Auffassung auf der einen Seite, bezeichnenderweise von der älteren Generation getragen: vom mit autobiografischen Zügen ausgestatteten Erfolgsautor Trigorin, der den Schatten Turgenjews nicht abstreifen kann, sowie seiner Lebensgefährtin, der erfolgreichen Schauspielerin Arkadina.
- Die neuere symbolistische Auffassung auf der anderen Seite, die Arkadinas Sohn Konstantin Treplew leidenschaftlich vertritt; Konstantin hat ein Stück im Stile des in Russland äußerst populären Maurice Mæterlinck verfasst. In der Forschung wird als Vorbild auch der Symbolist Dmitri Mereshkowski genannt (vgl. Čudakov 2003, S. 39).

Die Aufführung von Konstantins Stück im Park des Familiengutes der Treplews gerät zum Desaster, die Positionen prallen unversöhnlich aufeinander. Unglückliche Liebesbeziehungen, ein typisches Merkmal aller Tschechow-Stücke, begleiten und komplettieren diesen ästhetischen Streit: Die junge Akteurin des Stücks Nina Saretschnaja geht nach Moskau, in der Hoffnung auf Vereinigung mit Trigorin und eine Karriere als Schauspielerin. Beides misslingt, und sie kehrt gereift aber resigniert nach Hause zurück. Treplew, der seine früheren Illusionen von der „neuen Form" ebenso begraben hat wie seine Liebe zu Nina, zerbricht an diesem Konflikt.

Gemäß seiner Poetik der Unbestechlichkeit billigt Tschechow keinem seiner Protagonisten den Status eines positiven Helden zu. Komödie und Tragödie vermischen sich, alle Figuren haben komische und tragische Züge, ihnen wird das Recht auf ihre Träume zugebilligt und zugleich das Illusorische ihrer Fantasien aufgedeckt. Tschechow entlässt seine Zuschauer ohne Hoffnung, fast immer brechen Katastrophen unvermittelt in den Alltag ein; allerdings finden diese Katastrophen jeweils hinter der Bühne statt. *Die Möwe* endet mit einem lapidaren an Trigorin gerichteten Satz des Arztes Dorn, des Übermittlers der Katastrophe: „Bringen Sie Irina Nikolaevna [Arkadina. Anm. d. Verf.] von hier fort. Die Sache ist die: Konstantin Garvrilovič hat sich erschossen ..." (Čechov 2003, S. 645). Die auslaufenden Punkte konterkarieren das Finale der Katastrophenmeldung: Das Leben geht weiter, es wird immer wieder diesen Alltag und die dahinter sich verbergenden persönlichen Tragödien geben.

Zwischen Komödie und Tragödie

Das Stück weist deutliche symbolistische Züge auf, d. h. es nähert sich jener modernistischen Poetik an, die auf der Handlungsebene eher infrage gestellt wird. Die Verwendung von Symbolen, ein für Tschechow typisches Verfahren, bleibt in der Schwebe. Während in den *Drei Schwestern* „Moskau" zum Symbolort des nicht realisierten Ausbruchs der Protagonisten aus der Provinzenge wird, im *Kirschgarten* die Axtschläge, die den blühenden Kirschgarten abholzen, den endgültigen Anbruch der neuen kapitalistisch unternehmerischen Zeit ankündigen, gibt das Symbol der „Möwe" Rätsel auf.

Symbole

Von Stanislawski ins Emblem des Künstlertheaters aufgenommen und seitdem dessen Markenzeichen, verkörpert die Möwe die Unergründlichkeit der Poesie: Ein freier Vogel, der über dem See schwebt, von Treplew abgeschossen und Nina zu Füssen gelegt, als Vorausdeutung seines Schicksals, von Trigorin als Sujet für eine kleine Erzählung verwendet, ausgestopfte Erinnerung an eine romantische Episode, wird die Möwe schließlich nutzloses Museumsstück, das keiner braucht. Sowohl Treplew als auch Nina identifizieren sich mit der Möwe, aber sie wird darüber hinaus zum Signum des Theaters an sich, das unaufhörlich menschliche Schicksale auf die „Bretter, die die Welt bedeuten", bringt – zwischen Aufbrüchen, Freiheitssehnsucht, Hoffnung auf Liebe und den dramatischen Abstürzen.

Rätselhafte Möwe

Modernität von Tschechows Dramatik

Ihr eigentliches Potenzial für das Theater des 20. Jahrhunderts erwiesen Tschechows Stücke aber erst, als sie durch den vom Autor selbst kritisch vermerkten detailversessenen Naturalismus Stanislawskis hindurchgegangen waren, in dem Kostüme, Möbel, selbst der Gänsebraten möglichst echt wirken sollten, und sich der Blick der Regisseure auf die psychologische Tiefenstruktur hin öffnete. Das Erfolgsrezept der Tschechowschen Dramatik besteht bis heute darin, dass Monologe und Dialoge weniger dazu dienen, „die Handlung voranzutreiben, als den Zuschauern Einblick in verborgene seelische Regungen der Akteure zu gewähren" (Kissel 2002, S. 240). Die Figuren reden – Vorboten des absurden Theaters – aneinander vorbei.

Tschechows Aktualität

Die Tschechow-Renaissance unserer Zeit, ausgestattet mit dem Wissen um die Techniken des Absurden, holt die in den Dramen verborgenen Widerständigkeiten und Subtexte hervor, mittels derer sich die Befindlichkeiten auch unserer Gegenwart noch beschreiben lassen. Der Bremer Slawist und Tschechow-Kenner Wolfgang Kissel fasst die explosive Kraft der Tschechowschen Dramatik treffend zusammen:

„Unter der Oberfläche des träge dahinfließenden Einerlei lauern Angst, Hass und Gewaltbereitschaft und können in allen Stücken eruptiv hervorbrechen – oft aus banalem Anlass."
(Kissel 2002, S. 240)

Fragen und Anregungen

- Skizzieren Sie einige wesentliche Merkmale der Literatur der europäischen Moderne, die auch für die russische und polnische Literatur typisch sind.

- Welches sind die dominierenden modernistischen Strömungen und Tendenzen in Russland und Polen?

- Beschreiben Sie die Poetik des symbolistischen Theaters von Stanisław Wyspiański.

- Vergleichen Sie den Umgang mit der Tradition in der russischen und polnischen Moderne.

- Worauf beruht die anhaltende Modernität von Anton Tschechows Dramatik?

Lektüreempfehlungen

- Gamajun, kündender Vogel. Gedichte des russischen Symbolismus, herausgegeben von Christa Ebert, Leipzig 1992. Eine repräsentative Anthologie symbolistischer Lyrik mit einem informativen Nachwort über Stationen der symbolistischen Lyrik.   *Quellen*

- Das Junge Polen. Literatur der Jahrhundertwende. Ein Lesebuch von Karl Dedecius, 2. Auflage Frankfurt a. M., 1990.

- Anton Čechov: Gesammelte Stücke. Herausgegeben, übersetzt und kommentiert von Peter Urban, Frankfurt a. M. 2003.

- Stanisław Wyspiański: Die Hochzeit. Drama in drei Akten [1901]. Aus dem Polnischen übertragen und herausgegeben von Karl Dedecius, Frankfurt a. M. 1992.

- Rolf Grimminger / Jurij Murašov, Jörn Stückrath (Hg.): Literarische Moderne. Europäische Literatur im 19. und 20. Jahrhundert, Reinbek 1995 (rowohlts enzyklopädie). *Der Sammelband beleuchtet das Phänomen der europäischen Moderne in seinen wichtigsten Etappen. Der Bogen spannt sich von den Vorläufern im 19. Jahrhundert (Nietzsche, Dostojewski) zur Dekadenz der Jahrhundertwende (Hofmannsthal) über Expressionismus und Futurismus (Brecht, Meyerhold u. a.), den Prosaerneuerern (Joyce, Kafka, Musil), den Existentialisten (Sartre, Camus, Beckett) bis hin zur Postmoderne am Ende des 20. Jahrhunderts.*   *Forschung*

- Bonifacy Miazek: Das Theater des Stanisław Wyspiański, in: ders., Studien zur polnischen Literatur, Frankfurt a. M. / Berlin / Bern u. a. 1995, S. 383–411. *Konzentrierte Zusammenfassung der wesentlichen Aspekte von Wyspiańskis Dramatik.*

- Bodo Zelinsky (Hg.): Anton Tschechow. Dramen. Interpretationen, Stuttgart 2003. *Informative Einführung in Tschechows Dramatik allgemein und prägnante Analyse der wichtigsten Dramen.*

11 Subversive Prosa

Abbildung 11: Leszek Zebrowski: *Gombrowicz im Plakat (Gombrowicz w plakacie)*, Ausstellungsplakat (2004)

Das Plakat, das im Jahr 2004 anlässlich des 100. Geburtstags des polnischen Exilschriftstellers Witold Gombrowicz entstand, symbolisiert das groteske Zwiegespräch, das der Autor mit sich und seinen Lesern Zeit seines Lebens führte: statt heroischer nationaler Geste satirisch verfremdete Suche nach der eigenen unverwechselbaren Form. Gesicht und Fratze werden im Marionettenspiel geschieden und können doch ihre Ähnlichkeit nicht verleugnen.

Damit ist eine Grundkonstellation benannt, die die polnische Literatur der Zwischenkriegszeit auszeichnet – die Suche nach dem eigenen Weg, der eigenen Form, die nun aber nicht mehr vorrangig über nationale Symboliken realisiert wird, sondern sich im Kontext der europäischen Kultur vollzieht.

Der Erste Weltkrieg und die Oktoberrevolution zerstörten das Zarenimperium und brachten Polen endlich die ersehnte staatliche Souveränität. Für Russland und Polen galt nun eine unterschiedliche Zeitrechnung: In Russland standen die 1920er-Jahre im Zeichen der Parallelentwicklung von politischer Revolution und künstlerischer Avantgarde, die in den 1930er-Jahren in die Gleichschaltung von Politik und Kultur im „Sozialistischen Realismus" mündete. In Polen wird die Zeit zwischen den zwei Weltkriegen als eigenständige Epoche betrachtet, in der die politische Konsolidierung des Staates mit einer kulturellen Neuverortung einherging; die Avantgarde spielte dabei eine wichtige Rolle.

Die gärenden gesellschaftlichen Prozesse, die mit dem Sieg des Kommunismus in Russland und der neu errungenen Freiheit in Polen keineswegs Stabilität verhießen, spiegeln sich nicht nur in der Themenwahl der Literatur wider, sondern bestimmen auch die Poetiken. Zu den Merkmalen der Avantgarde gehört die Abrechnung mit der kulturellen Tradition. Der Diskurs über die Ästhetik und die künftige Rolle von Literatur und Kunst in der Gesellschaft wird in beiden Ländern mit existenziellen Fragen verbunden: Wie befindet sich das Individuum in der neuen Gesellschaft, wie ist die neue Gesellschaft beschaffen, wo ihr Platz in der Welt? Es gab keine einfachen Antworten auf diese Fragen. So ist es kein Zufall, dass in beiden Ländern Phantastik und Groteske bevorzugte ästhetische Mittel waren, um die Paradoxa, die Ambivalenzen und Ungereimtheiten der Umbrüche zu gestalten.

11.1 **Literatur als Wortkunst**
11.2 **Platonow und Bulgakow**
11.3 **Witkacy und Gombrowicz**

11.1 Literatur als Wortkunst

Die um 1915/16 in Russland entstandene literatur- und sprachwissenschaftliche „Formale Schule" registrierte in der zeitgenössischen russischen Literatur einen Trend zur Literatur als „Wortkunst" in allen Gattungen (vgl. Striedter 1988, S. XI–LXXXIII).

Formale Schule

Ihr Wortführer Wiktor Schklowski verwarf die bis dahin gängige Auffassung „Kunst ist Denken in Bildern" und betrachtete das dichterische Bild lediglich als „eines der Mittel dichterischer Sprache", als ein „Verfahren", dessen sich der Wortkünstler bedient, um einen bestimmten (ästhetischen) Effekt zu erzielen (Šklowski 1988, S. 9). Den sprachlichen Konstruktionsverfahren wurde damit neue Aufmerksamkeit geschenkt, und die „poetische Sprache" als eine besondere, von der Alltagssprache unterschiedene herausgehoben. Kunst und Literatur bedienen sich nach Schklowski der Mittel der „Verfremdung" (*ostranenie*), die die Deautomatisierung der Wahrnehmung von Bekanntem und Vertrautem ermöglichen. Obwohl Schklowski „Verfremdung" zu einem allgemeinen Merkmal der Kunst erhob, fand er sie insbesondere in der zeitgenössischen Avantgardekunst, in der Literatur vor allem in deren bevorzugen Gattungen Lyrik und Drama, aber auch in der Prosa und im Film. In der Literatur wird der Verfremdungseffekt durch einen besonderen Sprachgebrauch erzeugt, der die geläufige Beziehung zwischen Benennung und Gegenstand aufhebe und eine ungewohnte Optik etabliere: „Ziel der Kunst ist es, ein Empfinden des Gegenstandes zu vermitteln, als Sehen, und nicht als Wiedererkennen" (Šklowski 1988, S. 15). Sprache wurde also nicht mehr in ihrer mimetischen Abbildfunktion betrachtet wie im Realismus, sondern als „selbstwertig" und als Träger der poetischen Funktion, der *Literaturnost* (= Literarizität).

Kunst als Verfahren

Verfremdung

Für die moderne Prosa sahen die Formalisten insbesondere in den nichtrealistischen Erzählformen die Zukunftschancen: in Parodie, Phantastik, Groteske und im Wiederaufblühen der aus der mündlichen Erzähltradition entlehnten Verfahren (*Skas*), die mit Nikolai Gogol in die russische Literatur gelangt waren (vgl. Eichenbaum 1988a). Schklowskis Kollege Boris Eichenbaum erkannte in der Literatur der 1920er-Jahre ein intensiveres Umgehen mit dem Wort:

Trend zu nichtrealistischen Erzählformen

„Unser Verhältnis zum Wort ist konkreter, empfindlicher, physiologischer geworden. [...] Wir wollen es hören, es fassen, wie eine Sache. So kehrt die ‚Literatur' zur Wortkunst zurück, die Erzählliteratur zum Erzählen." (Eichenbaum 1988b, S. 243)

Während anfangs politische Revolution und Kunstrevolution der Avantgarde parallel verliefen, traten Parteipolitik und Avantgardeästhetik Ende der 1920er-Jahre auseinander. Der im Laufe der 1930er-Jahre zur alleinigen künstlerischen Methode erhobene Sozialistische Realismus, der „Parteilichkeit" und „Volksverbundenheit" an die Stelle ästhetischer Innovation setzte, schloss nichtrealistische Darstellungsmittel aus. Form- und Sprachexperimente, Phantastik und Groteske wurden als bürgerlicher, volksfeindlicher Formalismus verdammt. Sie avancierten so zu Formen des Widerstands gegen eine reglementierte Ästhetik. Die Autoren, die sich ihrer dennoch bedienten – wie Michail Sostschenko, Michail Bulgakow, Jewgeni Samjatin oder Andrej Platonow – waren verfemt, ihre Texte blieben zumeist ungedruckt. Doch gerade diese Namen werden genannt, wenn heute von den bedeutendsten literarischen Werken der russischen Literatur jener Epoche die Rede ist.

Groteske versus Sozialistischer Realismus in Russland

Für Polen wird die Phase zwischen den beiden Weltkriegen als eine besondere herausgehoben, da in dieser Zeit die staatliche Wiedergeburt und Konsolidierung stattfanden. Es entfaltete sich ein breites und sehr heterogenes Spektrum von literarischen Positionen, die auf unterschiedlichste Weise die aktuellen Probleme der Zeit zu bewältigen suchten: Auf dem Programm stand die Auseinandersetzung mit allen geistigen, politischen und literarischen nationalen Traditionen, von der Romantik über den Positivismus bis zur Bewegung des „Jungen Polen". Die Zukunft schien offen (und das unterschied die polnische Literatur von der russischen, die ihre Auseinandersetzung mit der Tradition bereits in einem vorgegebenen kulturpolitischen Rahmen leisten musste, der in den 1930er-Jahren immer enger wurde). Die Avantgardeästhetik spielte dabei eine wichtige Rolle. Sie fand ihre wichtigsten Foren in der Gruppe „Skamander" und den Dichtern und Malern der Krakauer Avantgarde (vgl. Fiut 1999, S. 208–213).

Literatur der Zwischenkriegszeit in Polen

Phantastik, Groteske, Parodie und Satire bildeten in diesem bunten Mosaik der literarischen Neuorientierung nur einen Baustein, jedoch einen, der für die nachfolgende Literaturentwicklung seine Strahlkraft behielt. Auch für Polen lässt sich sagen, dass diejenigen Autoren, die sich nichtrealistischer Erzählverfahren bedienten, inzwischen als die herausragenden Vertreter ihrer Epoche gelten: In der Prosa waren das neben Witold Gombrowicz und Witkacy insbesondere der aus Galizien stammende phantastisch-surrealistische jüdische Erzähler Bruno Schulz, der 1942 von einem SS-Mann erschossen wurde, sowie der poetische Phantast Bolesław Leśmian (vgl. Fiut 1999, S. 216–233; Ritz 1994).

Groteske als ein Baustein

11.2 Platonow und Bulgakow

Die beiden Russen Andrej Platonow und Michail Bulgakow standen nicht der radikalen Avantgarde nahe, wohl aber einer an Skas und Phantastik geschulten Wortkunst, die mit der Einführung des Sozialistischen Realismus ebenfalls in Ungnade gefallen war. Obwohl sie sich in ihrer Herkunft und kulturellen Prägung unterschieden – Platonow war als Ingenieur durch die Revolution zur Literatur gekommen, während der Arzt Bulgakow aus einer traditionellen russischen Intelligenzia-Familie stammte und demnach zu den „bürgerlichen Weggenossen" zählte, – malten sie die neue sozialistische Gegenwart in ihren Erzählungen und Romanen nicht in den verordneten lichten Farben. Stattdessen leuchteten sie in die Schattenseiten hinein, die sie nicht (was im Sinne der offiziellen Linie noch ‚verzeihlich' gewesen wäre) als bürgerliche Überbleibsel und damit überwindbar darstellten, sondern als Geburtsfehler der neuen Ordnung. Ihre Mittel waren die Groteske und die Satire, die im Sozialistischen Realismus wegen der ihnen inhärenten Subversivität zunächst beargwöhnt und später verboten wurden (vgl. Fast 1999).

Die Kehrseite des Sozialistischen Realismus

Andrej Platonow (1899–1951), der am Bürgerkrieg teilgenommen hatte und als Ingenieur die technische Modernisierung des Landes grundsätzlich bejahte, erkannte früh die psychischen Probleme, die das gewaltsame Modernisierungsprojekt für die Menschen mit sich brachte (vgl. Lauer 2000, S. 716–720). In seinen Erzählungen und Romanen wandelte sich die Skepsis gegenüber dem Weg zunehmend zu einer Skepsis gegenüber dem Ziel der sozialistischen Utopie. Die Romane *Tschewengur* (*Tschewengur. Die Wanderung mit offenem Herzen*, entstanden 1926–29, veröffentlicht 1989), *Kotlowan* (*Die Baugrube*, entstanden 1929–30, veröffentlicht 1987) und *Juwenilnoje more* (*Das Juvenilmeer*, entstanden 1934, veröffentlicht 1978) sind in die Tradition der negativen Utopien einzureihen, die im 20. Jahrhundert mit Jewgeni Samjatins *My* (1921; *Wir* 1958), Aldous Huxleys *Brave New World* (*Schöne neue Welt*, 1932) und George Orwells *Animal Farm* (*Farm der Tiere*, 1945) ihre prominentesten Vertreter gefunden hat.

Platonows negative Utopien

Der Roman *Tschewengur* erzählt in märchenhaft folkloristischer Manier von der Suche des jungen Idealisten Dwanow (*Dwa* bedeutet Zwei und weist auf die Gespaltenheit der Figur hin) nach dem Paradies. Dwanow stammt aus einem rückständigen Dorf, erlebt als Eisenbahningenieur Revolution und Bürgerkrieg und gelangt schließlich nach Tschewengur, die Stadt, die das Paradies namens Kommunismus

Tschewengur

errichtet zu haben glaubt. Sein Gefährte ist ein moderner Don Quichote, der mit seinem Pferd namens „Proletarische Kraft" auf der Suche nach seiner Dulcinea alias „Rosa" (Luxemburg) das Glück sucht.

Die Bewohner von Tschewengur haben die Ausbeuter vertrieben und den Sieg des Kommunismus in ihrer Stadt deklariert. Als die neugierigen Besucher, die den „Kommunismus" in Tschewengur besichtigen wollen, fragen, wo denn hier die Arbeiterklasse sei, nennt der Vorsitzende des Stadtsowjets die Sonne als die einzige arbeitende Kraft: „Über uns scheint die Sonne [...]. Früher hat ihr die Ausbeuterklasse mit ihrem Schatten die Welt versperrt, bei uns ist das nicht so, nun arbeitet die Sonne [...]." Auf die verblüffte Frage der Gäste: „Du denkst also, bei dir hat sich der Kommunismus eingestellt?" erfolgt die betrübliche Antwort: „Außer ihm ist nichts da ... " (Platonow 1990, S. 382)

> *Sieg des Kommunismus?*

Die Bewohner von Tschewengur integrieren die Vorstellung vom Kommunismus in das ihnen vertraute Märchenbild vom Schlaraffenland, wo Milch und Honig fließen, ohne dass jemand arbeiten muss. Die Arbeiterklasse ist überflüssig, wenn es die Sonne gibt. Dass das schief gehen muss, liegt auf der Hand, das kommunistische Paradies verwaist allmählich. Der Erzähler deutet es an:

> *Sonne als Arbeiterklasse*

„Der einzige Werktätige in Tschewengur kam für die ganze Nacht zur Ruhe; statt der Sonne – der Leuchte des Kommunismus, der Wärme und Kameradschaftlichkeit – erstrahlte am Himmel der Mond – die Leuchte der Einsamen, die Leuchte der Landstreicher, die unnütz umherirrten. In die Tiefe der angebrochenen Nacht gingen ein paar Menschen aus dem Kommunismus ins Ungewisse!" (Platonow 1990, S. 386)

Die Verfremdung wird erzeugt, indem die neue sozialistische Ideologie und Praxis aus einer (scheinbar) naiven märchenhaften Erzählhaltung, Weltsicht und Sprache bewertet wird, die so ihrerseits als Produkt naiven Wunderglaubens erscheint.

Die Baugrube

Die Fortsetzung des Themas findet sich im Roman *Die Baugrube*. Der Grübler und Idealist Wostschew, der ebenfalls dem volkstümlichen Typus des Sonderlings entlehnt ist, begibt sich auf die Suche nach dem Sinn des Lebens, findet ihn aber weder beim Proletariat, das mit dem Errichten eines neuen sozialistischen Hauses beschäftigt ist, noch auf dem Dorf, das ähnlich wie die Stadt Tschewengur am Ende stirbt.

Skas Erzähler

Vor allem ist es der Erzählgestus des *Skas* – also die Anlehnung an die mündliche Erzähltradition –, die jenes verfremdende Sehen der Gegenstände und Erscheinungen ermöglicht, das Schklowski als Grundlage für modernes Erzählen ausgemacht hatte. Die Kluft, die zwischen realsozialistischer Wirklichkeit und deren ideologischer Verbrämung lag, wird durch das Spiel mit der Sprache aufgezeigt: Platonow war ein Meister darin, die konkrete, bildhafte Sprech- und Denkweise des Volkes mit der hölzern abstrakten Sprache der politischen Klasse kollidieren zu lassen. Die Effekte, die aus dieser permanenten doppelten Optik und dem Zusammenstoß der Sprachebenen entstehen, sind nicht nur komisch, sondern subversiv: sie entlarven die neuen politischen Parolen als hohle Phrasen und stellen damit den humanistischen Gehalt des sozialistischen Modernisierungsprojektes insgesamt infrage. Auf diese Weise wird deutlich, dass die lichten Zukunftsbilder vor allem sprachliche Konstruktionen sind, die keine Entsprechung in der gesellschaftlichen Praxis haben.

Ambivalente Sprachverwendung

Der Roman *Die Baugrube* ist durchgängig ambivalent konstruiert. Das beginnt mit dem Titelsymbol: Die „Grube", an deren Rand das Proletariat lebt und die die Bauarbeiter ausheben, um für das „Kind der Zukunft" das neue sozialistische Haus zu errichten, begräbt am Ende seine Erbauer unter sich. Ins Visier genommen wird das sozialistische Projekt des neuen Menschen, der gleichsam auf einer tabula rasa erschaffen werden soll und sich dafür von Traditionen abkehren und seiner Wurzeln entledigen muss. Das Mädchen wird nach dem Tod seiner Mutter, die die nunmehr endgültig zu beerdigende bürgerliche Vergangenheit verkörperte, von den Bauarbeitern als der „neue Mensch" und „Kind der Zukunft" adoptiert. Jedoch verwindet es am Ende den Tod der Mutter nicht und stirbt vor Sehnsucht. Platonows Werke künden davon, dass sich die Gesetze der Natur, die biologischen und psychologischen Dispositionen des menschlichen Lebens nicht ungestraft außer Kraft setzen lassen. Seine Kritik gilt damit auch der Wissenschafts- und Technikeuphorie der Avantgarde, die den radikalen Traditionsbruch forderte und phantastische Visionen vom neuen Menschen entwickelte.

Symbol der Grube

Der neue Mensch?

Das hintergründige Spiel mit der Sprache zeigt sich an vielen Stellen der *Baugrube*: Der Grübler Wostschew gerät etwa in einen philosophischen Disput mit einem ideologischen Agitator darüber, welches Recht das Proletariat hat, über das Schicksal der Menschen zu entscheiden, und ob es denn wirklich im Besitz der Wahrheit sei.

„‚Und die Wahrheit, steht sie dem Proletariat zu?' fragte Wostschew. ‚Dem Proletariat steht die Bewegung zu', sagte der Aktivist. ‚Und was ihm dabei verquer kommt, egal ob es die Wahrheit ist oder eine vom Kulaken unter die Nagel gerissene Strickjacke, alles kommt streng organisiert in den großen Kessel, nachher ist nichts mehr wiederzuerkennen'." (Platonow 1989, S. 90)

Die Wahrheit des Proletariats

Die Unmenschlichkeit der neuen Ordnung wird vor allem bei der Umgestaltung der Landwirtschaft sichtbar. In einer Szene werden die Mittel- und Großbauern, die „Kulaken", als unbrauchbare „Ehemalige" auf einem Floß im Fluss ausgesetzt und dem sicheren Untergang preisgegeben. Noch vor dem Einsetzen des großen Terrors in den Jahren 1937/38 hat Platonow die Konsequenzen der stalinistischen Säuberungspolitik vorausgesehen, als er einen „Ehemaligen" sagen lässt:

Entkulakisierung und Terror

> „Paßt bloß auf: Heute beseitigt ihr mich, und morgen werdet ihr selber beseitigt. Zu guter Letzt kommt bloß noch euer oberster Mensch im Sozialismus an." (Platonow 1989, S. 123)

Der prominenteste subversive Roman aus der stalinistischen Ära ist zweifellos Michail Bulgakows *Master i Margarita* (entstanden 1930–40, 1973 erstmals ungekürzt veröffentlicht; deutsch: *Der Meister und Margarita*, 1975). Bulgakow hatte sich in den 1920er-Jahren mit satirischen Erzählungen und vor allem Theaterstücken einen Namen gemacht (vgl. Lauer 2000, S. 720–726). Mit dem Roman *Belaja gwarda* (*Die weiße Garde*, 1924, erstmals ungekürzt veröffentlicht 1966), der in der dramatischen Bearbeitung den Titel *Dni Turbinych* (*Die Tage der Turbins*, 1926) erhielt, geriet er ins Visier der Kritik: Er hatte den Untergang einer Intelligenzia-Familie nicht, wie es üblich und erlaubt war, lächerlich gemacht, sondern als tragisches Schicksal dargestellt. In den 1930er-Jahren wurden Bulgakows Werke nicht mehr veröffentlicht, der Autor überlebte die Zeit des Terrors dank eines Gnadenakts Stalins als Mitarbeiter am Moskauer Künstlertheater.

Bulgakows Meister und Margarita

Bulgakows Prosa lässt sein dramatisches Talent erkennen. *Der Meister und Margarita* stellt einerseits eine satirische Abrechnung mit dem Literaturbetrieb der 1920er-Jahre und den materialistischen Utopien der Avantgarde dar, lässt aber andererseits in grotesken Bildern bereits die Auswüchse des Sozialistischen Realismus und die Repressalien der 1930er-Jahre aufscheinen. Der Roman spielt in Moskauer Literatenkreisen, also in einem anderen Milieu als die Romane Platonows, seine Erzählstrategie ist jedoch ähnlich subversiv, wenn auch mit anderen sprachlichen Mitteln realisiert: Nicht Folklore und Skas werden als Verfahren der Verfremdung eingesetzt, sondern phantastische Motive, die in eine scheinbar realistische Wirklichkeit einbrechen. Die Phantastik wird vor allem zur Verteidigung einer (transzendentalen) komplexen Wirklichkeitssicht gegen (materialistische) Eindimensionalität in Szene gesetzt (vgl. Zelinsky 1979, S. 350–353).

Satire auf den Literaturbetrieb

Phantastik als Stilmittel

In einer verschachtelten Handlung werden zwei Romane in einem *Roman im Roman*
erzählt, die sich durch unzählige intertextuelle Bezüge und Anspielungen in einen weltliterarischen Diskurs einschreiben, der sich mit den ewigen Themen der Literatur – Liebe, Wahrheit, Ewigkeit, Kunst – beschäftigt (vgl. Zelinsky 1979, S. 330–353). Die im Moskauer Milieu der 1920er-Jahre angesiedelte Haupthandlung kann als bittere Satire auf die Hoffnungen der neuen Machthaber angesehen werden, den Lauf der Geschichte und des Schicksals selbst bestimmen zu können und damit die Entscheidung über Leben und Tod, Glück oder Unglück in der Hand zu haben. Der Roman enthält vielfältige Anspielungen auf die Praktiken des Terrors, der diesen Anspruch in den 1930er-Jahren gewaltsam einlösen sollte (vgl. Schlögel 2008, S. 33–59).

Zwei Dichter und damit zwei Auffassungen von Kunst werden gegenübergestellt: Die eine vertritt der proletarische überzeugte Atheist Iwan Besdomny (wörtlich übersetzt: Iwan Hauslos), der durch das Auftauchen des Teufels in den Wahnsinn getrieben wird. Die andere vertritt der namenlos bleibende Meister, der unbeirrt von äußeren Repressalien seinen Roman über die Passionsgeschichte schreibt, in dem er den Konflikt zwischen Pilatus (Pilat) und Jesus (Jeschua) zugespitzt neu erzählt. *Zwei Auffassungen von Kunst*

Mit Voland wird das Faust-Motiv eingeführt, indem der Teufel *Faust-Motiv*
als jener Geist erscheint, der Böses will und Gutes schafft. Über Voland, der in allen Zeiten und Welten zu Hause ist, wird die Brücke zwischen den zwei Romanhandlungen geschlagen: Versetzt der Teufel einerseits die neue Moskauer Gesellschaft mit seinen mörderischen Späßen in Angst und Schrecken, so hilft er andererseits dem geächteten Meister zur Vollendung seines Werks und zur Unsterblichkeit. Dazu bedarf es allerdings des Teufelspakts, den Margarita, die selbstlose Geliebte des Meisters, mit Voland eingeht, indem sie sich in eine Hexe verwandelt.

Der Teufelsspuk und die phantastischen Elemente beschränken sich dabei auf den Erzählstrang der Haupthandlung, während die scheinbar phantastische Geschichte im unvollendeten Roman des Meisters von Jeschua und Pilatus in streng realistischer Manier erzählt wird. Die Verkehrung der Verhältnisse erzeugt einen durchgängig grotesken Effekt, in dem sich ein Affront gegen die im Sozialistischen Realismus geforderte strikte Wirklichkeitstreue erkennen lässt. Bulgakow vollzieht hier nicht einfach Rachefantasien eines gepeinigten Autors, sondern er verteidigt das Recht der Kunst auf ihre eigene Wahrheit und ihren Ewigkeitswert, jenseits politischer Konjunkturen und Verfallsdaten. Als der Meister sein Manuskript verbrennt, sagt *Verkehrte Welt*

Voland: „Manuskripte brennen nicht" (Bulgakow 1975, S. 324). Dieser Ausspruch ist zum geflügelten Wort in der sowjetischen Dissidentenszene geworden.

<small>Anspielung auf Schauprozesse</small>

Im Disput zwischen Joschua, dem „Arrestanten", und Pilatus, dem „Prokurator" (hier wird bereits die Sprache der Stalinschen Prozesse verwendet), stehen sich zwei Wahrheiten gegenüber: Die des Pilatus, der an die unumstößliche Macht des Kaisers glaubt, und diejenige Joschuas, der überzeugt ist, dass „eine Zeit kommen werde, in der kein Kaiser noch sonst jemand Macht hat. Der Mensch wird eingehen in das Reich der Wahrheit und der Gerechtigkeit, wo es keiner Macht mehr bedarf" (Bulgakow 1975, S. 36). Im Roman wird dieses Reich nur in der phantastischen Apotheose am Ende angedeutet, wo mithilfe des Teufels Margarita und der Meister „in die Freiheit entlassen" werden, um ihren Platz im „ewigen Haus" zu finden.

11.3 Witkacy und Gombrowicz

Stellte die Reibung zwischen nationaler Tradition und europäischer Avantgarde die wichtigste ästhetische Herausforderung für die polnischen Autoren der Zwischenkriegszeit dar (vgl. Fiut 1999, S. 207), so wurde parallel dazu die 1905 im Zarenreich erprobte und im Ersten Weltkrieg vollendete Revolution in Russland auch in Polen zu einem zentralen Thema. Die Frage, welche Bedeutung die Revolution für Polen hat, beherrschte die literarische Polemik; die Szenarien changierten zwischen Bedrohung und Chance. Die Revolution setzte ähnlich wie im Russland der 1920er-Jahre ästhetisches Potenzial frei: Die Idee von der Revolution des Geistes und der Hang zur Sprengung tradierter Formen haben auch die polnische Prosa beeinflusst.

<small>Revolution als Herausforderung</small>

Stanisław Ignacy Witkiewicz (1885–1939), der sich in Abgrenzung zu seinem Vater, einem bekannten Kunstkritiker und Maler, Witkacy nannte, war in seiner Universalbegabung als Maler und Philosoph, Kunsttheoretiker, Dramatiker und Schriftsteller durchaus Stanisław Wyspiański ähnlich (→ KAPITEL 10.2). Sein Leben glich einem Abenteuerroman: In Galizien, woher er stammt, machte er die Bekanntschaft des Ethnologen Bronisław Malinowski, den er auf eine Forschungsreise nach Australien begleitete. Nach Ausbruch des Ersten Weltkrieges reiste er überraschend nach Russland und trat in das elitäre Leibgarderegiment des Zaren ein. Das unmittelbare Erleben der letzten Tage Petrograds, der Hofintrigen, der dämonischen Figur Rasputins, der Zerstörung der alten Ordnung beeinflussten seine Vorstellungen

<small>Witkacys Abenteuerbiografie</small>

über die bevorstehende Weltkatastrophe (vgl. Lam 1983, S. 87). Zurückgekehrt nach Polen führte er das Leben eines Sonderlings und Bohemiens. Nach Ausbruch des Zweiten Weltkrieges flüchtete er wie viele Polen vor den Deutschen Richtung Osten. Als der Einmarsch der Roten Armee nach Polen bekannt wurde, nahm er sich das Leben. In den 1920er-Jahren schrieb er etwa 40 Bühnenstücke, von denen jedoch nur wenige bekannt wurden, außerdem zwei antiutopische Romane: *Pożegnanie jesieni* (*Abschied vom Herbst*, 1927) und *Nienasycenie* (*Unersättlichkeit*, 1930).

Mit seinem ersten Roman *Abschied vom Herbst* löste er große Empörung bei der Kritik aus. Ins Auge stach die provokative Attitüde der Dekadenz, die sogar den Satanismus und Individualismus des skandalträchtigen modernistischen Dichters Stanisław Przybyszewski in den Schatten zu stellen schien. Die unverkennbaren Reminiszenzen an den Modernismus wurden jedoch durch ein groteskes Prisma verfremdet, dessen wichtigste Mittel Hyperbolik und Phantasmagorik waren. Der Sozialistische Realismus war hier noch kein realer Gegenspieler, die soziale Revolution, die der Autor aus eigener Anschauung kannte, wurde im Roman jedoch experimentell durchgespielt. Wichtigste literarische Referenz ist dabei der Roman *Przedwiośnie* (*Vorfrühling*, 1925) von Stefan Żeromski. Żeromski hatte der polnischen Gesellschaft mit ihrer Unfähigkeit, die sozialen Probleme zu lösen, die gewaltsame Revolution als beinahe unausweichlich prognostiziert. Witkacy malte nun in drastischen Farben die Folgen aus, die eine Revolution sowjetischer Prägung für die Freiheit des Individuums bedeuten würde.

Abschied vom Herbst

Żeromskis *Vorfrühling*

Der autobiografische Held bei Żeromski durchläuft einen Erziehungsroman besonderer Art, der ihn trotz der Schrecken und Grausamkeiten der Revolutionswirklichkeit, die er unter anderem in Moskau erlebte, zu einem Anhänger der revolutionären Bewegung in Polen machte. Witkacys Held Atanazy Bazakbal dagegen, ein dekadenter Dandy und Narkomane, aber auch ein Philosoph und Wahrheitssucher, wird mit dem Sieg der „nivellistischen", d. h. sozialistischen Gesellschaft zerstört: Am Ende, gerade als er sich seelisch gereinigt und neu geboren fühlt, wird er von einer russischen Patrouille gestellt und erschossen.

Revolution als Experiment

Witkacys Roman bricht mit den Gattungskonventionen. Er vermischt disparate Textelemente und Erzählformen: Die grotesk überhöhte Geschichte vom turbulenten Liebes- und Sexualleben seines Helden wird durchsetzt mit philosophischen und metaphysischen Diskursen zu den Themen Revolution, Sinngebung des Ichs und Funktion

Groteske Romanform

von Literatur. Dabei erweisen sich die skurrilen Geschichten als literarischer Kommentar zu den philosophischen Positionen. Direkte und versteckte Intertextualität, vielfältige Verweise heben in beinahe postmodern zu nennender Manier die Grenze zwischen literarischer Erzählung und Metatext auf, sodass ein heterogenes Textgebilde entsteht, das allerdings – darin ganz dem Geiste der Moderne verpflichtet – durch die Geschichte des Atanazy zusammengehalten wird.

Der „Held" und seine Gegenspieler

Atanazy steht zwischen zwei Frauen – der intellektuell starken und sinnlich-verführerischen Jüdin Hela, einer grünäugigen Hexe, ist er verfallen, die bescheidene, biedere Zosia (*Pan Tadeusz* bildet einen Referenztext des Romans, →KAPITEL 6.1) verachtet er zunächst, erkennt sie aber nach ihrem Tod als seine eigentliche Liebe. Der wichtigste ideelle Gegner ist jedoch Sajetan Tempe, der sich vom Intellektuellen zum Revolutionskommissar entwickelt.

Revolution und Ästhetik

Der zentrale Disput über Revolution und Ästhetik unterscheidet zwei Haltungen gegenüber der Kunst: die utilitaristisch funktionale, die Tempe vertritt, und die radikal avantgardistische von Atanazy, der feststellt:

„Ein paar Russen haben angesichts ihrer Revolution vielleicht etwas beinahe Neues hervorgebracht. Dort, in Russland, ist der Stoff nicht mehr nur Inhalt einer gereimten Propagandabroschüre, er verschmilzt mit der Form [...]. Aber das ist noch zu wenig." (Witkiewicz 1991, S. 157)

Tempe hingegen sagt der Kunst generell den Kampf an:

„Die ganze Kultur hat sich als Mumpitz entpuppt. Der Weg war schön, aber er ist zu Ende." „Die Mechanisierung oder, schlicht gesagt, die bewusste Verviehung, das ist die wahre Zukunft, der Rest ist Überbau." (Witkiewicz 1991, S. 157, 163)

Mit dem Verzicht auf Kunst geht der Anspruch der individuellen Selbstverwirklichung verloren: Was Bulgakow in *Der Meister und Margarita* in den 1930er-Jahren aus erlebter sowjetischer Erfahrung bestätigen wird, sieht Witkacy 1927 als drohende Gefahr auch für Polen voraus. Dass die Dekadenz durch ihren selbstzerstörerischen Zynismus dazu ebenfalls beigetragen hat, ist ein Nebeneffekt der Atanazy-Geschichte. Der Roman enthält eine drastische Kritik an der Realpolitik im Zwischenkriegspolen, vor allem an jenen Kräften, die eine Umgestaltung Polens nach sowjetischem Muster erhofften.

Der folgenden Generation der „klassischen polnischen Moderne" gehört Witold Gombrowicz an. Ähnlich wie Bruno Schulz, mit dem er ebenso wie mit Witkacy häufig in einem Atemzug genannt wird (vgl. Fiut 1999, S. 221–227), sah Gombrowicz in den Prozessen, „die die polnische Gesellschaft unterschwellig durchdrangen, Vorgänge von überregionaler Bedeutung" und erkannte eine „deutliche Diskrepanz zwischen der offiziellen, ehrwürdigen und steifen Fassade der Kultur und ihrer benachteiligten, schlechteren und schamhaften Kehrseite" (Fiut 1999, S. 224). Dieser Riss ging auch durch die Persönlichkeit des einzelnen Menschen hindurch, „der unter der Maske der von der Tradition und den gesellschaftlichen Normen aufgezwungenen Verhaltensweisen nicht selten perverse und animalistische Reflexe verbirgt" (Fiut 1999, S. 224). Dieser Riss offenbarte sich besonders in den zwischenmenschlichen Beziehungen, die Gombrowiczs wichtigstes Sujet bilden. Seine bevorzugte literarische Form ist die Parodie.

Gombrowicz stammte aus einer Adelsfamilie, die aber auch in Industriellenkreisen verkehrte. Seine soziale Zugehörigkeit empfand er als ein „Dazwischen-Sein" (Lam 1983, S. 99), das auch seine Ästhetik prägte. Er misstraut den traditionell überlieferten Worten, er führt in seinen Werken „ein Duell mit der Sprache" (Lam 1983, S. 100). Ende August 1914, noch vor dem Ersten Weltkrieg, reiste Gombrowicz nach Argentinien, wo er bis 1963 blieb, dann siedelte er nach Frankreich über. Die Mehrzahl seiner Werke ist im Exil entstanden. Mit seinen Romanen *Trans-Atlantyk* (1953) und *Pornografia* (1960) ist er auch im Westen bekannt geworden, vor allem aber mit seinem *Dziennik (Tagebuch)*, das eine originelle individuelle Form für eine Epochendarstellung findet und das von 1953 bis 1966 regelmäßig in der Pariser Emigrantenzeitschrift „Kultura" abgedruckt wurde.

Sein erster, noch in Polen entstandener Roman *Ferdydurke* (1939) enthält bereits im Titel ein Programm – ein Konstrukt, ein „Nochnicht-Wort": der Name Ferdinand wird mit dem Rotwelsch-Wort *Urke* (= Gauner) und dem polnischen Etym *Dur* (= Trottel) kompiliert und bleibt geschlechtlich offen (vgl. Fieguth 1983, S. 373).

Das Erzähler-Ich der Hauptfigur Józio ist mit autobiografischen Zügen des Autors ausgestattet. Es scheint, dass der Autor „durch seine irrwitzigen Geschichten hindurch authentisch von sich selbst spricht" (Fieguth 1983, S. 372). Seine Intention ist paradox, will er doch durch Rebellion gegen die dem Menschen vorgegebenen Formen zur eigenen, individuellen Form gelangen.

Alle Milieus, in die Józio auf seiner Lebensreise gerät, versuchen ihm ihre Form aufzuzwingen – die Schule, verkörpert durch den Schulmeister Pimko, die progressive Intelligenzia in Gestalt der emanzipierten Frau Jungmann, schließlich der Schulkamerad Mjentus, die Verkörperung der Anti-Form schlechthin. Józio durchläuft beide Welten, die in der polnischen Wirklichkeit aufeinander stoßen:

> Gombrowiczs Kulturkritik

> Dazwischen-Sein

> Ferdydurke

> Suche nach eigener Form

die moderne Großstadt und die patriarchalisch ländliche Adelsidylle, doch keine bietet ihm den Ausbruch aus der Form. Der provokante Aufstand, den Mjentus gegen die traditionelle Ordnung probt, indem er einen einfachen Bauernburschen zum angebeteten Gott erhebt, führt nicht zur Zerschlagung der Form, sondern zur grotesken Umkehrung der Machtverhältnisse und zum Chaos. Auch die Liebe als möglicher Ausweg wird verworfen: Die Flucht des Józio aus dem von Mjentus angerichteten Chaos misslingt, da sich in Gestalt der Adelstochter Zosia, die sich an ihn hängt, eine neue Gefangenschaft ankündigt. Józios Leben pendelt zwischen kurzem Ausbruch und neuem Gefangensein in der Form. Der Traum von der Selbstverwirklichung des Menschen, die Erlangung der Individualität wird als ein wichtiger menschlicher Antrieb sichtbar gemacht, der allerdings das Scheitern als unausweichlich in sich birgt. Die Existenz des Menschen wird als prinzipiell paradox beschrieben. Gombrowicz erklärte später das Problem der Form zu seinem wichtigsten Thema:

> „[...] Der Mensch als Produzent der Form, [...] die Auffassung der zwischen menschlichen Form als einer überrangigen schaffenden Kraft, der nicht-authentische Mensch – darüber habe ich immer geschrieben, mich darüber beunruhigt [...]." (Gombrowicz in: Lam 1983, S. 100)

Das Paradoxon der Existenz findet seine Entsprechung in der formalen Gestaltung. Die fortlaufende Handlung wird unterbrochen durch Einzelnovellen, Abschweifungen; die Milieus, die geschildert werden, sind als Parodien erkennbar: Trivialliteratur und Naturalismus finden sich ebenso wie neue Sachlichkeit und Anspielungen auf die eigene Biografie des Autors. In der Beziehung Józios und Pimkos karikiert der Autor seine eigenen literarischen Anfänge: Der nach Originalität strebende junge Autor durchläuft die Schule des „Federfuchsers", wo er in Konventionen gepresst wird, die den Traum von der „eigenen Form" beenden. Die durch Formzwang und Konvention durchgesetzte Nivellierung bestimmt nicht nur die Kunst, sondern auch das Leben.

Die Clowneske und Travestie der Handlung, der Mix aus fiktionalen und nichtfiktionalen bekenntnishaften Passagen sowie die Stilvielfalt inszenieren eine Ästhetik des Widerstandes, die unterhalten und provozieren will. Hinter den Figuren des Infantilen, Unernsten, in grotesk überzeichneten Synekdochen verbirgt sich ein „Eindringen in die Modernität" (Gombrowicz in: Lam 1983, S. 169) in die Unlösbarkeiten der Existenz. So travestiert die Sonne zu einem Popo, der „am Firmament erstorben ist in seiner absoluten Beständigkeit", der Mensch „zur Fresse, vor der es keine Flucht gibt als nur in eine andere Fresse" (Fieguth 1983, S. 319f.). Der Effekt des Grotesken wird bei Gombrowicz also zum einen durch die Hyperbolisierung in der Beschreibung der Figuren und Handlung, erzeugt, zum anderen durch die Zerlegung und Zerstörung traditioneller Romanformen. So entsteht ein hybrider Text, der Verfahren der Avantgarde aufgreift und den Bogen zur Postmoderne schlägt (vgl. Jarzębski 2007).

Während in Sowjetrussland die Freiheit des Individuums bereits dem Kollektivismus zum Opfer gefallen war, war sie in Polen nach dem Ersten Weltkrieg gerade erst neu errungen und schien doch schon wieder bedroht: Diese Ambivalenz zwischen individueller Freiheit und drohender Vermassung und Nivellierung, ein zentrales Thema der Moderne, erlangte im Gefolge der russischen Revolution neue Brisanz. Davon sind die sowjetische und die polnische Literatur im 20. Jahrhundert auf jeweils eigene Weise geprägt. Für die polnische Literatur bleibt festzuhalten, dass sie mit Witkacy und Gombrowicz die in der modernistischen Phase begonnene Befreiung von der nationalen Repräsentationsfunktion vollzogen hat. In ihrer Heimat blieben sie gerade deshalb umstritten. Der Emigrant Gombrowicz fand sein Publikum vor allem in Deutschland und Frankreich, in der Volksrepublik Polen war er mit einem Publikationsverbot belegt. Seit dem Fall des Eisernen Vorhangs kehren Witkacy und Gombrowicz in den Kanon der polnischen Literatur zurück.

Bedrohte Freiheit

Fragen und Anregungen

- Durch welche Fragestellungen revolutionierte die „Formale Schule" die traditionelle Literaturwissenschaft?

- Skizzieren Sie, welche Merkmale die russische und polnische Prosa zu Beginn des 20. Jahrhunderts kennzeichnen; wo sehen Sie Gemeinsamkeiten, wo Unterschiede?

- Charakterisieren Sie den ambivalenten Sprachgebrauch bei Andrej Platonow.

- Wie und zu welchem Zweck kontrastiert Michail Bulgakow Realismus und Phantastik in seinem Roman *Der Meister und Margarita*?

- Mit welchen Mitteln und mit welchem Ziel realisiert Witkacy seine groteske Romanform?

- Erläutern Sie Witold Gombrowiczs Suche nach der eigenen Form.

Lektüreempfehlungen

Quellen
- **Michail Bulgakow: Der Meister und Margarita** [1930–40/1973]. Aus dem Russischen übersetzt von Thomas Reschke. Mit einem Nachwort von Ralf Schröder, 2. ergänzte und vom Übersetzer neu bearbeitete Auflage Berlin 1975.

- **Witold Gombrowicz: Ferdydurke** [1939]. Aus dem Polnischen übersetzt von Walter Tiel, mit einem Nachwort von Rolf Fieguth, München 1983.

- **Andrej Platonow: Tschewengur. Die Wanderung mit offenem Herzen** [1926–29]. Aus dem Russischen übersetzt von Renate Landa, hgerausgegeben von Lola Debüser, Berlin 1990.

- **Stanislaw Ignacy Witkiewicz: Abschied vom Herbst** [1927]. Aus dem Polnischen übersetzt von Roswitha Matwin-Buschmann, mit einem Nachwort von Dietrich Scholze, Leipzig 1991.

Forschung
- **Andrzej Lam: Witkacy**, in: ders., Mainzer Vorlesungen über die polnische Literatur seit 1918, München 1983 (Slawistische Beiträge, B. 179), S. 84–96. *Der Abschnitt beschreibt die Poetik Witkacys insbesondere anhand seiner Dramen und geht auf die erst in den 1950er-Jahren einsetzende Rezeption des Autors ein.*

- **Russischer Formalismus. Texte zur allgemeinen Literaturtheorie und zur Theorie der Prosa.** Herausgegeben und eingeleitet von Jurij Striedter, 4. unveränderte Auflage München 1988. *Striedters Band versammelt die wichtigsten Aufsätze der russischen Formalisten und gibt eine profunde Einführung zur Geschichte und Theorie des Formalismus.*

- **Barbara Zelinsky: Bulgakow. Der Meister und Margarita**, in: Der russische Roman, herausgegeben von Bodo Zelinsky, Köln u. a. 2007. S. 382–405. *Gegeben wird ein konzentrierter Überblick über Inhalt und Struktur des Romans.*

12 Lyrik als authentisches Sprechen

Abbildung 12: Nathan Issajewitsch Altman: *Anna Achmatowa*, Porträt (1915)

LYRIK ALS AUTHENTISCHES SPRECHEN

Das Porträt der jungen Dichterin Anna Achmatowa von 1915, mit dem der russisch-jüdische Maler Nathan Altmann das glänzende Ergebnis seiner Studien der modernen Kunst in Paris, Wien und München präsentierte, zeigt eine mondäne Salondame in königlich-exzentrischer Pose, die in den Künstlercafés der Peterburger Bohème zu Hause war. Es sollte sich erweisen, dass dem Maler eine der bedeutendsten Dichterpersönlichkeiten des 20. Jahrhunderts Modell gesessen hatte. Im schillernden „Silbernen Zeitalter" der vorrevolutionären Moderne literarisch erzogen und kulturell geprägt, wurde ‚die Achmatowa' zur Chronistin des Terrors in der Zeit des Stalinismus.

Es erscheint paradox, doch die Lyrik erlangte in Russland und Polen im 20. Jahrhundert ihre existenzielle Bedeutsamkeit nicht trotz, sondern wegen ihrer ästhetischen Exklusivität. Die lyrischen Genres sind im Allgemeinen weniger als die epischen geeignet, kollektive Repräsentationen auszustellen, eher formulieren sie individuelle, subjektive Befindlichkeiten. Wenn sich in diesen jedoch die Psychosomatik eines ganzen Volkes (vgl. Dedecius 1996, S. 9) wiederfindet, verlässt die Lyrik den Schutzraum der Exklusivität, steigt herab vom „Elfenbeinturm" und wird zum kulturellen Allgemeingut.

Lyrik hat in beiden Ländern stets eine bedeutende Rolle gespielt. Puschkin und Mickiewicz, die Nationaldichter, waren Lyriker par excellence, und auch durch Namen wie Jan Kochanowski und Juliusz Słowacki in Polen, Michail Lermontow, Nikolai Nekrassow und Fjodor Tjutschew in Russland wurde die Lyrik zum wichtigsten Forum nationaler Selbstdarstellung erhoben. Im 20. Jahrhundert wird die Lyrik in Polen wie in Russland zu einem wichtigen Austragungsort für die ästhetische und existenzielle Auseinandersetzung mit den Erschütterungen, die die Revolution, die Totalitarismen, die Weltkriege und der Holocaust für die Gesellschaft und den einzelnen mit sich brachten.

Betrachtet werden mit Anna Achmatowa und Ossip Mandelstam zwei russische Dichter der Moderne, die schließlich zu Anklägern des Stalinismus werden. Tadeusz Różewicz und Zbigniew Herbert sind Überlebende des Zweiten Weltkriegs, die mit unterschiedlichem Traditionsbezug ihre bitteren Erfahrungen in die kommunistische Gesellschaft Volkspolens einbringen.

12.1 **Lyrik im 20. Jahrhundert**
12.2 **Mandelstam und Achmatowa**
12.3 **Różewicz und Herbert**

12.1 Lyrik im 20. Jahrhundert

Die Autoren der Moderne um 1900 kultivierten lyrische Formen, um dem Realismus mit seiner Bevorzugung von Prosagattungen den Kampf anzusagen. In der Lyrik ließ sich das ästhetizistische Weltempfinden der Moderne, das die Originalität des schöpferischen Individuums ins Zentrum stellte, besonders eindrucksvoll artikulieren. Die russische Moderne stellte sich in die Tradition der „reinen Kunst" Puschkins: Das „Silberne Zeitalter" um 1900, geprägt von Dichtern wie Alexander Block, Andrej Bely, Anna Achmatowa oder Ossip Mandelstam, rekurrierte bewusst auf das „Goldene Zeitalter" der Poesie der Puschkin-Ära (→ KAPITEL 10.1). In Polen bewahrte die Sezession der Moderne den nationalen Bezug durch die Bezeichnung „Junges Polen" mit seinen bedeutendsten Vertretern Jan Kasprowicz, Kazimierz Przerwa-Tetmajer, Bolesław Leśmian und Leopold Staff.

„Silbernes Zeitalter" und „Junges Polen"

Den radikalen Traditionsbruch sowohl mit nationalen Inhalten als auch mit etablierten poetischen Formen vollzogen jedoch erst die Künstler der Avantgarde, vor allem Dichter, die dem Expressionismus und Futurismus, nahe standen: Julian Tuwim, Jan Lechoń, Wladimir Majakowski, Welimir Chlebnikow, Tadeusz Peiper und Julian Przyboś. Sie lehnten das Bourgeoise, den Realismus ab, bekämpften aber vor allem auch die metaphysische, transzendentale Sprache des Symbolismus und die mythisch-nationale Symbolsprache des „Jungen Polen". Bevorzugte Themen waren „die Stadt als zivilisatorisches und soziales Phänomen, der Mensch im Arbeitsprozeß, der einzelne und das Kollektiv bzw. die Masse, Verhältnis von Zivilisation und Natur, soziale Konflikte der Gesellschaft" (Olschowsky 1979, S. 45). Die Avantgarde-Dichter pflegten eine kraftvolle metonymische Sprache, durchsetzt mit Vulgarismen, den Duktus der Straße imitierend, zu Hyperbeln und pathetischen Gesten neigend.

Lyrik der Avantgarde

Ein ursprünglicher Impuls der Avantgarde war der Kult der Persönlichkeit, die Hypertrophierung des eigenen Ichs: Ähnlich wie Nietzsches „Übermensch" sollte der Mensch der neuen Zeit als Herrscher über Natur und Gesellschaft verkündet werden: Bei Julian Przyboś heißt es:

Kult des „Ich"

„Ich bin's, der mit ausgestreckter Hand die Ferne herbeilockt.
Und
den Himmelssaum fassend
reiß ich
die nächste Landschaft
hinab." (Przyboś in: Olschowsky 1979, S. 55)

Aber das heroische „Ich" sieht sich zugleich eingebunden in das kollektive „Wir" der Weltveränderer. So bei Tadeusz Peiper:
„Gehn wir,
eine Front von eisernen Stirnen voran!"
(Peiper 1924 in: Olschowsky 1979, S. 48)

Hatten die Revolution in Russland und die wiedergewonnene Eigenstaatlichkeit in Polen das Zukunftspathos und die Innovationssucht der Avantgarde beflügelt, so stellten die Zivilisationsbrüche, die sich mit dem Terror der Stalin-Ära und dem Nationalsozialismus ankündigten und die in der Katastrophe des Zweiten Weltkrieg mündeten, die Frage nach den Möglichkeiten und Funktionen von Poesie radikal neu. In Literatur und Kunst galt nach dem Zweiten Weltkrieg im ganzen Ostblock das Dogma vom „Sozialistischen Realismus". Die favorisierte Gattung der offiziellen Literaturpolitik war der epische (d. h. sich objektiv-realistisch gebende) Roman, während die Lyrik mit ihrer subjektiven Weltsicht und Darstellungsperspektive beargwöhnt wurde und in eine subversive Position geriet. Natürlich gab es auch politische Jubellyrik, aber sie blieb marginal für die Literaturgeschichte. Unter den Bedingungen der eingeschränkten Öffentlichkeit, wie sie in Osteuropa unter verschiedenen Vorzeichen über Jahrhunderte herrschte, konnte die Lyrik stärker als in Westeuropa ihre Popularität und Autorität im 20. Jahrhundert nicht behaupten, sondern noch steigern.

Lyrik wurde zum Medium des authentischen Sprechens, gegen die Lügen der Ideologie, zur Stimme des Gewissens, zum Forum der Selbstvergewisserung des Menschen in einer barbarischen Welt. Lyrik bekundete historische Zeitzeugenschaft, trug philosophische Diskurse aus und versuchte kulturelle Neuorientierungen. Die Sprachexperimente der Avantgarde und die Sensibilität für unverbrauchte, „poetische" Sprache wurden nun zur subtilen Waffe gegen ideologische Sprach- und Denkschablonen. Lyrik entfaltete ideologiekritische Wirkungen und gab zugleich den vom dekretierten Kollektivbewusstsein unterdrückten persönlichen Schmerz- und Leidenserfahrungen der Menschen des 20. Jahrhunderts Ausdruck.

12.2 Mandelstam und Achmatowa

Den Grundton für die Beschreibung des 20. Jahrhunderts hatte der Symbolist Alexander Block vorgegeben, als er in seinem Gedichtzyklus *Straschny mir* (*Welt des Schreckens*, 1909–16) voraussagte, das neue Jahrhundert würde grausamer sein als das „eiserne zu Ende gegangene". Trotzdem besang er in seinem Poem *Dvenadcat* (*Die Zwölf*, 1918) den „Wirbelsturm der Revolution" als reinigendes Purgatorium, selbst wenn es ihn als dekadenten Dichter mit hinwegfegen würde. Im Gedenken an das große Vorbild Alexander Puschkin bezeichnete er die Rolle des Dichters als tragisch: er habe das Chaos der Welt in eine ästhetische Harmonie zu überführen (Block II 1978, S. 394f.). Als Alexander Block 1921 an Erschöpfung und Hunger starb, ging die Epoche der vorrevolutionären Moderne zu Ende.

Seine Dichterfreunde und -kontrahenten führten die tragische Aufgabe weiter: Majakowski, der sich im Poem *Oblako w schtanach* (*Wolke in Hosen*, 1915) als Hyperindividualist gegeben hatte, scheiterte, als er sich mit *150.000.000* (1921) zum anonymen Sprecher des ganzen Volkes wandeln wollte – er erschoss sich 1930. Marina Zwetajewa saß zwischen allen poetischen und politischen Stühlen und zerbrach mit ihrer „Maßlosigkeit in einer Welt nach Maß" (Gedichtzyklus *Der Dichter* 1923 in: Zwetajewa 1980, S. 77) – nach Emigration und Rückkehr nach Sowjetrussland nahm sie sich 1941 das Leben. Sergej Jessenin, der das Verschwinden des alten Dorfes und des alten Russland beklagte, erhängte sich 1924. Blocks Prophezeiung, die Revolution würde sie alle hinwegfegen, traf ein. Roman Jakobson, Mitbegründer der „Formalen Schule" und des Strukturalismus, verfasste anlässlich von Majakowskis Selbstmord 1930 den Aufsatz mit dem sprechenden Titel *Von einer Generation, die ihre Dichter vergeudet hat* (Jakobson 1987).

Verlorene Dichter-Generation

Zu den bedeutendsten Repräsentanten der von Polaritäten zerrissenen Epoche wurden zwei Dichter, die der Gruppe der „Akmeisten" (von griechisch *akme* = Gipfelpunkt) angehörten, die sich um 1910 von den Symbolisten abspaltete: Anna Achmatowa und Ossip Mandelstam. Erstrebten Symbolisten und Futuristen eine Synthese von Kunst und Leben, so zogen sich die Akmeisten ganz auf die Kunst zurück und verweigerten Ideologie und Staat den Zugriff auf ihre Dichtung. Sie verfochten eine Sprach- und Formauffassung, die keine symbolistische Transzendenz zuließ, sondern zu einer neoklassizistischen „schönen Klarheit" der Sprache zurückkehrte und den Dialog nicht mit der Politik, sondern mit der Weltkultur suchte. Die Revolution veränderte nicht ihre hermetische akmeistische Poetik, wohl aber ihre Themen.

Akmeismus als Neoklassizismus

Ossip Mandelstam, Kind einer russischen Mutter und eines polnisch-jüdischen Vaters, schöpfte seine Bilder, Klänge und Inspiration vor allem aus dem Fundus der europäischen mediterranen Kultur:

Frankreich, Italien (Dante), Deutschland, Armenien, Georgien und die Krim zählten dazu. Russland betrachtete er als Teil dieser Kultur, die russische Sprache als Erbe des Hellenismus. Unter Hellenismus verstand er die maßvolle Harmonie der klaren Formen, die sich bis in die Alltagsgegenstände und Rituale hinein zeigt. Den strengen Klassizismus seiner Formensprache lockerte er durch die von den (eher französischen als russischen) Symbolisten inspirierte Musikalität seiner Sprache und die Assoziationskraft seiner Bilder.

Mandelstams Hellenismus

In seinem Gedicht *Notre Dame* (1912) scheinen alle wesentlichen Elemente der akmeistischen Programmatik auf: Die Struktur ist mit vier Strophen harmonisch und fest gefügt. Das Versmaß ist (statt des seit Puschkin vielbenutzen vierhebigen Jambus) der sechshebige Jambus – dem Alexandriner verwandt, allerdings ohne Zäsur nach der sechsten Silbe (→ ASB FELSNER/HELBIG/MANZ). Analysiert wird der Bauplan der Kathedrale, ihre steinerne Materialität, die dennoch vitale Leichtigkeit ausstrahlt:

Gedicht: Notre Dame

Architektur als Ideal

„Wie Adam einst das Netz der Nerven breitend,
Spielt mit den Muskeln leicht das kreuzgewölbte Lot."
(Mandelstam 1985, S. 23)

Der Vergleich von fest gefügtem Stein mit der feinnervigen Physiologie des Menschen durchzieht Mandelstams Bildwelt bis zum Ende seines Schaffens. Die dreidimensionale Architektur setzt er gegen symbolistische Luftschlösser: Sein erster Gedichtband heißt *Kamen* (*Stein*, 1908–15), das Wort wird nicht als Symbol, sondern als Ziegelstein (*bulyshnik*) bezeichnet. Eine wichtige Dimension seiner Poetik ist die Zeit: In den frühen Gedichten erscheint sie vor allem räumlich, in den Schichtungen und Ablagerungen verschiedenster, auch entlegener Kulturen und Epochen, die in Bauwerke wie Notre Dame eingegangen sind:

Zeit im Raum

„Das schlichte Labyrinth, der unfaßbare Wald,
Der gotischen Seele abgründige Vernunft,
Ägyptens Macht und Scham der Christenzunft,
Die Eiche neben Schilf, das Lot der Herrscher überall."
(Mandelstam 1985, S. 23)

Alles wird ins „Lot" gebracht, die Zeiten und Räume materialisieren sich zu einem einheitlichen Bauwerk, Kunstwerk. So stellte sich Mandelstam sein eigenes Schaffen vor:

„[...] daß, aus bösen [= sperrigen, Anm. d. Verf.] Lasten,
Auch ich das Schöne zu erschaffen kam."
(Mandelstam 1985, S. 23)

Mit der Revolution, die Mandelstam als Zeitenwende betrachtete, wird das Verhältnis des Dichters zur Zeit, zu seinem Jahrhundert (russisch: *Wek*) sein wichtigstes Thema. Ihn inspirierte besonders die Zeitauffassung des französischen Philosophen Henri Bergson, die sich von der kantischen Projektion der Zeit auf den Raum löst und Zeit als eine Abfolge von Bewusstseinszuständen, als „durée pure" (reine Dauer), begreift (vgl. Dutli 1990, S. 44). Mandelstam interessierte wie Bergson die innere Verbindung der Zustände. Sie bildet die Grundlage seines Verständnisses von Zeitgenossenschaft verwandter Geister über Epochen und kulturelle Unterschiede hinweg: „Die Poesie ist ein Pflug, der die Zeit aufbricht und die Tiefen der Zeit, ihre Schwarzerde an die Oberfläche befördert" (Mandelstam 1991, S. 11). Nicht Bruch, sondern Kontinuität bestimmte sein Denken: Scheinbar Entlegenes wird zusammengeführt. Dazu dient ihm das Wort, das er als „Strahlenbündel" betrachtet, dessen Sinn in alle Richtungen strebt (Mandelstam 1991, S. 11).

Henri Bergsons „durée pure"

Wort als „Strahlenbündel"

In mehreren Gedichten der 1920er-Jahre spielt er mit der Doppelbedeutung des russischen Wortes *Wek*, das sowohl Jahrhundert als auch Augenlid bedeutet, d. h. ein Abstraktum und einen lebendigen Körperteil zugleich bezeichnet. Mandelstam setzt beide Bedeutungen miteinander in Beziehung und gebraucht das Wort gleichzeitig metaphorisch und metonymisch. Im Gedicht *1 janwarja 1924* (*Der erste Januar 1924*, 1924) findet sich die Zeile:

Doppelter Wortgebrauch

„Wer des Jahrhunderts Lider je emporgehoben"
(„Kto weku podnimal bolesnennye weki."
(Mandelstam 1985, S. 113)

Das Jahrhundert, die Zeit, wird personifiziert:
„Jahrhundert, herrisches, mit lehmig-schönem Munde
Und zweien Äpfeln, schlafend [...]"
(Mandelstam 1985, S. 113)

Die Augäpfel bieten jenen Assoziationsraum, den Mandelstam anstrebt: Sie sind metonymische Zeichen, die den Zustand des menschlichen und dichterischen Sehens als Ablauf in der Zeit konkret registrieren. Zunächst die Phase des Erwachens, dann die Steigerung:

„Wer des Jahrhunderts Lider je emporgehoben
– die beiden Schlummeräpfel, schwer und groß –,
– Der hört Geräusch, der hört die Ströme tosen
Der lügenhaften Zeiten, pausenlos."
„Die Zeit [= *Wek*]. Der Kalk im Blut des kranken Sohnes
Wird hart [...]."
(Mandelstam 1985, S. 115)

Paul Celan, der kongeniale jüdische Übersetzer Mandelstams, übersetzt das mehrdeutige russische Wort *Wek* häufig mit „Zeit" und verleiht den Aussagen damit eine allgemeine philosophische Bedeutung, die zwar die von Mandelstam intendierte Ebene einer subjektiven Wahrnehmung der Zeit beibehält, das ambivalente und höchst wechselvolle Verhältnis zwischen dem Dichter und seinem Jahrhundert jedoch nicht immer einfängt.

Die Spannung zwischen dem Dichter und seinem Jahrhundert kulminiert in dem 1931 entstandenen Gedicht *Za gremutschuju doblest grjadustschich wekow*, in Celans Übersetzung *Den steigenden Zeiten zum höheren Ruhm*, in dem der Dichter den Zweikampf mit seiner Zeit – das meint auch konkret: mit seinem Jahrhundert – aufnimmt:

„Mein Wolfshund-Jahrhundert mich packts, mich befällt –
Doch bin ich nicht wölfischen Bluts.
Mich Mütze – stopf mich in den Ärmel, den Pelz
Sibirischer Steppenglut."
(Mandelstam 1985, S. 133)

Dieses Gedicht soll zusammen mit einem Epigramm auf Stalin zu Mandelstams Verhaftung 1934 und mehrjähriger Verbannung nach Woronesh geführt haben, wo er seine letzten Gedichtbände schrieb, die von seiner Frau und anderen Freunden aufbewahrt wurden (vgl. Ebert 2008b, S. 115–149). Im Zuge des Massenterrors wurde Mandelstam im Mai 1938 erneut verhaftet, er starb, wie erst später bekannt wurde, im Dezember desselben Jahres in einem Durchgangslager bei Wladiwostok. Sein Tod war von Legendenbildungen umgeben. Der Dichter der kühnen Metaphern und der hermetischen Poetik wurde als Sänger des Volkes verehrt, denn er teilte das Schicksal der Opfer stalinistischer Willkür.

Anna Achmatowa war wie ihr Dichter-Freund Mandelstam vom Geist des „Silbernen Zeitalters" geprägt und in der europäischen Kultur zu Hause. Die Revolution, die sie ablehnte, fügte ihr zahlreiche persönliche Schicksalsschläge zu: Ihr erster Mann, der Dichter Nikolaj Gumiljow, wurde 1921 erschossen, ihr zweiter Mann und ihr Sohn waren mehrfach und für Jahrzehnte inhaftiert, sie selbst galt bis 1958 als verfemt. Ihre Poetik lebt von konkreten und alltäglichen Dingen, die zum Spiegel komplizierter Seelenempfindungen werden: Abschiede, große Liebesdramen in kleine Gesten gepresst, äußerst diszipliniert in strenge Formen gegossen, wie die Poetik Mandelstams. Auch sie suchte das Gespräch mit den ihr nahen Dichtern über Raum und Zeit hinweg, vor allem mit Dante und Puschkin, und stärker noch als ihr Kollege sah sie das Festhalten der Erinnerung, das Einschreiben der eigenen Erfahrung in den Thesaurus der Weltkultur als ihre Aufgabe an.

Diese Haltung machte sie nach der Revolution zur Chronistin der Zeitgeschichte, die sie in ihren konkreten psychischen Auswirkungen auf die Menschen beschrieb, anders als Mandelstam, der das Verhältnis des Dichters zu seinem Jahrhundert eher allgemein reflektierte. Das Programm gibt Achmatowa in einem Gedicht von 1917 vor:

> „Und eine Stimme war. Sie rief mich an
> Tröstend, sprach: ‚Komm nun wo ich bin.
> Verlaß dein taubes, dein in Sünden Land,
> Von Rußland geh auf immer.
> Ich nehm das Blut von deinen Händen,
> Ich wasch aus dir die ehrlose Scham.
> Der Niederlagen Schmerz, die Kränkung
> Deck ich mit einem neuen Namen.'
>
> Doch unbetroffen und gelassener Seele
> Verschloß ich mit den Händen mein Gehör.
> Daß nicht die nichtswürdige Rede
> Den Geist, den trauervollen, mir befleckt."
> (Achmatowa 1973, S. 25)

Chronistin der Zeitgeschichte

Gedicht: Und eine Stimme war

Das Gedicht bewahrt Achmatowas bevorzugten intimen Gesprächsduktus, obgleich hier hoch dramatische Themen verhandelt werden: Soll die Dichterin wie viele ihrer Künstler-Freunde in die Emigration gehen, neu anfangen? Sie entschließt sich zum Bleiben, doch es wird klar, bei wem sie bleibt – nicht bei den neuen Mächtigen, sondern bei ihrem Land und seinem Volk: die Politik lässt Achmatowa nicht in ihre Dichtung hinein.

In ihren Gedichten und Poemen, die sie gern in Zyklen ordnete, erzählt Achmatowa Geschichten in epischer Manier, in deren Verlauf sich ihr lyrisches Ich zu einer vielgestaltigen literarischen Persönlichkeit formt, die vielfältig mit ihrer Epoche und zugleich mit dem Erbe der Weltkultur verbunden ist (vgl. Świerszcz 2003, S. 315–341). Die Zeitumstände bringen es mit sich – ihr Mann, ihr Sohn, ihr Dichter-Freund Mandelstam und viele andere ihr nahestehende Personen werden verhaftet – dass sie die Distanz der Chronistin nicht immer wahren kann und hineingezogen wird in die Turbulenzen der Epoche.

Die literarische Persönlichkeit

Im *Requiem*, einem Zyklus aus disparaten Gedichten, der in den Jahren des Terrors entstand, begegnet Achmatowa uns in vielerlei Gestalt: als Sprecherin der namenlosen Masse, als Pietà, Sprachrohr

Requiem

der klagenden Mütter, die wie sie ihren Sohn beweinen, als gebrochene Frau, die dem Wahnsinn mit Mühe trotzt. Letztendlich trägt die Dichterin den Sieg davon, die das Geschehene einträgt in das Gedächtnis der Weltkultur, es einbaut in ein kulturelles Verweissystem aus Zitaten und Mustern, fremden Texten und Mythen und ihm damit den Status des Erhabenen verleiht, es dem Vergessen entreißt. Die Grenzen zwischen Ich und Wir, in dessen Namen sie häufig spricht, werden fließend, doch die Dichterin behält die Oberhand, auch wenn ihr die Dinge fast zu entgleiten drohen.

„Ich kannte viele früh gewelkte Frauen,
Von Schrecken, Furcht, Entsetzen ausgeglüht.
Des Leidens Keilschrift sah ich eingehauen
Auf Stirn und Wangen, die noch kaum geblüht.
[...]
Nun heb' ich zum Gebete meine Hand,
Nicht nur für mich: Für jede, die dort stand,"
(Achmatowa 1989, S. 181)

Poem ohne Held

In ihrem Opus magnum *Poema bes geroja* (1940; *Poem ohne Held,* 1979) steht entgegen der romantischen Tradition der Poemform keine Figur im Zentrum, sondern die untergegangene Epoche der Petersburger Moderne wird als Ganzes in das kulturelle Gedächtnis der Gegenwart zurückgeholt und für die Zukunft aufbewahrt. Wie Mandelstam betrachtet Achmatowa Zeit und Kultur als Kontinuum, in dem sich die Geschichte und die Personen zwar in unterschiedlichen Facetten präsentieren, aber in das sie sich einfügen, zu dem sie sich zugehörig fühlen. Ihre Weigerung, Russland zu verlassen, hat mit diesem akmeistischen Urverständnis von Kontinuität zu tun: Es ist ihr unvorstellbar, ihr Land zu verlassen und eine andere Identität anzunehmen. Das bedeutet jedoch in keinem Fall – wie es Symbolisten und Futuristen gelegentlich probierten – das eigene Ich in einem kollektiven Ganzen aufgehen zu lassen.

Zeit und Kultur als Kontinuum

Bewahrung der Individualität

Die Grenzen der Persönlichkeit bleiben gewahrt, sie stehen nicht zur Disposition. Das ist für Achmatowa wie für Mandelstam die Bedingung des Schaffens und der Verteidigung der Menschenwürde. „Die Grenze ist geheim, die Mensch vom Menschen trennt" (Achmatowa 1988, S. 39). Entschiedener als Mandelstam, der jenseits des Persönlichen nach dem reinen Ausdruck des exemplarisch Subjektiven suchte, erschreibt sich Achmatowa mehrere poetische Biografien mit den lyrischen Heldinnen der Liebenden, der Mutter der Dichterin (vgl. Świerszcz 2003).

Die Unbeugsamkeit und der Stolz der Achmatowa, die sich politischer Debatten enthielt und lieber schwieg als sich der Macht anzudienen, wurden politisch geahndet. 1946 wurde sie offiziell als „Vertreterin einer unserem Volk fremden, leeren, prinzipienlosen Dichtung" geschmäht und aus dem sowjetischen Schriftstellerverband ausgeschlossen, was einem Publikationsverbot gleichkam (vgl. Etkind 1984, S. 188). Sie arbeitete in den letzten Lebensjahrzehnten als Puschkin-Forscherin. Seit den 1960er-Jahren kehrten ihre Werke sukzessive in die offizielle Literatur ihrer Heimat zurück. Ihr *Requiem* konnte allerdings erst nach der Perestroika erscheinen.

Staat versus Dichterin

Achmatowa und Mandelstam wurden für die Dissidentenszene der Nachkriegsjahrzehnte wichtige Symbolfiguren. Ihre verbotenen Werke kursierten im Selbstverlag, dem *Samisdat*, und in unzähligen Handschriften, sie beflügelten die Generation der Liedermacher und Dichter-Rebellen der 1960er-Jahre (Jewgeni Jewtuschenko, Bulat Okudshawa, Wladimir Wysozki, Robert Roshdenstwenski, Anna Achmadulina), die den Tabus und Lügen der offiziellen Literatur ihr authentisches Sprechen/Singen entgegensetzten und auf je stilistisch und thematisch eigene Weise den Traditionsfaden der verfemten Dichter fortspannen.

Die Nachfolger

12.3 Różewicz und Herbert

Die polnische Lyrik im 20. Jahrhundert ist von traumatischen Erlebnissen geprägt – die nazistische Okkupation, der auf polnischem Boden durchgeführte Holocaust, der misslungene Warschauer Aufstand und die sowjetische Besetzung der Nachkriegszeit haben ihr ihren Stempel aufgedrückt. Zwar befassten sich auch Prosa und Drama mit diesen Themen, doch fanden sie in der Lyrik eine besonders intensive Verarbeitung. Nationale Selbstbezüglichkeit und messianischer Erlösungsgeist verblassten angesichts des Einbruchs des Barbarischen, der die Brüchigkeit aller zivilisatorischen Anstrengungen brutal ans Licht gebracht hatte. Die eingetretene Katastrophe hatte die apokalyptischen Stimmungen und katastrophistischen Tendenzen der Zwischenkriegslyrik um ein Vielfaches übertroffen. Welche Konsequenzen dieser Zusammenbruch für das Befinden der Überlebenden hat, was Literatur nun noch vermag, ob sie überhaupt etwas vermag – das waren die beherrschenden Fragen in der Lyrik des ersten Nachkriegsjahrzehnts.

Lyrik als Seismograph der Katastrophen

LYRIK ALS AUTHENTISCHES SPRECHEN

Tadeusz Różewicz, 1921 geboren und Teilnehmer am Widerstandskampf auf Seiten der Heimatarmee (*Armia Krajowa*), war der bedeutendste Dichter der unmittelbaren Nachkriegszeit. Die durchlebten Erschütterungen veranlassten ihn (wie Theodor W. Adorno mit seinem berühmten Diktum „Nach Auschwitz ein Gedicht zu schreiben, ist barbarisch"), die Existenzberechtigung der Lyrik nach Auschwitz infrage zu stellen: „Grund und Antrieb für meine Dichtung ist auch der Haß gegen die Poesie. Ich rebelliere dagegen, daß sie das ‚Ende der Welt' überlebt hat, als wäre nichts geschehen" (Różewicz in: Olschowsky 1979, S. 126). Wie der Polonist und Lyrik-Spezialist Heinrich Olschowsky feststellt, ging es ihm dabei nicht um die Poesie an sich, sondern um ihre bisherigen „Gesetz[e], Gebrauchsanweisungen, Praktiken" (Olschowsky 1979, S. 126). Der Dichter wollte Zeugnis ablegen über das Erlebte, doch erwiesen sich die tradierten Muster des poetischen Sprechens dafür als ungeeignet. In seinem Gedicht *Rose* werden die ambivalenten Konnotationen des Wortes Rose ausgespielt:

<small>Różewiczs Anti-Poesie</small>

<small>Gedicht *Rose*</small>

„Rose heißt eine blume
oder ein totes mädchen

Die rose bettet man in warme hände
oder in schwarzes erdreich
[...]
Im garten erblühte heute die rose
Die überlebenden haben gedächtnis und glauben verloren."
(Różewicz 1983, S. 14f.)

<small>Bruch mit traditioneller Metaphorik</small>

Metaphorik und kunstvolle Syntax weichen hier einer alltäglichen Sprache. Seine Spannung gewinnt das Gedicht aus der Konfrontation des Namens der Blume mit dem des toten Mädchens, wobei es das Adjektiv „tot" ist, welches die Spannung auslöst und die romantische Metapher vom Mädchen als Rose durchbricht. Der Spannungsbogen wird immer weiter gezogen: die Pflege des Gärtners bringt die Blume zum Erblühen, während das tote Mädchen zum zweiten Mal stirbt und selbst aus der Erinnerung der Lebenden getilgt wird. In einem späteren Gedicht bekräftigt Różewicz diesen Bruch mit traditioneller Metaphorik:

„eine Frau wie eine Blume
leg den schönen
alten Vergleich
beiseite."
(Różewicz in: Olschowsky 1979, S. 132)

Różewicz befleißigt sich einer Poetik des Nichts, die die Leere, das Unfassbare auszudrücken versucht, doch wird sie begleitet von der Suche nach neuem Halt in der Wirklichkeit, den der Dichter in den kleinen, unscheinbaren Dingen des Alltags findet. Die Suche nach einem positiven Gegenentwurf führt in die klassische Bildwelt von „Arkadien". Das traditionsträchtige, von Goethe kultivierte Bild vom Süden als Ort unverbildeten Menschentums besteht die strenge Probe der Gegenwart allerdings nicht: Różewicz entdeckt in Italien, speziell in Neapel, die Hässlichkeit und touristische Kommerzialisierung, die Vermarktung der Kunstschätze. „Arkadien" ist verloren, der Versuch, „ins Paradies heimzukehren." (Różewicz in: Olschowsky 1976, S. 145) ist fehlgeschlagen, doch: „die lyrik schleppt sich / weiter / in richtung Arkadien / oder entgegengesetzt ..." (Rozewicz in: Dedecius 1996, S. 829).

Aufwertung des Alltäglichen

Vergebliche Suche nach Arkadien

Fehl schlug auch der Versuch heimzukehren ins Vaterhaus. Im Gedicht *Powrót (Heimkehr)* wird offenbar, welche Kluft zwischen der unveränderten Normalität des Alltags der Eltern und der eigenen Erfahrung draußen liegt:

Vergebliche Heimkehr

„Plötzlich wird das fenster sich öffnen
die mutter wird mich rufen
es sei zeit heimzukommen
[...]
werde mich an den tisch setzen und barsch
die fragen beantworten
[...]
Nein – ich kann ihnen unmöglich
sagen daß ein mensch dem andern
an die gurgel springt."
(Różewicz 1999, S. 133)

Und doch sind es nur die alltäglichen Verrichtungen, die Routinen des Normalen, die der Dichter als kostbare und unveräußerliche Werte entdeckt. So heißt es im Gedicht *Opowiadanie o starych kobietach (Erzählung von alten frauen*, 1963):

Erzählung von alten Frauen

„[...] gott stirbt
die alten frauen stehn auf wie alle tage
kaufen im morgengrauen brot wein fisch
die zivilisation stirbt
die alten frauen stehn morgens auf
öffnen die fenster
entfernen den unrat
ein mensch stirbt

die alten frauen
waschen den leichnam
bergen die toten
pflanzen blumen
auf gräbern ..."
(Różewicz 1999, S. 189)

Das sich rückhaltlose Ausliefern an die Dingwelt hat Konsequenzen für das lyrische Ich, das seine Eigenständigkeit aufgibt. Der Dichter sucht den Ausweg nach neuer Beweglichkeit durch den Gattungswechsel. Für seine *Formen der Unruhe* (*Niepokój*, 1947), so der Titel seines ersten Gedichtbandes, findet Różewicz bald auch andere Gattungen und wendet sich später der Prosa und Dramatik zu. Insbesondere seine absurden Stücke: *Kartoteka* (*Die Kartothek*, 1960), *Świadkowie albo Nasza mała stabilizacija* (*Die Zeugen oder Unsere kleine Stabilisierung*, 1962) und *Stara kobieta wysiaduje* (*Die alte Frau brütet*, 1968) werden auf zahlreichen europäischen und amerikanischen Bühnen aufgeführt. Różewiczs Werke wurden in etwa 40 Sprachen übersetzt.

<small>Hinwendung zu Prosa und Dramatik</small>

<small>Die Generation 56</small>

Mitte der 1950er-Jahre trat eine neue Generation von Lyrikern auf den Plan. Krzysztof Karasek, einer ihrer prominentesten Vertreter, stellt fest, dass mit dieser „Generation 56" die eigentliche Gegenwartslyrik beginnt. Zu Namen wie Stanisław Grochowiak, Jerzy Harasymowicz und Ernest Bryll gesellen sich jedoch auch Władysława Szymborska und Zbigniew Herbert, die wie Różewicz zur Kriegsgeneration gehören, doch erst jetzt ihr eigentliches Debüt erlebten. Obgleich die Liberalisierungsphase der Literatur nach Stalins Tod kurz war, hat sie ausgereicht, um der Lyrik frischen Atem einzuhauchen und „Phantasie und Einbildungskraft" gegen verordnete Ideologie aufzubieten (Karasek 1997, S. 7f.). Dieser Prozess war nicht mehr zu stoppen, er verlieh der Lyrik unter den Bedingungen des Sozialistischen Realismus in Polen trotz der zunehmenden Politikmüdigkeit und Abkehr von gesellschaftspolitischen Themen politische Brisanz.

<small>Hinwendung zum Alltag</small>

Die Erfahrungsquelle der Poesie war für die jüngeren Dichter nicht mehr der Krieg, sondern der kommunistische Alltag, dem die Lyrik wie kein anderes Genre Mut zur Subjektivität entgegensetzt. Das betraf die Weltanschauung ebenso wie die literarische Ausdrucksform. Mit der Generation 56 setzten jedoch auch eine Neubetrachtung der Kriegsereignisse sowie eine kritische Aneignung der literarischen Tradition ein.

<small>Neubetrachtung des Krieges</small>

Das Jahrhundert in seinen vielfältigen kulturellen, philosophischen und ästhetischen Facetten nimmt insbesondere der 1924 geborene Dichter Zbigniew Herbert in den Blick, der die Kriegserfahrung mit Różewicz teilt, doch daraus andere poetische Schlüsse zieht. Różewicz beansprucht aus dem Schuldbewusstsein heraus, das Inferno unverdient überlebt zu haben, für seine Generation den Status des Besonderen, deren Erfahrungen mit nichts und niemanden vergleichbar seien, und kultiviert daraus seine Anti-Poesie (vgl. Olschowsky 1979, S. 175).

Auch Herbert will die Möglichkeiten erkunden, die die Lyrik angesichts dieser Erfahrungen noch hat oder die ihr gerade aus dieser erwachsen. Anders als Różewicz und darin eher Mandelstam und Achmatowa vergleichbar, hat der Krieg für ihn allerdings nicht die bisherige Ästhetik und Ethik zerstört, er warnt im Gegenteil davor, Werte über Bord zu werfen, die es verdienten, neu angeeignet zu werden. Lyrik soll zwischen Vergangenheit und Gegenwart konstruktiv vermitteln. Herbert strebt nach ästhetischer Harmonie, doch seine Gedichte sind nicht so hermetisch gebaut wie die der russischen Akmeisten. Klassische Formen und Motive werden zitiert, aber durch den distanziert ironischen Blick der Moderne gebrochen.

<small>Herberts Poetik der Klassizität</small>

„Was ich versuche, könnte bezeichnet werden als Ausflüge der aktiven Phantasie auf der Suche nach einer Struktur, einer Ordnung, die durch ein bloßes Register der Wirklichkeit nicht ersetzt werden kann." (Herbert 1971 in: Olschowsky 1979, S. 179)

Herbert verteidigt das Amt des Dichters, indem er dem Leben Sinn zu geben versucht. Im Gedicht *Przypowieść* (*Gleichnis*) heißt es:

„[...] was wäre die welt
wäre sie nicht
von der ständigen emsigkeit des dichters
unter vögeln und steinen.
erfüllt "
(Herbert 1987, S. 43)

In seinem Gedicht *Apollo und Marsyas* (1957) erfährt ein antiker, schon von Ovid behandelter Mythos eine Neuauflage: Der Streit der Instrumente, in dem die wohlklingende Zither des Apoll gegen den hässlichen Schrei des Satyrs Marsyas antritt. Apollo, der Gott mit den „Nerven aus Kunststoff", flieht „von abscheu geschüttelt" vor dem barbarischen Missklang, der sein Harmonieempfinden stört (Herbert 2000, S. 61–63). In der Antike, in biblischen Stoffen und weltliterarischen Mustern sucht Herbert nach Lösungen, „wie die Ursprünglichkeit subjektiven Erlebens in eine erhellende Objektivität aufzuheben sei" (Olschowsky 1979, S. 186).

<small>Gedicht Apollo und Marsyas</small>

Die subversive Kraft des Traditionalisten erweist sich ähnlich nachhaltig wie bei Achmatowa und Mandelstam. Allerdings ruft sie im Nachkriegspolen zwar politisches Misstrauen und den ästhetischen Einspruch der jüngeren Dichter hervor (etwa Ernest Brylls, der das Vorbild der Antike für die Gegenwart verwirft), hat zum Glück jedoch nicht mehr die physische Vernichtung des Autors zur Folge.

<small>Vorbild der Antike für die Gegenwart</small>

Ein wichtiges Anliegen der Lyrik besteht für Herbert darin, das konkrete Individuum im Auge zu behalten und gegen die Zumutungen der Geschichte zu verteidigen. Er will dem Individuum in einer amorphen Gegenwart in konventionalisierten Formen und Riten einen Halt geben.

<small>Veto für das Individuum</small>

Der Gedichtband *Pan Cogito* (1974) legt davon beredtes Zeugnis ab: Die von Descartes und Spinozas rationalistischer Philosophie beeinflusste lyrische Figur des Herrn Cogito (vgl. Dedecius 1988, S. 13–39) wird in unterschiedlichen Rollen präsentiert. Wie es der auf Descartes anspielende Name sagt (*Cogito ergo sum* = Ich denke, also bin ich), handelt es sich um eine Figur der Reflexion, die die Möglichkeiten der konkreten Aktion, des Eingreifens in die Geschichte eher reflektiert als praktiziert. Es geht nicht darum, den Menschen zur Passivität zu verurteilen, sondern ihm seinen Eigensinn, seine eigene Welt- und Lebenshaltung zu bewahren, seine private Geschichte nicht auszublenden. In einem Zeitungsinterview von 1971 bekennt der Autor:

<small>Herr Cogito als Denk-Figur</small>

<small>Der Mensch als Fokus der Geschichte</small>

„Es gibt den Menschen, seine Niederlagen und Opfer zählen, das ist keine Kleie, die aus der Schrotmühle der Geschichte fällt."
(Herbert 1971 in: Olschowsky 1979, S. 200)

Getreu seines Hanges zur klassischen Verdichtung gerät dieser Blick auf den Menschen nicht zur individualistischen Nabelschau. Stattdessen werden exemplarische existenzielle Situationen in streng kalkulierter Poetik geprüft und zur Aufführung gebracht: Herr Cogito ist dualistisch konstruiert und fast symmetrisch zusammengesetzt.

<small>Die Zwei Beine des Herrn Cogito</small>

Im Gedicht *O dvu nogach Pana Cogito* (*Die zwei Beine des Herrn Cogito*) wird das linke Bein als „normal" „ein wenig kurz", sprungbereit, „dem Leben allzu verbunden" beschrieben und das rechte „mager", mit den zwei Narben", „edel steif" „aller Gefahr zum Trotz". So also geht der Herr Cogito durch die Welt „leicht taumelnd" (Herbert 1998, S. 15f.). Das leichte Taumeln bezeichnet die Signatur des Individuellen, das unberechenbar Lebendige, das zwar am idealen Maß gemessen wird, durch einen Hinweis auf den *Don Quichote* von Cervantes jedoch ironisch gebrochen wird. Die Ironie richtet sich auf beide Seiten, den naiven Sancho Pansa ebenso wie auf den vom Wahn verblendeten Ritter Don Quichote. So ausgestattet durchschreitet Pan Cogito die Welt in verschiedenen Rollen und Situationen: die Alltagswelt, die philosophische Welt und die Geschichte, doch sein Einfluss bleibt gering: „in der geschichte wird er nicht wohnen", heißt es im Gedicht *Gra Pana Cogito* (*Herrn Cogitos Spiel*) (vgl. Herbert 1987, S. 259).

Mit der Ästhetik des Sozialistischen Realismus waren der selbstständig denkende, sich Vereinnahmungen widersetzende Mensch und die Dichter, die diesen besangen, kaum zu vereinbaren. Die polnische Lyrik, mit Różewicz und Herbert als ihren Mentoren, hat das „authentische Sprechen" durch alle kulturpolitischen Phasen der Nachkriegszeit hindurch bewahrt.

Fragen und Anregungen

- Woraus bezieht die Lyrik im 20. Jahrhundert in Russland und Polen ihre besondere Bedeutung?

- Erläutern Sie, wie sich in Ossip Mandelstams Gedichten das Verhältnis des Dichters zu seinem Jahrhundert ausdrückt.

- Verfolgen Sie in einer eigenen Lektüre von Gedichten Anna Achmatowas, welche Wandlungen die lyrische Heldin erfährt.

- Skizzieren Sie, was Tadeusz Różewicz' „Anti-Poesie" bedeutet und in welchem Kontext sie entstand.

- Worin besteht die Subversivität der klassischen Poetik bei Zbigniew Herbert?

Lektüreempfehlungen

- **Anna Achmatowa: Poem ohne Held**, herausgegeben von Fritz Mierau. Nachwort von Raissa Orlowa und Lew Kopelew, Göttingen 1989. *Eine zweisprachige Auswahl von Lyrik und Prosa, insbesondere aus der Zeit des Stalinismus, mit einfühlsamen Kommentierungen.*

- **Zbigniew Herbert: Das Land, nach dem ich mich sehe. Lyrik und Prosa.** Auswahl und Vorwort von Michael Krüger. Nachwort von Jan Błinski, Frankfurt a. M. 1987. *Der in der „Polnischen Biblio-*

Quellen

thek" erschiene Band gibt einen informativen Einblick in die Schaffensbiografie von Herbert.

- **Ossip Mandelstam: Hufeisenfinder,** Leipzig 1975. *Die zweisprachige von Fritz Mierau besorgte Auswahl aus Gedichten und Essays, kommentiert von Alexander Dymschitz und Lydia Ginsburg, gibt einen prägnanten Einblick in Mandelstams Poetik.*

- **Tadeusz Różewicz: Niepokoj Formen der Unruhe,** Wrocław 1999. *Der von Karl Dedecius besorgte, übersetzte und kommentierte zweisprachige Band versammelt eine repräsentative Auswahl aus Różewiczs lyrischem Schaffen, mit einem Essay zur „Lyrischen Saison Herbst 1966" vom Autor und einer biografischen Notiz.*

Forschung
- **Karl Dedecius: Von Polens Poeten,** Frankfurt a. M. 1988. *Essays über Herbert, Różewicz, Pryboś, Stanisław Jerzy Lec, Konstanty Ildefons Gałczyński und Adolf (Neuwert) Nowaczyński, die die Auseinandersetzung des Übersetzers mit den Dichtern ausdrücken.*

- **Heinrich Olschowsky: Lyrik in Polen. Strukturen und Traditionen im 20. Jahrhundert,** Berlin 1979. *Eine kenntnisreiche Übersicht über wichtige Tendenzen in der Lyrik von der Avantgarde bis zur Gegenwart, vermittelt durch subtile exemplarische Analysen der polnischen Lyrik der bedeutendsten Dichter und Werke.*

- **Bodo Zelinsky unter Mitarbeit von Jens Herlt (Hg.): Die russische Lyrik,** Köln u. a. 2002. *Informative Einführung zur Geschichte der Lyrik in Russland von 1700 bis zur Gegenwart mit 28 exemplarischen Interpretationen von Gedichten bedeutender Lyriker.*

13 Feminismus ohne Feminismus

Abbildung 13: Elżbieta Jabłońska: *Supermatka 3 (Supermutter 3)* (2003)

Das Bild ist Teil einer Fotoserie mit dem Titel „Supermatka" („Supermutter"), die einen zentralen Topos der polnischen Kultur aufgreift und aktualisiert:„Matka Polka" („Mutter Polin"). Der heroische Mythos der starken, selbstlosen Mutter, die ihre Söhne im patriotischen Geist für den Kampf mit den Feinden erzieht, ist einem Genrebild aus dem profanen Alltag gewichen, der der Frau und Mutter nicht weniger Heldenhaftes abverlangt: Arbeit, Haushalt, Erziehung – alles lastet auf ihr, die in selbstbewusster Pose als moderne Madonna mit dem Kind die Bildmitte beherrscht.

Das Mutterbild dominiert noch immer die moderne osteuropäische Frauenliteratur. Es ist Vorbild und Abstoßungspunkt für eine Neubestimmung der Rolle der Frau in der Gesellschaft und für die neuere Frauenliteratur, die sich der feministischen Themen angenommen hat, ohne sich in jedem Fall zur feministischen Ideologie, gleich welcher Ausprägung, zu bekennen.

„Die Seele hat kein Geschlecht" lautet die Überschrift eines Aufsatzes aus dem ersten, noch in der Sowjetunion erschienenen feministischen Almanach *Shenstschina i Rossija* (*Die Frau und Russland*) aus dem Jahre 1980. Weniger von Geschlechterdifferenz war hier die Rede als vom Verhältnis der Frauen zu ihrem Land und der Rolle, die sie darin spielten. Der westliche Feminismusdiskurs trifft in Osteuropa auf spezielle gesellschaftliche und kulturelle Voraussetzungen, die seine Akzeptanz erschweren und teilweise auch unter Frauen Ablehnung hervorrufen.

Im Folgenden werden einige Tendenzen und Beispiele aus der russischen und polnischen Frauenliteratur aufgezeigt, die verdeutlichen, wie sehr auch die Gegenwartsliteratur von nationalen kulturellen Traditionen geprägt ist.

13.1 **Genderdiskurs in Osteuropa**
13.2 **Frauenliteratur in Russland und Polen**
13.3 **„Mütter" bei Petruschewskaja und Ulizkaja**
13.4 **„Mütter" bei Tokarczuk und Gretkowska**

13.1 Genderdiskurs in Osteuropa

Im Zweiten Weltkrieg waren in Russland und in Polen Frauen als Soldatinnen und Partisaninnen im aktiven Kampf an vorderster Front tätig. Mit dem Bild der schwachen, unselbstständigen Frau, die im Luxus und der Geborgenheit eines gutbürgerlichen Heimes eingesperrt war, das dem Feminismus im Westen zugrunde lag (vgl. Beauvoir 1992), können sich Frauen in Osteuropa kaum identifizieren. Der Feminismusdiskurs des Westens trug jedoch dazu bei, das Bewusstsein der osteuropäischen Frauen für die Probleme in ihren eigenen Ländern zu wecken. Seit der politischen Wende differenzieren sich die Frauenbilder in Osteuropa (vgl. Chołuj 2008), und in der Literatur wächst der Protest gegen die Restauration eines konservativen Frauenbildes, das durch Arbeitsmarktprozesse und den wachsenden Einfluss der Kirche in diesen Gesellschaften festzustellen ist.

Rolle der Frauen in der Gesellschaft

Zwei gegenläufige Tendenzen widersetzen sich dem Feminismus westlicher Prägung: Zum einen ist es die starke Traditionsverhaftung der agrarisch geprägten osteuropäischen Kulturen in archaischen Geschlechterbildern und -mythen, in denen die Mutter als Inkarnation des Weiblichen schlechthin gilt. Zum anderen hat die jahrzehntelange sozialistische Praxis trotz all ihrer Defizite die gesellschaftliche Emanzipation der Frau gefördert und den Frauen einen aktiven Part im Arbeitsleben der Gesellschaft eingeräumt. Die Kombination zweier konträrer Frauenbilder – der starken, selbstbewussten Heldin der Arbeit und der selbstlosen, treusorgenden Familienmutter – galt im Sozialismus über einen langen Zeitraum als die gesellschaftlich akzeptierte Norm, der sich auch die Frauen widerspruchslos unterwarfen.

Zwei Frauenbilder

Nicht nur das Mutterbild, sondern auch das Bild der starken Frau hatte in Russland und Polen geschichtliche Vorläufer: In beiden Ländern gehörten Frauen aus der Adelselite und der Intelligenzia zu den aktiven Kämpfern für die Freiheit von Fremdherrschaft (in Polen) und Autokratie (in Russland).

Traditionen der starken Frau

Die Frauen der Dekabristen, die ihre Männer in die sibirische Verbannung begleiteten oder zu Hause das Leben aufrecht erhielten, und die weiblichen Mitglieder der Terroristenbewegungen, die mit Attentaten das Regime gewaltsam beseitigen wollten, hatten nicht die Durchsetzung von Frauenrechten im Sinn, sondern die Befreiung der ganzen Gesellschaft (vgl. Ebert 2004, S. 14–25). Die mannhafte, stolze Slawin, wie sie der russische Dichter Nikolai Nekrassow im Poem *Moros krasny nos* (*Waldkönig Frost*, 1863) besang, „ging in die

Dekabristenfrauen

Die stolze Slawin

brennenden Hütten" (Nekrassow 1965, S. 246), bewährte sich in Härtezeiten wie in den Weltkriegen oder der Revolution, und hielt das Alltagsleben in allen Krisenzeiten aufrecht. Für Selbstreflexion und die Formulierung eigener Interesse blieb kein Raum.

Die Stärke der polnischen Frau blieb an das Mutterbild gebunden: Mit dem Verlust der polnischen Staatlichkeit wurde der Frau die nationale Aufgabe zugedacht, die Söhne im patriotischen Dienst zu erziehen und für das Opfer im ausweglosen aber unvermeidlichen Kampf gegen die Feinde vorzubereiten, wie es Adam Mickiewicz in seinem programmatischen Gedicht *Do matki Polki* (*An die Mutter Polin*, 1830) verkündete. Die Bewahrung der religiösen und kulturellen Traditionen, die Frauen im nationalen Diskurs allgemein zugedacht werden (vgl. Yuval-Davis 1997), erlangte unter den Bedingungen der Fremdherrschaft eine politische Dimension. Diese Mutter wurde zu einer Pietà erhoben, sie symbolisierte die höchsten Werte der Nation, doch zugleich waren Selbstverzicht und Bereitschaft zum Martyrium das ihr bestimmte Schicksal.

<small>Mutter Polin</small>

13.2 Frauenliteratur in Russland und Polen

Sowohl die russische als auch die polnische Literatur ist reich an weiblichen Autoren. Die meisten von ihnen verstehen sich nicht als Feministinnen und lehnen „weibliche Literatur" als eigene Kategorie ab: Den Satz der Anna Achmatowa „Ich bin keine Poetessa, sondern ein Poet" könnten die meisten unterschreiben. Angst vor dem Verdikt der „Damenliteratur" verbirgt sich dahinter, aber zugleich der Anspruch, nicht Literatur für Frauen zu schreiben, sondern einen anderen Blick in die Literatur einbringen zu wollen.

<small>Keine „weibliche Literatur"?</small>

In der polnischen Literatur gehören seit dem Positivismus in der zweiten Hälfte des 19. Jahrhunderts Frauen zu den führenden Autoren: Eliza Orzeskowa, Gabriela Zapolska, Zofia Nałkowska, Maria Dąbrowska, Maria Kuncewiczowa. Sie stellen die besondere Situation von Frauen in Notzeiten ins Zentrum, wobei sich der Akzent von sozialem Mitleid (bei Orzeszkowa) in der Zwischenkriegszeit auf seelische Zustandsbeschreibungen verlagert und tabuisierte Themen wie Abtreibung, Sexualität oder Einsamkeit aufgegriffen werden (etwa bei Nałkowska, Kuncewiczowa, Dąbrowska). Nach dem Zweiten Weltkrieg und dem Holocaust wird das Leiden der Frauen mit ihren spezifischen Bedingungen zu einem wichtigen Thema der Frauenliteratur (etwa bei Hanna Krall). In der Lyrik ist die Nobelpreisträgerin

<small>Polnische Frauenliteratur</small>

Wisława Szymborska die herausragende Gestalt. Kritiker und Dichter-Kollegen loben ihre Lyrik als unprätentiös und vollkommen. „Sie ist weder traditionell-moralistisch noch avantgardistisch-artifiziell: sie ist einfach vollendet", heißt es in einer Kritik (Sandauer in: Szymborska 1980, S. 8), und in einer anderen: „Als würde bei Szymborska mit jedem Gedicht alles von neuem beginnen. Die Welt, das Sein und das Nichtssein" (Bieńkowski in: Szymborska 1980, S. 8).

In Russland beginnt die eigentliche Blütezeit weiblicher Autoren mit der Moderne: Dichterinnen wie Anna Achmatowa, Sinaida Hippius, Marina Zwetajewa bringen im frühen 20. Jahrhundert persönliche Themen wie Liebesleid oder Trennungsschmerz in den allgemeinen kulturellen und gesellschaftspolitischen Diskurs ein und ergänzen das authentische Sprechen der Lyrik um die weibliche Perspektive. In den 1970er-Jahren entsteht eine Bewegung hin zur Alltagsprosa (*bytowaja prosa*), in der Autorinnen eine wichtige Rolle spielen: Die Doppelbelastung der Frauen wird thematisiert (etwa von Natalja Baranskaja), Glücksansprüche werden formuliert, die die Gesellschaft nicht zu befriedigen vermag (bei Wiktoria Tokarewa oder Marina Palej).

Russische Frauenliteratur

In Russland wie in Polen ist seit den 1970er- und 1980er-Jahren ein Aufschwung der Frauenliteratur, d. h. der von Frauen verfassten Literatur, festzustellen, die eine bemerkenswerte thematische und stilistische Vielfalt aufweist. Als übergreifendes Merkmal der neuesten Frauenliteratur ist die Subjektwerdung des Weiblichen auszumachen, gleichsam die Korrektur der von Simone de Beauvoir festgestellten dominanten Sicht des Mannes (als Subjekt), der die Frau als das Andere (das Objekt) betrachtet; (→ ASB SCHÖSSLER, KAPITEL 4). Diese weibliche Perspektive bringt häufig auch eine andere Sicht auf die Welt und eine andere Art des Erzählens hervor. Darin trifft sich die osteuropäische Frauenliteratur wieder mit dem westlichen Feminismusdiskurs.

Der andere Blick

Die Suche nach der eigenen Stimme manifestiert sich in zahlreichen Texten insofern, als sich die Frauenliteratur des zentralen Weiblichkeitsbildes der „Mutter" bemächtigt und sich mit ihm auseinandersetzt. Die Prominenz des Mutterbildes in der neuesten Frauenliteratur hängt auch damit zusammen, dass dieses Bild nicht allein traditionell geschlechtliche Identität symbolisiert, sondern auch im nationalen Diskurs eine wichtige Rolle gespielt hat. Der Mutter-Mythos gehört zu den heiligen Werten der russischen und der polnischen Kultur. In ihm verschmelzen die archaischen, folkloristischen, heidnischen Konnotationen der Symbolik „Urmutter Erde" mit dem christlichen Bild der Gottesmutter Maria, an der in Osteuropa vor allem die Mutterfunktion geschätzt wird.

Mutterbilder im nationalen Diskurs

Mutter-Mythos in Russland

In Russland gilt die Gottesmutter, der apokryphen Legende folgend, als Vermittlerin zwischen Himmel und Hölle, als Fürbitterin für die Verdammten. In der Folklore wird sie als „Mütterchen Russland" in der Verbindung von folkloristischer und orthodoxer Symbolik zum symbolistischen Ausdruck für Heimat (*rodina*) (vgl. Goscilo 1996). Die familiale Metaphorik von „Mütterchen Russland" und „Väterchen Zar", die die „heilige Ehe" miteinander eingehen, gehört zu den Gründungsmythen des Moskauer Staates.

Mutter-Mythos in Polen ...

In Polen entwickelte sich, fußend auf dem Katholizismus, eine ganz eigene Marienverehrung, indem die als wundertätig geltende Ikone der schwarzen Madonna von Tschenstochau als Schutzpatronin und Königin von Polen und Symbol der nationalen Einheit verehrt wird (vgl. Szewczyk 2000, S. 13–17).

... und in Russland

Ist es in Polen die Gottesmutter, die nicht nur uneigennützige Liebe, Selbstverleugnung und Leidensbereitschaft verkörpert, sondern auch einen unerschöpflichen Kraftquell für die sie verteidigenden Söhne, so wird diese Funktion in Russland eher dem folkloristisch-heidnischen Ideal der Mutter-Erde, dem Heimatboden zugewiesen (vgl. Ebert 2004, S. 145–166).

Mutter im Sozialistischen Realismus

Als ein kanonischer Text des Sozialistischen Realismus galt Maxim Gorkis bereits 1906 verfasster Roman *Mat* (*Die Mutter*). Die Mutter repräsentiert hier das unterdrückte, in seinem Selbstbewusstsein zurückgebliebene Volk. Selbst eine tiefgläubige Frau, wird diese Mutter durch den politisch wachen Sohn zur revolutionären Tat gebracht. Das kam dem stalinistischen familialen Denken entgegen, in dem das Volk als weiblich und infantil konnotiert wurde und dem „Vater" in Liebe und Verehrung ergeben zu sein hatte.

Mutter-Mythen heute

Das patriarchalische Mutterbild wird der wichtigste Abstoßungspunkt für die neuere Frauenliteratur, in der es weniger darum geht, ein neues Frauenbild zu entwerfen, als die dominanten patriarchalischen Mythen zu entzaubern und Geschichte aus der Perspektive der Frauen neu zu erzählen. Das geschieht auf vielfältige Weise, das Spektrum reicht hier von der Dekonstruktion bis zur Rekonstruktion traditioneller Mythen.

13.3 „Mütter" bei Petruschewskaja und Ulizkaja

Ljudmila Petruschewskaja (geb. 1938), eine der erfolgreichsten russischen Autorinnen der Gegenwart, zählte mit ihren düsteren Alltagsgeschichten und Dramen seit den 1970er-Jahren zum literarischen

Untergrund. Sie hat unter ihren Frauenfiguren nicht wenige mächtige Mutterfiguren aufzuweisen, bei denen die traditionell weiblichen Eigenschaften (Fürsorge, Hingabe, Liebe, Selbstlosigkeit, Emotionalität) in den Hintergrund getreten und durch zusätzliche Aneignung traditionell männlicher Merkmale (Machtgier, Berechnung, Rationalität) pervertiert sind. Es handelt sich um Frauentypen, die Sigmund Freud und Jacques Lacan „phallische Mutter" nannten, welche aufgrund verschiedener Umstände Mutter- und Vaterrolle zugleich übernommen haben (vgl. Barker 1986, S. 3).

Petruschewskajas phallische Mutter

In den meisten Erzählungen von Petruschewskaja ist von vaterlosen Familien, von alleinerziehenden Müttern die Rede, sind Männer abwesend oder spielen keine nennenswerte Rolle. Die Autorin ist ein Beispiel für die von der Kritik festgestellte Tendenz zur „Feminisierung der Geschichte" in der russischen modernen Frauenliteratur (vgl. Goscilo 1996, S. 37–50). Viele ihrer Texte weisen einen Perspektivwechsel von der Vater-Sohn-Genealogie zur Mutter-Tochter-Linie oder auch zur Mutter-Sohn-Linie aus.

Feminisierung der Geschichte

Der Ausschluss der Männer aus der Geschichtserzählung oder ihre Marginalisierung innerhalb dieser Erzählung hat erzählerische Konsequenzen: Statt der Sujeterzählung, die die Geschichte als eine chronologische Abfolge entfaltet, erfolgt die Rückkehr zu einer mythologischen Erzählung von den Ursprüngen, in der vom immer wiederkehrenden Kreislauf von Geburt und Sterben die Rede ist. Die Frauen nehmen darin einen so zentralen wie festen Platz ein, sie sind Mütter – Töchter – Großmütter, deren Schicksale sich gleichen, deren Wege vorgezeichnet sind und denen es nicht in den Sinn kommt, aus dieser Ordnung auszubrechen.

Mythologisches Erzählen

Die Unterdrückung der Frau durch die patriarchalische Ordnung wird in ihren Konsequenzen für die weibliche Psyche dargestellt. In Petruschewskajas Erzählungen werden die Deformierungen, die die Machtverhältnisse in den Seelen der Frauen angerichtet haben, sowohl in ihren masochistischen als auch in ihren sadistischen Auswüchsen schonungslos entlarvt. Der Topos von der Mutter als Unterdrückerin wird in den meisten ihrer Erzählungen in seinen psychologischen Dimensionen mitgeteilt.

Unterdrückung der weiblichen Psyche

Macht der Mutter

In der Erzählung *Wremja notsch* (zuerst auf deutsch erschienen: *Meine Zeit ist die Nacht*, 1991) wird der Bogen über drei Generationen einer Familie gespannt, die eine neurotische, zur Zerstörung und Selbstzerstörung führende Abhängigkeit der Mütter-Töchter-Generationen aufweist. Erzählt wird aus der Sicht einer Frau der mittleren Generation, die sich als unverstandene Dichterin empfindet. Sowohl die eigenen Kinder als auch die ins Altersheim abgeschobene Mutter, deren körperlicher und seelischer Not sie tatenlos zusieht, bleiben ihr fremd.

Petruschewskaja verwendet einen dem Skas nachempfundenen reduktionistischen Erzählduktus, der mit Andeutungen und alltagssprachlichen Redewendungen arbeitet und ganz auf den individuellen Wahrnehmungs- und Sprachhorizont der Figuren zugeschnitten ist. Die Kritik spricht bei der Charakterisierung der Milieus und des Sprachstils in den Texten Petruschewskaja von „Stadtfolklore", die von Mündlichkeit und Gerüchten lebt und das Nichtfixierte, Flüchtige in den urbanen Lebensverhältnissen der Gegenwart erfasst (vgl. Hielscher 1996).

Stadtfolklore

Petruschewskaja beschreibt Mütter, die ihre Söhne und Töchter unterdrücken und damit unterschiedliche Persönlichkeitsstörungen auslösen. Indem die Kinder in infantiler Abhängigkeit von der Mutter gehalten und somit an der Ausbildung eines eigenen Selbst gehindert werden, entfalten sie abnorme, pathologische Züge zur Selbstverteidigung, flüchten sich in Alkohol, in Gewaltexzesse, in den Wahnsinn oder werden selbst zu Despoten, die das am eigenen Leib Erfahrene wiederum an die eigenen Kinder weitergeben. So wird ein Kreislauf aus physischer und psychischer Aggression und Unterwerfung entfaltet, aus dem es kein Entrinnen zu geben scheint. Die politische Ebene wirkt nicht als Verursacher, sondern bestenfalls als Auslöser oder Verstärker von sozialpsychischen Dispositionen. Nicht immer sind die Mütter in Petruschewskajas Texten Monster, doch immer werden sie als unfrei in ihrem Fühlen, Denken und Handeln dargestellt – geprägt sowohl von ihrer genetischen Disposition als auch von ihrem sozialpsychologischen Milieu. Indem jedoch Genetik und Milieus schicksalhaft verkettet erscheinen, treten uns die Figuren kaum als Individualitäten entgegen, sondern eher als sozialpsychologische Typen.

Fatalistischer Kreislauf

Ein geradezu provokantes Gegenprogramm zu solcherart Mutterdarstellung entfaltet Ljudmila Ulizkaja (geb. 1943), die Gewinnerin mehrerer russischer und internationaler Literaturpreise, deren Erzählungen und Romane seit den 1980er-Jahren die russische und internationale Aufmerksamkeit auf sich ziehen. Von Petruschewskajas minimalistischem Erzählstil unterscheidet sich die Erzählerin Ulizkaja durch die Lust am Fabulieren, am Geschichtenerzählen. Ihre Sprache ist lebensprall, bildhaft und humoristisch.

Ulizkajas Erzähllust

Ulizkaja erzählt zumeist Familiensagas, in denen die Familie nicht als absterbende Institution, sondern als zutiefst anfällige, konfliktbe-

Neue Familiensagas

haftete, aber dennoch lebens- und zukunftsfähige Gemeinschaft vorgestellt wird. Allerdings unterscheidet sie sich von traditionellen Formen – Ulizkajas Familien sind Patchworkfamilien, in denen die Rollenverteilung variabel ist. Mütter tauchen hier in den unterschiedlichsten Konstellationen auf (vgl. Ebert 2008a). Die Familienschicksale sind zutiefst mit der sowjetischen Geschichte verwoben und durch sie geprägt.

Aus der Vielzahl ihrer Müttergestalten ragt eine heraus, die einen expliziten Traditionsbezug erkennen lässt: Medea in dem Roman *Medea i ee deti* (1996; *Medea und ihre Kinder*, 1997). Der Mythos der Medea wird hier neu konstituiert: Nicht eine Kindsmörderin tritt auf, sondern die kinderlose Verwalterin der Familientradition, die letzte Griechin auf der Krim, verheiratet mit einem Juden, Verteidigerin der verjagten Tataren; ihre hervorstechenden Eigenschaften sind Selbstlosigkeit und religiöse wie kulturelle Toleranz. Diese Medea zeichnet sich durch allumfassende Mütterlichkeit aus, die sich jedoch nicht auf den biologischen naturhaften Vorgang des Gebärens gründet, sondern die sich im Pflegen und Hüten der natürlich gewachsenen Familienbande, in der Bewahrung der Familientradition entfaltet. Medea ist zwar ebenso wie die gleichnamige Figur aus dem von Euripides literarisch konstituierten Mythos eine Fremde, aber das ist für ihre Geschichte irrelevant. Sie wird trotzdem zur Integrationsfigur, ihr Haus auf der Krim zum Asylort, zu dem alle Mitglieder ihrer im ganzen Land verstreuten, ethnisch bunt gemischten Familie streben, wo sie sich begegnen und neue Kräfte schöpfen, wo sie ihr eigenes Zentrum finden. Für sich beansprucht Medea keinerlei Rechte, ihr Wesen ist Fürsorge und Hingabe, zugleich aber Kraft und Stärke.

Ulizkajas Erzählung von der „großen Mutter" stellt eine aus westlich feministischer Sicht verheerende idealisierende Um-Schreibung des Medea-Mythos dar. Sie präsentiert damit jedoch eine alternative Geschichtserzählung über die sowjetische Völkerfamilie aus weiblicher Sicht. Dem selbsternannten, mit harter patriarchalischer Hand regierenden „Vater der Völker" Stalin wird ein anderer, ein weiblicher Mythos, eine „Mutter der Völker" gegenübergestellt, die die Völkerfreundschaft nicht ideologisch proklamiert, um sie dann politisch zu brechen, sondern die diese Völkerfreundschaft selbstverständlich lebt (vgl. Ebert 2004, S. 181–226).

Eine andere Medea

„Mutter der Völker"

13.4 „Mütter" bei Tokarczuk und Gretkowska

Die neuere polnische Frauenliteratur artikuliert sich weniger in der Neuerzählung der Geschichte aus weiblicher Sicht, als vielmehr in der Schaffung eines neuen, ganz eigenen poetischen mythologischen Raums, in dem die Neuerfindung des eigenen Selbst zelebriert wird.

Musterhaft vorgeführt wird das im Schaffen von Olga Tokarczuk, die feststellt, einer Generation anzugehören, die ohne Geschichte sei – der Generation der in den 1960er-Jahren Geborenen. In ihrem Roman *Prawiek i inne czasy* (1996; *Ur und andere Zeiten*, 2000) erzählt sie die Schöpfungsgeschichte auf märchenhaft-mythologische Weise neu, in dem sie den Ort Ur (eigentlich Ur-Zeit) mitten ins Weltall situiert und ihn vom Rest der Welt mit einer magischen Grenzlinie abtrennt. Bewacht wird Ur von den Erzengeln Rafael, Gabriel, Uriel und Michael. Letzterer wird zum Namenspatron des Stammvaters der Familie Nebieski (polnisch *niebo* = Himmel), die Ur begründet.

<small>Ur und andere Zeiten</small>

<small>Zwischen Mythos und Geschichte</small>

Zugleich ist Ur in der realen Welt situiert – es liegt in Ostpolen zwischen Kielce und Jeszkotle –, und die geschichtlichen Ereignisse zweier Jahrhunderte durchziehen den Ort. Sie lösen das Kommen und Gehen der Männer aus: Soldaten, die in den Krieg ziehen müssen, russische und deutsche Besatzer, die zu wechselnden Zeiten nach Ur eindringen, während die Frauen unaufhörlich die Lasten des Alltags tragen, Kinder gebären und damit die stabile und verlässliche Säule des Lebens in Ur bilden. Wie der Ort werden auch die Figuren in einen mythologischen Rahmen eingebettet.

<small>Muttermythen im Wandel</small>

Die Verhaftung im mythologischen Kreislauf verleiht den Frauen Stärke, verhindert aber zugleich ihre Selbstentfaltung. Vorgestellt werden im Roman drei Generationen von Frauen im 20. Jahrhundert. Bei den Vertreterinnen der ersten Generation sind die mythologischen Bezüge am deutlichsten sichtbar. Sie zeigen sich bereits in den Namen: Genowefa (Eva) und Ähre (Demeter): Zeitgleich mit der christlichen Genowefa gebiert Ähre, die am Rande von Ur lebende, vom Priester als Hexe verschriene wilde Frau, ein Kind aus der Vermählung mit einer Wurzel, die die Kraft der Erde symbolisiert.

<small>Religiöse und heidnische Mythen</small>

Die Kinder von Ähre und Genowefa werden vertauscht, und dieses Motiv zieht sich durch den ganzen Roman – ein Hinweis auf die unauflösbare Vermischung von christlich-religiösen und naturhaft-sinnlichen Wurzeln des Menschseins. Die geschichtlichen Abläufe, in die der Mensch geworfen wird, erweisen sich als wechselnde Varianten desselben Prinzips, an dessen Anfang Geburt und dessen Ende der Tod steht. Sehr differenziert wird die Gestalt der Mutter als Gebärerin von Leben aber auch in ihren geschichtlichen Wandlungen beschrieben.

Genowefa, die starke Frau, hält, als ihr Mann 1914 als Soldat in den russischen Krieg ziehen muss, die Mühle in Betrieb. Die Mühle erscheint als Motor, der die Welt antreibt, als Maschinerie, die alles in Bewegung hält. Doch die Mühle zerbricht, als der heimliche Geliebte von Genowefa, der Jude Eli, mit seiner Familie vernichtet wird. Genowefas Tochter Misia, die Vertreterin der zweiten Generation, wird eher durch den Vater als durch die Mutter ins Leben eingeweiht. Er erschließt ihr die Welt (die symbolische Ordnung). Ohne den Vater hatte Misia die Mühle als eine „riesige Masse ohne Anfang und Ende" (die semiotische Ordnung) gesehen, als er aus dem Krieg heimkehrte „sah sie die Mühle anders – mit Verstand." (Tokarczuk 2000, S. 50). Das entspricht ganz der Beschreibung der Feministin Julia Kristeva, dass die Frau die (vorrationale) semiotische Ordnung verkörpert und der Mann die symbolische (→ ASB SCHÖSSLER, KAPITEL 6). Doch Misia, die mehrere Kinder bekommt und einen gewalttätigen Ehemann hat, mahlt nicht mehr, sondern fühlt sich bei der Geburt des ersten Kindes „in den Trichter der riesigen Kaffeemühle fallen", in dessen dunklen Schlund sie stürzt und in dessen Mahlwerk sie gerät (Tokarczuk 2000, S. 127). Erst Adelka, Misias Tochter, bricht aus. Als Vertreterin der dritten Generation verlässt sie das autarke Universum und baut sich ein Leben jenseits von Ur in der Stadt auf. Man erfährt, dass sie studiert und eine Tochter bekommen hat. Nach vielen Jahren kehrt sie zu einem Besuch nach Ur zurück, wo nur noch ihr Vater lebt, der ihr aber feindselig begegnet. Das einzige, was Adelka von ihrem Besuch aus Ur mitnimmt, ist die Kaffeemühle, deren Kurbel sie auf der Rückfahrt mit dem Taxi langsam dreht.

In der Poetik der Tokarczuk gewinnen die Dinge eine eigene Geschichte und Wertigkeit: So wird der Kaffeemühle, die Genowefas Mann aus dem Krieg in Russland, in den er gezwungen wurde, mitbrachte, ein eigenes Kapitel gewidmet. Sie ist „ein Stück Materie, dem die Idee des Mahlens eingehaucht worden ist" und hat eine eigene, nicht sichtbare im Material eingelassene Geschichte:

> „Vielleicht sind Kaffeemühlen der Angelpunkt der Wirklichkeit, um den sich alles dreht und entwickelt, vielleicht sind sie für die Welt wichtiger als Menschen. Vielleicht ist sogar diese eine Kaffeemühle der Pfeiler dessen, was sich Ur nennt." (Tokarczuk 2000, S. 53)

Mühle als Symbol des Lebens

Magie der Dinge

Magischer Realismus

Tokarczuks Poetik wird häufig als „magischer Realismus" beschrieben. Zwar inszeniert die Autorin, ähnlich wie Petruschewskaja, eine gynozentrische Mythologie, doch folgt sie dabei weniger einem psychosozialen als einem poetischen Impuls: Auch sie gestaltet die schicksalhaften Verkettungen der Generationen, doch sie betont nicht so sehr deren tragische Seiten als vielmehr deren natürliche Kontinuität. Nicht Ideologien, sondern das konkrete Handeln und Fühlen der Menschen, ebenso wie die vom Menschen geschaffenen Artefakte sind es, auf die sich das Leben gründet und zu denen sich die politische Geschichte als sekundär und abgeleitet verhält. Das bedeutet keine Umkehrung der Geschlechterordnung, sondern die Relativierung aller Machtverhältnisse angesichts der unerbittlichen Lebensprinzipien, denen alle Menschen unterworfen sind und an deren Ursprung die Mütter stehen. Tokarczuks Sprache ist bildhaft poetisch. Die märchenhaften Elemente der Fabel werden durch den prononciert mythologisierenden Stil unterstrichen.

Der Blick aus der Fremde

Zur Quelle des „fremden Blicks" wird in der polnischen Frauenliteratur häufig die Emigrationserfahrung: Aus der Distanz erscheint die Heimat in einem anderen, grelleren oder sanfteren Licht. Doch geht es auch um ein prinzipielles Fremdsein in der Welt, das die Frage nach dem Verhältnis zwischen Eigenem und Fremden neu aufwirft. Die Erfahrung des Fremden wird von der polnischen Kritik sogar als konstitutiv für die Ausbildung einer feministischen Literatur in Polen bezeichnet (vgl. Trebisz 2003, S. 110). Das bevorzugte Thema ist die Neu-Verortung und Selbstfindung in einer offenen, aber auch komplizierter gewordenen Welt. Die nicht mehr politisch erzwungene, sondern selbst gewählte Emigration von Autorinnen wie Manuela Gretkowska, Magdalena Tulli oder Natasza Goerke verändert und weitet die Perspektive, sie führt aber auch dazu, den eigenen Platz in der Heimat neu zu bestimmen.

Manuela Gretkowska

Das bezeugt insbesondere die Entwicklung von Manuela Gretkowska (geb. 1964), die nach Jahren im Ausland (USA und Schweden) nach Polen zurückgekehrt ist und dort eine feministische Partei gegründet hat. Sie gehört zu den originellsten Erneuerern der polnischen Gegenwartsliteratur; insbesondere ihr grotesker Roman *Kabaret metafyzyczny* (*Das metaphysische Kabarett*, 1994) über die jungfräuliche Stripperin Beppa hat großen Aufruhr in der Kritik ausgelöst (vgl. Schlott 2004).

Polka

Ihr Tagebuchroman mit dem doppeldeutigen Namen *Polka* (2001) – das ist der Name ihrer Tochter und zugleich die Bezeichnung für „Polin" – gibt Auskunft über den Prozess der Selbstfindung der Ich-

Erzählerin, der mit dem Beginn ihrer Schwangerschaft (noch in Schweden) einsetzt und mit der Geburt ihrer Tochter (bereits wieder in Polen) endet. Die Suche nach Authentizität und Identität wird strukturell durch den autobiografischen Schreibgestus unterstrichen: Die Heldin heißt wie die Autorin Manuela und ihr Mann, ebenfalls wie im Leben, Pjotr. Auf diesbezügliche Fragen antwortete Gretkowska:

Autobiografisches Spiel

„Meiner Meinung nach gibt es in dem Buch überhaupt keine Manuela. Dort irrt irgendeine Chamäleon-Frau ohne Identität herum. Nach sich selbst suchend. Ein Kind der modernen Welt." (Gretkowska 2001 in: Trebisz 2003, S. 121)

Gretkowska ist vertraut mit feministischen Theorien des Westens und stellt in ihrem Buch auch die Frage nach der Identität der Mutter, des *motherself*, nämlich, wie die Geburt des Kindes ihre bisherige Identität beeinflusst, ob sie sich ohne das Kind noch denken kann. Interessanterweise entdeckt die Ich-Erzählerin mit der Mutterschaft auch ihr Polentum neu, die kulturelle Verankerung im vertrauten Milieu erweist sich als stärker als die individualistische Distanz, die sie im Westen gewonnen hatte. Doch will sie ihr Polentum jetzt neu definieren. Es soll der Ort sein, von dem aus sie mit der Welt verbunden bleibt, der sich nicht durch Exklusion, sondern Weltoffenheit auszeichnet (vgl. Chołuj 2004, S. 124–128).

Identitätssuche

Die Frage nach der Aktualität der „Matka Polka" ist nicht obsolet geworden, sie treibt die polnischen Autorinnen, insbesondere der mittleren Generation, noch immer um. Ihre Antworten bedeuten keine Rückkehr zur Tradition, sondern offenbaren eine existenzialistisch zu nennende Weltsicht, die – intensiver als die russische Frauenliteratur, welche häufig erkennbar von politischen und sozialen Diskursen beeinflusst ist –, nach individueller Selbstbestimmung und Identität der Frau im Rahmen neu geschaffener Mythen in oder jenseits der Geschichte sucht.

Fragen und Anregungen

- Weshalb stößt der westliche Feminismusdiskurs in Osteuropa auf Widerstände? Diskutieren Sie die Gründe.
- Welche traditionellen Weiblichkeitsmuster bestimmen die Frauenbilder in Russland und Polen?
- Skizzieren Sie an einem Beispiel, in welcher Weise die Um-Schreibung traditioneller Mutterbilder erfolgt; stützen Sie sich dabei auf einen der genannten Texte.

- Inwiefern berührt sich der „andere Blick" in der osteuropäischen Frauenliteratur mit den Postulaten des westlichen Feminismus?
- Überlegen Sie, welche Rolle die Frauenliteratur im Russland und Polen der Gegenwart spielt.

Lektüreempfehlungen

Quellen
- **Manuela Gretkowska: Polka.** Übersetzt von Paulina Schulz, München 2004.

- **Ljudmila Petruschewskaja: Meine Zeit ist die Nacht. Aufzeichnungen auf der Tischkante.** Aus dem Russischen übersetzt von Antje Leetz, Berlin 1991.

- **Olga Tokarczuk: Ur und andere Zeiten.** Aus dem Polnischen übersetzt von Esther Kinsky, 2. Auflage Berlin 2000.

- **Ljudmila Ulizkaja: Medea und ihre Kinder.** Aus dem Russischen übersetzt von Ganna-Maria Braungardt, Berlin 1996.

Forschung
- **Christa Ebert: „Die Seele hat kein Geschlecht". Studien zum Genderdiskurs in der russischen Literatur,** Frankfurt a. M./Berlin u. a. 2004. *Der Band enthält Fallstudien aus zwei Jahrhunderten russischer Literaturgeschichte, in denen die Besonderheit des Geschlechterdiskurses in Russland thematisiert werden.*

- **Christa Ebert/Malgorzata Trebisz (Hg.): Feminismus in Osteuropa? Bilder – Rollen – Aktivitäten,** Berlin 2003. *Der Sammelband vermittelt einen Einblick in die Spezifika des Genderdiskurses der Nachwendezeit in Russland, Rumänien, der Slowakei, Ungarn und Polen.*

- **Walter Koschmal (Hg.): Die Frau in der polnischen Gegenwartskultur,** Köln/Weimar/Wien 1996. *Interdisziplinärer Studienband, der die Rolle der Frau im „sanften Patriarchat" in Polen in den Bereichen Politik, Religion, Wirtschaft, Kultur beleuchtet.*

14 Kultur im Umbruch – Literatur im Aufbruch?

Abbildung 14: Wiktor Pelewin: *Generation* П, Buchcover zur russischen Ausgabe des Romans (2000)

Das Buchcover der russischen Ausgabe von Wiktor Pelewins Roman „Generation П" aus dem Jahr 2000 visualisiert die wichtigsten Merkmale der postmodernen Ästhetik im nachsowjetischen Russland: Das Porträt der in Ost und West gleichermaßen populären Revolutions-Ikone Che Guevara wird vor einem bunten Teppich aus Coca Cola- und Pepsi Cola-Design – den ebenfalls systemübergreifendenden Konsum-Ikonen amerikanischer Provinienz – drapiert. Der Titel stellt das in lateinische Lettern gesetzte englische Wort „Generation" neben das kyrillisch Schriftzeichen „П"=„P" für „Pepsi". Signalisiert wird damit die Verkehrung und Austauschbarkeit der Zeichen ebenso wie der Werte, die sie symbolisieren, in der globalisierten Welt. Das „Anything goes" der Postmoderne gewinnt damit einen deutlichen kulturellen Bezugsrahmen: Russland und der Westen, Ideologie und Werbung. Beide werden vermischt und neu inszeniert.

Die gesellschafts- und kulturpolitische Wende in Osteuropa hatte einen tief greifenden Paradigmawechsel in den Organisationsformen und hinsichtlich des Sozialprestiges von Literatur zur Folge. Verloren gegangen ist nicht nur die institutionelle Absicherung der Literatur, sondern auch ihre unangefochtene Rolle als Verkünderin verbotener Wahrheiten, Trägerin nationaler und moralischer Werte, ihre Bedeutung als Medium authentischen Sprechens. Literatur besinnt sich auf ihre für die Moderne charakteristische ästhetische Funktion, die in den Ostblockländern aufgrund der gesellschaftlichen Umstände in den Hintergrund gedrängt worden war. Das bedeutet jedoch keine ungebrochene Rückkehr zu den Positionen der Moderne, sondern vielmehr eine Suche nach Neuorientierung, für die die Postmoderne mit ihrer unbegrenzten Offenheit für künstlerische Ausdrucksformen ästhetische Hilfestellung leistet. Literatur in Osteuropa ist dabei, sich neu zu erfinden. Das geschieht auf vielfältige Weise. Dabei zeichnet sich insbesondere die junge Autorengeneration durch Experimentierfreudigkeit im Schreiben aus, auf die im Folgenden anhand von ausgewählten Beispielen aus Russland und Polen eingegangen wird.

14.1 **Paradigmawechsel**
14.2 **Die postsowjetische Postmoderne**
14.3 **Die neue Lust am Fabulieren**

14.1 Paradigmawechsel

Nach der Perestroika in Russland und dem Sieg der Solidarność-Bewegung in Polen herrschte Anfang der 1990er-Jahre die Euphorie der errungenen Freiheit, die ihre Erfolge zunächst im Triumph der Glasnost, das heißt dem Wegfall der politischen Zensur, feierte. Die inoffizielle Literatur in beiden Ländern, die bislang im *Samisdat* (Selbstverlag) in Russland und im *drugi obieg* (*Zweiter Umlauf*) in Polen neben dem offiziellen Verlagswesen kursierte (→ KAPITEL 3.4), wurde legalisiert und erreichte ein Massenpublikum. Das galt in Russland für die verbotenen Texte von Anna Achmatowa, Ossip Mandelstam, Marina Zwetajewa, Michail Bulgakow, Andrej Platonow, Josip Brodski, für die gesamte vorrevolutionäre Moderne. Das galt aber auch für jene in der kurzen Zeit des „Tauwetters" Mitte der 1950er-Jahre entstandene Abrechnungsliteratur mit dem Stalinismus, die dann doch nicht veröffentlicht werden durfte, sondern erst im Zuge der Perestroika verlegt wurde, etwa für Wladimir Dudinzews Roman *Belye odeshdy* (*Weiße Kleider*, 1988), in dem der Verfolgung der russischen Genetik durch Stalin ein Denkmal gesetzt wird, oder für Anatoli Rybakows Roman *Deti Arbata* (*Kinder des Arbat*, 1987), der die moralische Verkommenheit der Nomenklatura geißelt.

Triumph der Glasnost

Samisdat und *drugi obieg*

Endlich konnten die weißen Flecken der eigenen Geschichte aufgearbeitet und Tabuthemen, insbesondere die Verbrechen des Stalinismus betreffend, behandelt werden. Dokumentarische Literatur, Memoiren, Biografien von missliebigen oder emigrierten Künstlern, Politikern, Militärführern kamen nunmehr ans Licht der Öffentlichkeit.

Beseitigung von Tabus

Die Rückkehr der Exilliteratur in die Heimat gehörte zu den bemerkenswertesten Ereignissen der Nachwendezeit in ganz Osteuropa. Zwar hatte dieser Prozess insbesondere in Polen schon in den 1970er-Jahren begonnen: zwischen 1976 und 1989 brachten polnische Untergrundverlage mehr als 1 500 Buchtitel auf den Markt (vgl. Schlott 2004, S. 25). Doch wurde nun eine hohe Zahl politischer Alltagspublizistik aus der Nachkriegszeit veröffentlicht, die seinerzeit von Staatsverlagen abgelehnt worden war, inzwischen aber an Aktualität verloren hatte; zudem wurden jetzt berühmte Autoren der Emigration, wie Witold Gombrowicz, Czesław Miłosz, Gustaw Herling-Grudziński und Sławomir Mrożek, wieder in den offiziellen nationalen Literaturkanon aufgenommen.

Rückkehr der Exilliteratur

Die ursprüngliche Absicht Michail Gorbatschows, mittels Glasnost den Sozialismus zu demokratisieren, unterstützten die Literaten aktiv: Literatur erlebte deshalb in den Jahren 1986 bis Anfang der 1990er-Jahre in der Sowjetunion einen ungekannten Bedeutungsaufschwung – Politik und Literatur schienen dasselbe Ziel zu haben. Umso tiefer war nach dem Zusammenbruch des Sowjetimperiums der Sturz der Götter. Die Sowjetliteratur erschien nun als ein „erkalteter Leichnam", ein „großköpfiger, toter ideologischer Körper, der seinen Geist still und gleichsam verwirrt unter dem Kanonendonner von Glasnost und Perestroika aufgab" (Jerofejew 1990, S. 52). Der Sturz der Götter bezog sich auch auf die systemkritischen Autoren und Dissidenten, die ihre Funktion als moralische Leitfiguren verloren.

<small>Bedeutungsverlust der Literatur</small>

Die Umstellung von einem politisch gelenkten Kulturbetrieb auf die Marktwirtschaft befreite die Literatur von ideologischer Zensur, stellte sie dafür aber unter die harten Gesetze von Konsumenteninteressen und literarischen Preisen, wie den Booker Russian Novel Prize oder den Nike Literary Prize in Polen. Hochdotiert und prestigeträchtig wurden solche Preise zum begehrten Ziel literarischer Anstrengung, da die bislang waltende staatliche Alimentierung der Literatur weggefallen war. Mit der Einführung des arbeitsteiligen Kultur- und Medienbetriebs verlor die Literatur in ganz Osteuropa ihre subversive Allmacht. Presse und Fernsehen übernahmen die Entlarvung von Missständen, Soziologie und Politik die Gesellschaftsanalysen. Zunehmend wird auch in Osteuropa das Internet das wichtigste Kommunikationsmedium, das besonders die jungen Autoren nutzen und das, wie überall in der Welt, die Existenzbedingungen der Literatur radikal revolutionieren wird.

<small>Kulturbetrieb und Marktwirtschaft</small>

Die Neuorientierung der Literatur in den postsozialistischen Gesellschaften ist noch in vollem Gange und lässt sich vorläufig nur in allgemeinen Tendenzen beschreiben. Sie weist in beiden Ländern Ähnlichkeiten, aber auch nationalgeschichtlich bedingte Unterschiede auf. Die spektakulärste und vom Westen vorrangig rezipierte und geförderte neue Tendenz in der Literatur wird von der Kritik mit dem Etikett „postmodern" versehen. Obgleich der Begriff der Postmoderne sich in Russland rascher und vehementer in der Literaturkritik durchgesetzt hat als in Polen und zu einer Art Kampfbezeichnung für antitraditionalistische postsowjetische Literatur unterschiedlicher Couleur geworden ist, hat er sich inzwischen auch in der polnischen Kritik etabliert. Hier dient er vor allem zur Bezeichnung des Generationswechsels, wobei die Generation der nach 1960 Geborenen als

<small>Postmoderne als Kampfbegriff</small>

<small>Generationswechsel</small>

postmodern betrachtet wird, da sie sich von den ästhetischen Erfahrungen und dem Geschichtsbewusstsein der „Generation 56" (→ KAPITEL 12.3) sichtbar abgewendet habe (vgl. Schlott 2004; Nasiłowska 2000, S. 125).

Der inflationäre und vage Umgang mit dem Etikett „postmodern" kann nicht verbergen, dass sich auch in der postsowjetischen Literaturszene bei aller Heterogenität ihrer Einzelerscheinungen wieder jene Dichotomie etabliert, die seit dem 19. Jahrhundert Literatur und Kritik spaltete: die Dichotomie von westlich liberaler und national konservativer Haltung, die als eine moderne Fortsetzung des traditionellen Westler- und Slawophilenstreits betrachtet werden kann. In dieser Zweiteilung wären die postmodernen Autoren dem westlich-liberalen Flügel zuzuschlagen (vgl. Shneidman 2004, S. 16). Den jüngeren und auch älteren Autoren des liberalen Lagers stehen die Traditionalisten gegenüber, die eine antiwestliche, nationalistische Haltung vertreten. Zu ihnen gehören die ehemaligen Dorfschriftsteller Walentin Rasputin, Wiktor Astafjew und der aus der Emigration zurückgekehrte, nationalbolschewistische Eduard Limonow.

Westler versus Slawophile heute

Das Aufleben traditionalistischer Tendenzen ist in der polnischen Literatur weniger auffällig als in Russland. Nach der Befreiung Polens aus dem russisch-sowjetischen Machtbereich kehrte die gesamte polnische Literatur deutlich erkennbar zu ihren europäischen Wurzeln zurück. Die in Russland seit mehreren Jahrhunderten virulente Frage der Zugehörigkeit zum Westen oder zum Osten, die auch die Gegenwartsliteratur wieder aufgreift, spielt für das polnische Selbstbewusstsein keine Rolle. Der Osten ist hier im besten Falle Bestandteil des als multikultureller Raum neu entdeckten oder neu erfundenen Kresy-Mythos (→ KAPITEL 6) von Autoren wie Andrzej Stasiuk, aber kein Faktor in der nationalen Bewusstseinsbildung der Nachwendezeit.

Polens Rückkehr nach Europa

In beiden Ländern ist ein Aufblühen der Populärliteratur festzustellen. Für die Behandlung brisanter Konflikte der Gegenwart hat sich in Russland das Genre des Kriminalromans etabliert, häufig von Frauen verfasst (z. B. Alexandra Marinina, Polina Daschkowa und Darja Donzowa; vgl. Shneidman 2004, S. 154–164). In Polen stehen Autorinnen wie Krystyna Kofta und Joanna Chmielewska hoch in der Lesergunst: Kofta verbindet Elemente der Triviallitertur mit postmodernen Verfahren, Chmielewska parodiert populäre Genres wie den Kriminalroman, aber auch den Produktionsroman des Sozialistischen Realismus (vgl. Schlott 2004, S. 101f.).

Populärliteratur

Eine Genremischung aus Abenteuer-Detektivroman und postmoderner Intertextualität verwendet der russische Schriftsteller und Japanologe Boris Akunin zur Neubetrachtung der nationalen Geschichte. In seiner Romanserie *Priklutschenija Erasta Fandorina* (*Die Abenteuer Fandorins*, seit 1998) agiert der Kommissar Fandorin, anfangs noch im Dienste der zarischen Geheimpolizei, später freiberuflich und unabhängig, doch immer im Dienste des Vaterlands, indem er politisch motivierte, international agierende Verschwörungen aufdeckt. In Polen hat der Autor und Altphilologe Marek Krajewski mit seiner Breslau-Serie (2003–07), die in der vormals deutschen Stadt der Zwischenkriegszeit spielt, Aufsehen erregt: Er nutzt eine Mischung von Schauer- und Detektivroman, um den Kriminalrat Eberhard Mock bei seiner Verfolgung spektakulärer Kriminalfälle durch die Stadt zu begleiten, deren in Polen lange Zeit tabuisierte deutsche Vergangenheit in zwar zumeist düster gezeichneten, aber topografisch authentischen Schauplätzen mit ihren deutschen Straßen- und Ortsnamen in den Romanen wieder auflebt.

Historie im Krimi

Diese neuen Mischformen, die die Grenzen zwischen Hoch- und Trivialliteratur aufheben, erweisen sich häufig als geeignete Ausdrucksformen, um auf unterhaltsame und unangestrengte Weise soziale Probleme der aktuellen Gegenwart anzusprechen und sich der eigenen Geschichte und Vergangenheit auf neue Weise zu nähern.

Vermischung von Hoch- und Trivialliteratur

14.2 Die postsowjetische Postmoderne

Die in der russischen Kritik als postmodern proklamierte Literaturrichtung fand ihre Vorläufer in der sich seit den 1970er-Jahren entwickelnden inoffiziellen Literaturszene, die unter dem Stichwort des „Konzeptualismus" bekannt wurde und in Dimitri Prigow und Lew Rubinstein ihre prominentesten Repräsentanten hatte. Die Konzeptualisten zelebrierten eine private, häufig in Wohnungen veranstaltete performative Kunst, die den Bruch mit vertrauten medialen Praktiken des Schreibens und Konsumierens von Literatur vollzog: Die Autorität des zwischen zwei Buchdeckeln eingeschlossenen schriftlichen Textes wurde zugunsten anderer Formen der symbolischen und sinnlichen Präsentation von Literatur verabschiedet: Selbstdarstellungen des Autors als Teil des Textes, Raum-Installationen und Happenings, die Niederschrift der Texte auf Karteikarten, die bewusste Überführung des Textes in den Lebensraum.

Moskauer Konzeptualismus

Im Zentrum stand das Spiel mit den ideologisch entwerteten, sinnentleerten sprachlichen Zeichen, die in ihrer Sinnentleerung vorgeführt oder mit neuen Bedeutungen versehen wurden. Die Trennung von Sprache und ihren Referenten bildete das Kernstück dieser eher intellektuell als emotional arbeitenden Ästhetik. Der Moskauer Konzeptualismus, der die Aufhebung der Grenzen zwischen den Künsten betrieb, hatte seine Entsprechung im Bereich der bildenden Kunst in der Soz-Art, die Versatzstücke der sowjetischen Repräsentationskultur mit denen der westlichen Pop-Art mischte und damit postmoderne Verfremdungseffekte erzielte. Ihre Brisanz bezogen diese Richtungen als Gegenkultur zur Offizialkultur, aus der sie ihre Themen und Inspirationen gewannen. In den Texten wurde Autoren-Ich und Figuren-Ich ununterscheidbar, Authentizität wurde infrage gestellt und durch das Prinzip der Intertextualität, d. h. das Zitieren fremder Texte, ersetzt.

Sinnentleerte Sprachzeichen

Aus dem Konzeptualismus entwickelte sich die Literatur der Postmoderne. Die Literaturkritik rechnet zu dieser Richtung Autoren wie Wiktor Pelewin, Wladimir Sorokin, Tatjana Narbikowa und Tatjana Tolstaja. Die Besonderheit der russischen Postmoderne besteht darin, dass eigentlich nicht die Ästhetik der Moderne, sondern die Mythen der sowjetischen Vergangenheit und der russischen Kulturtradition als Abstoßungs- und Referenzfelder dienen, die destruiert oder auf verfremdete und parodistische Weise rekonstruiert werden.

Autoren der Postmoderne

Die in ihren Abläufen und Konsequenzen undurchschaubare gesellschaftliche Transformation setzt einerseits kreative Energien frei, erzeugt andererseits Existenzangst und Frustration. Aus diesem Spannungsbogen beziehen die postmodernen Texte ihre paradoxen und provokativen Gestaltungen. Sie verbleiben jedoch darstellerisch auf der Ebene des Grotesken und inhaltlich auf der Oberfläche der Gegenwart, auf die sie Geschichte und Zukunft simultan beziehen. Hybridisierung von Realität und Virtualität, Multimedialität und die Auflösung der Figuren und Erzähler in wechselnde Positionen, Fragmente und Zwischenräume kennzeichnen diese Literatur. Die Vermischung vormals getrennter Bereiche ist das übergreifende Merkmal, wobei die Palette der Themen und Verfahren sehr breit ist: Sie reicht vom schwarzen Humor und der sprachlich virtuosen Stilmischung bei Tatjana Tolstaja über die Vermischung von Zeiten und Räumen bei Pelewin bis hin zum Mix aus sadosexuellen Praktiken und Politik bei Sorokin.

Hybride Inhalte und Verfahren

Die Hinwendung zu Körperlichkeit und Sexualität, eine in der russischen Tradition eher unterbelichtete Thematik, wurde nach der Perestroika in zahlreichen Werken als Tabubruch gefeiert. In der Postmoderne wird auch dieser Bereich zum intellektuellen Spiel mit den

Tabubrüche

entleerten Zeichen, die beliebig neu gefüllt werden können. Die postmodernen Texte sind Hypertexte, die je blutrünstiger und körperbetonter sie sich geben, desto blut- und fleischloser sind und so ihren Zeichencharakter umso deutlicher ausstellen. Pelewin und Sorokin wurden von der Kritik und Slawistik im Westen entdeckt und sind inzwischen auch in Russland zu Bestsellerautoren avanciert. Die postsowjetische Gegenwart bildet den Referenzrahmen, in dem ihre Figuren in ein verwirrendes Spiel von realistischen und fantastisch virtuellen Ereignissen verwickelt werden.

Pelewin: Generation П

In seinem populärsten Roman *Generation П* (1999; *Generation P*, 2000) lässt Wiktor Pelewin seinen (autobiografisch gefärbten) Ich-Erzähler Babilen Tatarski in der nachsowjetischen Markt- und Werbewelt agieren, in der die mediale Präsentation die Realität längst dominiert. Zu Sowjetzeiten Übersetzer usbekischer Literatur, wird Tatarski nun zum Werbetexter, dessen Aufgabe die Übersetzung westlicher Werbeslogans in den russischen Kontext ist. Ihm gelingt

Die (neu-)russische Idee

alles – außer der werbewirksamen Neuformulierung der „Russischen Idee", d. h. der Formel, die die nationale Identität Russlands zum gegenwärtigen Zeitpunkt beschreiben könnte. Die Notwendigkeit für eine solche wird von den Werbestrategen wie folgt begründet:

„Unser nationales Busineß erobert die internationale Arena. Da ist alles mögliche Geld im Umlauf: tschetschenisches, amerikanisches, kolumbianisches – du verstehst. Die Kohle an sich macht erstmal keinen Unterschied. Aber hinter jeder Sorte Kohle steckt eine nationale Idee. Hier bei uns hatten wir früher das Christentum, das Zarentum, das Volkstum. Dann kam das Kommunistentum. Und jetzt, wo es von der Bildfläche ist, haben wir überhaupt keine Idee mehr, nur noch die blanke Kohle [...]. Eine einfache und klare russische Idee muß her. Damit jede Schickse aus jedem beliebigen Harvard sie eins-zwei-hopp versteht ..."(Pelewin 2000, S. 186f.).

Ideologie und Werbung

Sowjetische Ideologie und westliche Werbestrategien werden auf groteske Weise verschränkt und in ein fulminantes Sprachspiel eingebettet. Das simulierte Spiel zwischen Westen und Osten, Politik und Kommerz wird in philosophische Dimensionen ausgedehnt, etwa wenn Popkultur mit Buddhismus verschmelzen und der erfolgreiche Werbetexter zum neuen buddhistischen Gott avanciert. Durch die postmoderne Beliebigkeit scheint jedoch eine Botschaft hindurch: bitterer Sarkasmus über den Ausverkauf der nationalen Werte.

Wladimir Sorokin, dessen literarische Anfänge im Konzeptualismus der 1970er-Jahre liegen, arbeitet noch extremer als Pelewin mit Sprachzeichen, die vor allem zur Dekonstruktion ideologischer Botschaften verwendet werden. Seine böse Politsatire *Den Opritschnika* (2006; *Der Tag des Opritschniks*, 2007) ist zum Beispiel eine offenkundige Allusion auf Alexander Solshenizyns Erzählung *Odin den Iwana Denissowitscha* (*Ein Tag des Iwan Denissowitsch*, 1962), in der protokollarisch und emotionslos aus der Ich-Perspektive der Tagesablauf eines gewöhnlichen Sträflings im Gulag festgehalten ist. Sorokins Ich-Erzähler Andrej Kurjaga vertritt jedoch nicht die Seite der Opfer, sondern die der Täter. Entworfen wird ein finsteres Zukunftsbild Russlands, in dem das Land sich hinter einer großen Mauer verschanzt hat, wo die Einwohner feierlich ihre Reisepässe verbrannt haben und wo als Alleinherrscher der Gossudar regiert. Gossudar hat die Opritschniki genannte berüchtigte Leibgarde Iwans des Schrecklichen aus dem 16. Jahrhundert zu neuem Leben erweckt, die mordend, brandschatzend und vergewaltigend das Land beherrscht (vgl. Kasper 2007, S. 105–117).

Sorokin: Der Tag des Opritschnik

Russland als Antiutopie

Der Stil- und Gattungsmix der Postmoderne wird von den Schriftstellern zunehmend benutzt, um Science-fiction getränkte Horrorvisionen eines künftigen Russland zu inszenieren. Tatjana Tolstajas Roman *Kys* (2000; deutsch: 2003) malt etwa ein atavistisches Russland nach dem Atomschlag, in dem hybride Menschtierfiguren ebenfalls von einem Diktator beherrscht dahinvegetieren und die Figur Puschkins nur noch als grotesker Popanz präsent ist. Die ursprüngliche nach der Wende aufgeflammte Begeisterung über die Freiheit der Literatur ist verraucht. Ernüchterung und Enttäuschung über die politische Entwicklung des Landes generieren in der postsowjetischen Postmoderne zunehmend apokalyptische Zukunftsbilder, die sprachartistisch in Szene gesetzt sind. Obwohl sich ihre Verfasser der Belehrungsfunktion entzogen haben, setzen diese Texte doch wieder Mahnzeichen.

14.3 Die neue Lust am Fabulieren

In Polen firmiert die Literatur der jungen Generation nicht so dezidiert unter dem Etikett der Postmoderne, weist aber ähnliche ästhetische Muster auf. Häufig wird Postmoderne von der Kritik mit der neuen Frauenliteratur in Verbindung gebracht (vgl. Nasiłowska 1994; → KAPITEL 13): Autorinnen wie Manuela Gretkowska und Natasza Goerke brechen in ihren Sprachspielen nationale und geschlechtliche Stereotype auf. Sie schockieren mit Darstellungen von Körperlichkeit die aber nur Vorwand sind, um metaphysische und philosophische Weltbilder zu entwickeln und das eigene Selbst durch

Postmoderne und Frauenliteratur

Verfremdung neu zu entdecken. So hat die Heldin in Gretkowskas Erzählung *Kabaret metafizyczny* (*Das metaphysische Kabarett*, 1994), die jungfräuliche Stripperin Beba, nicht nur eine Klitoris, sondern gleich zwei, was die Erzählerin als zwei Eingänge ins Paradies interpretiert und als die Zugänge zum Labyrinth in Dantes *Göttlicher Komödie* beschreibt (vgl. Schlott 2004, S. 62–68). Natasza Goerke stellt transsexuelle und transkulturelle Figuren ins Zentrum ihrer Kurzgeschichten (*Fractale*, 1994; vgl. Schlott 2004, S. 70–75).

Für alle Autorinnen und Autoren dieser postmodernen Prosa ist die verloren gegangene persönliche und kulturelle Identität das wichtigste Thema. Das Fremde und die Fremdheit werden über ihre nationalen Bedeutungen hinaus im Sinne des von Julia Kristeva geprägten Diktums „Fremde sind wir uns selbst" (Kristeva 2001) zu existenziellen Kategorien der Selbsterkundung. Die junge Generation polnischer Autoren verfügt über eine breite Palette experimenteller Erzählweisen jenseits der tradierten Muster und Themen. Es geht vor allem um individuelle Selbstsuche, um den Selbstentwurf der Figuren in einer globalisierten hybriden Gegenwartswelt, in der geschlechtliches, soziales und kulturelles Grenzgängertum vorherrscht und in der der Wandel der Identität das einzig Verlässliche ist:

„Der Mensch hat aufgehört, irgendeinen Raum zu besetzen. Der Mensch ist kein Ort mehr im Kosmos." (Bielecki in: Schlott 2004, S. 89)

Diese Position, die eine Figur in Krzysztof Bieleckis Roman *End & Fin Company* (1992) formuliert, benennt gleichsam die Tabula rasa, von der aus der Mensch in der polnischen Literatur neu entworfen wird. Die Verankerung im nationalen plot wird dabei entweder aufgekündigt, verfremdet oder neu situiert. Jüngere Autoren, die lange Zeit im Ausland verbracht haben oder dort leben – Stanisław Barańczak, Manuela Gretkowska, Natasza Goerke, Jerzy Pilch –, lassen die Grenzüberschreitungen nicht nur geografisch, sondern auch perspektivisch und in der Hybridisierung der Zeichensysteme aufscheinen. Der Held in Edward Redlińskis Erzählung *Dolorado* (1985) formuliert das Lebensgefühl dieser Generation:

„Und die Grenze zwischen Ost und West verläuft nicht entlang der Elbe [...], sondern durch mich, durch dich hindurch, durch jeden von uns. Durch die Mitte meines Gehirns, der Sprache, sogar durch das Herz [...]." (Redliński in: Schlott 2004, S. 153)

Lineares Erzählen wird durch pluralistische perspektivisches Erzählen ersetzt. Der vom einzelnen empfundenen Ortlosigkeit oder Zerrissenheit, der Geschichtsvergessenheit begegnen zahlreiche Autoren mit dem Versuch, sich in der Literatur eine eigene Welt und eine eigene Identität zu erschaffen.

Seit Mitte der 1990er-Jahre ist von einem Trend zur Metafiktion, zur Rückkehr der Fabel (*powrót fabuły*) in der polnischen Literatur die Rede (vgl. Schlott 2004, S. 141). Gemeint ist die Lust am Fabulieren, am Erfinden neuer Arten von Erzählstrukturen und Geschichten, die Realität und Fiktion ununterscheidbar vermischen. Vertreter dieses Trends sind z. B. Tomek Tryzna, Andrzej Stasiuk und Olga Tokarczuk. Sie gestalten in einem autobiografischen Gestus den Prozess der Selbstfindung durch Aneignung eines in Randzonen Polens oder im Ausland gelegenen neuen Raumes, den sie entweder erfinden oder mit neuen Bedeutungen versehen. Der Polonist Aleksander Fiut skizziert diesen Trend:

Metafiktion

„Das ist das Paris der Emigranten der [Manuela] Gretkowska, das Vorkriegs- und Nachkriegs-Warschau der [Magdalena] Tulli, das polnisch-deutsche Gdansk von [Stefan] Chwin, die Bieszczady von [Andrzej] Stasiuk, [Jerzy] Pilchs katholisch-protestantisches Schlesien am Beispiel von Cieszyn (Teschen). Sie betreten historisch erschlossene Landstriche: sie sprechen über das Schicksal der ausgesiedelten Deutschen, über das Leben der protestantischen Gemeinschaft in dem vom Katholizismus beherrschten Polen, über die Lebensbedingungen der am Gefühl der Entwurzelung leidenden Bewohner von Landstrichen, die an Osteuropa grenzen. Das ist eine wiederholte Reise in das Innere verborgener Schuldgefühle, vernachlässigter und gering eingeschätzter Bereiche polnischer Kultur. Und dennoch gibt es in diesen Romanen nichts Modisches irgendeiner ‚Rückkehr zu den Wurzeln‘." (Fiut 1996 in: Schlott 2004, S. 96)

Der polnische Literaturwissenschaftler Przemysław Czapliński spricht von Initiationsprosa, da häufig über die Entfaltung der Persönlichkeit, über das Erleben erster Erfahrungen berichtet wird (vgl. Schlott 2004, S. 109). Bedenkt man das Tabula-rasa-Empfinden der Literaten nach der Wende, das in dem Bekenntnis von Marek Nowakowski „Wir sind alle wieder Debütanten" seinen geflügelten Ausdruck fand (Nowakowski 1993 in: Nasiłowska 2000, S. 121), so ist die Initiation in der Tat ein wesentliches Merkmal der jungen Prosa. Allerdings handelt es sich in der Regel nicht um ein Debüt im eigentlichen Sinne, sondern eher um einen versuchten Neubeginn, in dem scheinbar gesichertes Wissen verworfen und bekannte Szenarien des Verhaltens und vor allem des Reisens durch Wiederholung im literarischen Spiel reinszeniert werden. Die in diesen Texten häufig verwendeten Verfahren – Pastiche, Parodie, Metafiktion – gelten als

Initiationsprosa

wichtige Elemente postmoderner Ästhetik. Sie werden von den Autoren ganz unterschiedlich eingesetzt, wobei sich männliche und weibliche Herangehensweisen deutlich differenzieren lassen.

> Männliche und weibliche Initiation

In Andrzej Stasiuks Roman *Biały kruk* (1995; *Der weiße Rabe*, 1998) wird z. B. ein männliches Initiationsritual nachgespielt, indem vier in die Jahre gekommene Freunde zu einer Abenteuertour in die Beskiden, die verlassenen Grenzgebiete zur Ukraine aufbrechen. Scheinbar auf den Spuren vergangener Partisanenkämpfe und auf trostlose Hinterlassenschaften sozialistischer Vergangenheit treffend, gerät der Selbsterfahrungsweg zum Horrortrip, der den schrittweisen Verfall der einstigen Werte (Heroismus, Freundschaft, Solidarität) demonstriert. Statt der gesuchten neuen Identität erfolgt die Auslöschung der bisherigen:

> „Ich versuchte mich an irgendeine Geschichte zu erinnern, eine Lappalie aus vergangenen Zeiten, etwas, das mir Linderung hätte verschaffen können, wie ein Schneeklumpen unter der Zunge. Aber meine Erinnerung war leer [...]. Ein symmetrischer, monotoner Wirbel saugte Menschen, Jahre und Dinge ein und trug sie fort in einen nicht existierenden, aufgeschlitzten Himmel, und lockere, pelzige Krumen fielen auf unsere Spuren, die jeden Augenblick verschwinden würden." (Stasiuk 1998, S. 348)

Olga Tokarczuks weibliche Ich-Erzählerin hingegen führt die schrittweise Aneignung der Landschaft, ihrer Mythen und die Gewinnung einer individuellen mythischen Welt vor, so in den aus kurzen Fragmenten zusammengesetzten Erzähltexten *Dom dzienny, dom nocny* (1998; *Taghaus, Nachthaus*, 2001) und *Prawiek i inne czasy* (1996; *Ur und andere Zeiten*, 2000; → KAPITEL 13.4). Destruktion und Rekonstruktion von Mythen wechseln sich ab. Neben der Flucht aus der Geschichte steht deren individuelle Neugewinnung und Ausdeutung.

> Zeitstrukturen

Dazu gehört auch ein neuer Umgang mit der Zeit: Nicht Chronologie ist das bestimmende Prinzip, sondern die mythische Zeitenthobenheit. Die Literaturkritik interpretiert diesen Trend als Verlust von historischen Gewissheiten und als Ausklammerung aktueller gesellschaftlicher Ereignisse. Keiner der Erzähler fühle sich als Gestalter der Zukunft. Da statt der Zukunftshoffnung die Vielschichtigkeit des privaten Raums ins Zentrum tritt, wird auch die Zeit weniger im historischen Verlauf als in der mythischen Wiederholung des Gleichen aufgefasst. Zwar ist eine erneute Hinwendung der Literatur zur jüngsten Geschichte zu registrieren, insbesondere zur Okkupations- und Nachkriegszeit (vgl. Czapliński 2009), diese geht jedoch einher mit dem Verzicht auf eine von politischen und nationalen Stereotypen durchsetzte Metaerzählung. Statt ihrer sucht die Literatur einen individuellen, fragmentarisch und episodisch konstruierten, am Erleben von Einzelschicksalen ausgerichteten Zugang zur jüngsten Geschichte. Thematisch steht weniger das Kriegsgeschehen als die Okkupation, das Alltagsleben im besetzten Land im Zentrum.

Neuzugang zur Geschichte

Das Muster hatte Andrzej Szczypiorskis international beachteter Roman *Początek* (1986; *Die schöne Frau Seidenmann*, 1988) geliefert, der in locker verknüpften Einzelepisoden die Rettung einer Jüdin im besetzten Warschau durch das Eingreifen deutscher und polnischer Helfer beschreibt und der das Verhältnis von Deutschen, Polen und Juden in der Kriegs- und Nachkriegszeit neu zur Diskussion stellt.

Im neuen Umgang mit Geschichte, den die Literatur der jungen Generation pflegt, sieht die polnische Kritik eine Tendenz zur Privatisierung der Diskurse. Von dieser Privatisierung werden auch einige Autoren der mittleren Generation erfasst, wie das Beispiel des Literaturwissenschaftlers und Autors Stefan Chwin belegt. In seinem Roman *Hanemann* (1995; *Tod in Danzig*, 1997) wird aus der Perspektive eines kleinen Jungen die Stadt Danzig zum Zeitpunkt des Kriegsendes als spannungsgeladener Ort multikultureller Begegnungen betrachtet, in dem sich für einen kurzen historischen Moment Schicksale und Lebenswege von Menschen verschiedenster Herkunft kreuzen. Der deutsche Wissenschaftler Hanemann, der sich weigert die Stadt zu verlassen, trifft mit den neu ankommenden Polen aus den Ostgebieten, einer rätselhaften jungen Frau vermutlich ukrainischer Herkunft sowie einem taubstummen Zigeunerjungen zusammen. Das einzig Konstante in der Stadt sind die Dinge, die zurückgelassen werden, Möbel und Küchengeräte in den von Deutschen verlassenen Wohnungen, die die neuen Bewohner sich zögerlich aneignen. Es ist eine Stadt, bewohnt von Fremden, die sich arrangieren müssen und eine seltsame Gemeinschaft eingehen. Erst mit der Einrichtung der kommunistischen polnischen Verwaltung und der Polonisierung der Stadt geht diese kurze Phase der Hybridität zu Ende.

Privatisierung der Diskurse

Chwin: Tod in Danzig

Die Texte von Chwin, Stasiuk, Tokarczuk, Gretkowska, Goerke sind Zeugnisse dafür, dass die Identität inzwischen nicht mehr in homogenen Strukturen, sondern in Grenzräumen und Übergangssituationen gesucht wird.

Hybride Räume

Diese sprachintensive, sprachspielerische und intertextuelle neue Literatur, die mit Anspielungen und Zitaten arbeitet, stellt höchste Anforderungen an die Übersetzer, die dieses sprachliche eigenständige Universum in einen anderen Kulturkontext übersetzen müssen (→ KAPITEL 2.3) und damit gleichsam zu Ko-Autoren werden.

Bedeutung der Übersetzung

Fragen und Anregungen

- Skizzieren Sie, worin der Paradigmawechsel in der Literatur in Osteuropa nach der Wende besteht.

- Welche Ähnlichkeiten und welche Unterschiede kennzeichnen die Wendesituation in Russland und Polen?

- Was bedeutet Postmoderne in Osteuropa?

- Erörtern Sie, wie die Auseinandersetzung mit der Tradition in der neueren russischen Literatur erfolgt.

- In welchen Facetten manifestiert sich literarisch die neue Identitätssuche in der polnischen Literatur?

Lektüreempfehlungen

Quellen
- **Stefan Chwin: Tod in Danzig.** Aus dem Polnischen von Renate Schmidgall, Berlin 1997.

- **Wiktor Pelewin: Generation P.** Aus dem Russischen von Andreas Tretner, Berlin 2000.

- **Vladimir Sorokin: Der Tag des Opritschniks.** Aus dem Russischen von Andreas Tretner, 2. Auflage Köln 2008.

- **Olga Tokarczuk: Taghaus. Nachthaus.** Aus dem Polnischen von Esther Kinsky, Stuttgart/München 2001.

Forschung
- **Wolfgang Schlott: Polnische Prosa nach 1990. Nostalgische Rückblicke und Suche nach neuen Identifikationen,** Münster 2004. *Die Studie gibt einen reflektierten und umfangreichen Einblick in die wesentlichen Trends der polnischen Literatur der Nachwendezeit.*

- **N. N. Shneidmann: Russian Literature 1995–2003. On the Threshold of the New Millenium,** Toronto/Buffalo/London, 2004. *Eine fundierte Beschreibung der vielfältigen Erscheinungen und Tendenzen der aktuellen russischen Literatur, die Autoren der älteren und jüngeren Generation einbezieht.*

15 Serviceteil

15.1 Allgemeine bibliografische Hilfsmittel

Bibliografien

- European Bibliography of Soviet, East European and Slavonic Studies (Europäische Bibliographie zur Osteuropaforschung), Paris, Éd. de l'École des Hautes Études en Sciences Sociales, 1977–93. *Die Bibliografie weist Bücher, Zeitschriftenaufsätze, Rezensionen und Dissertationen zu Osteuropa nach, die in Belgien, Deutschland, Finnland, Frankreich, Großbritannien, den Niederlanden, Österreich und der Schweiz publiziert wurden; berücksichtigt werden auch nationale Minderheiten und Emigranten.*

   Slawisitik allgemein

- *Für den Zeitraum 1991–2007 nur in elektronischer Form als:* European Bibliography of Slavic and East European Studies (EBSEES) (Europäische Bibliographie zur Osteuropaforschung), Web-Adresse: http://ebsees.staatsbibliothek-berlin.de/. *Die Bibliografie wird seit Dezember 2007 nicht mehr fortgesetzt.*

- Bibliographie slawistischer Veröffentlichungen aus Deutschland, Österreich und der Schweiz 1983 / 1987–1992, herausgegeben von Wolfgang Gladrow, Karl Gutschmidt und Klaus-Dieter Seemann, München 2002. *Die Bibliografie verzeichnet vor allem deutschsprachige Literatur zur Slawistik und ist auch im Internet als Bibliografischer Datenpool der deutschsprachigen Slawistik zugänglich:* **BibDatSlav**, Web-Adresse: www.slavistik-portal.de/datenpool/datenpool-db.html.

- Online-Bibliothek der deutschsprachigen Slavistik (OlBiSlav), Web-Adresse: www.slavistik.uni-potsdam.de/cfdocs/bibliographie/index.htm. *Ein Projekt des Instituts für Slavistik und der Universitätsbibliothek Potsdam, als Fortsetzung der „Bibliographie slawistischer Veröffentlichungen"; verzeichnet Literatur ab 1993.*

- Online Contents Sondersammelgebiet (SSG) Slavistik, Web-Adresse: http://gso.gbv.de/. *Verzeichnet die Inhalte von derzeit 305 laufend erscheinenden slawistischen Zeitschriften. Zugänglich als elektronische Datenbank nur in Bibliotheken und wissenschaftlichen Institutionen der Bundesrepublik.*

SERVICETEIL

- *Alle genannten elektronischen Bibliografien können auch über das* **Slavistik-Portal** *durchsucht werden*, Web-Adresse: www.slavistik-portal.de/ (→ KAPITEL 15.3).

Polen
- **Polnische Nationalbibliographie** (Polska Bibliografia Narodowa), Web-Adresse: www.bn.org.pl/katalogi-i-bibliografie. *Wird von der Polnischen Nationalbibliothek in Warschau (Biblioteka Narodowa w Warszawie) erstellt und kann auf der Seite der Bibliothek durchsucht werden.*

- Polska Bibliografia Literacka, Web-Adresse: http://pbl.ibl.poznan.pl/. *Von der polnischen Akademie der Wissenschaften herausgegebene Fachbibliografie zur polnischen Literatur (auch Auslandspolonica), in Polen publizierter Literatur sowie zu Theater, Film, Radio und Fernsehen. Verzeichnet werden alle ab 1989 erschienenen Titel.*

- **Bibliographie der polnischen Literatur in deutscher Übersetzung** (1985–2008), Web-Adresse: www.deutsches-polen-institut.de/ Service/Bibliografien/polnisch-deutsche-uebersetzung/index.php. *Die Bibliografie wurde erstellt und wird laufend ergänzt von den Mitarbeitern des Deutschen Polen-Instituts Darmstadt. Sie ist auf der Internetseite des Instituts einzusehen.*

Russland
- **Russische Nationalbibliographie** (Rossijskaja Nacionalnaja Bibliografija), Web-Adresse: http://knigainfo.ru/default.aspx. *Verzeichnet bibliografische Angaben zu circa 1,4 Millionen Büchern, Broschüren und Dissertationen aus der früheren Sowjetunion und der Russischen Föderation; wird von der Russischen Buchkammer erstellt.*

Literaturgeschichten und Handbücher

Europa / Osteuropa allgemein
- Gerhart Hoffmeister: Deutsche und europäische Romantik. 2. Auflage Stuttgart 1990. *Eine konzentrierte Übersicht über nationale Ausprägungen der Romantik mit Berücksichtigung von Polen und Russland.*

- Siegfried Tornow: Was ist Osteuropa? Handbuch zur osteuropäischen Text- und Sozialgeschichte von der Spätantike bis zum Nationalstaat, Wiesbaden 2005. *Gesamtdarstellung der osteuropäischen Binnenstrukturen in ihren geschichtlichen Entwicklungen und Differenzen.*

- Miłosz Czesław: Geschichte der polnischen Literatur, Köln 1981. *Ein anschaulicher Exkurs durch die polnische Literatur vom Mittelalter bis zum „Neuen Polen".* Polen

- Andreas Lawaty: Deutsche und Polen. Geschichte, Kultur, Politik, herausgegeben von Hubert Orłowski, 2. Auflage München 2006. *60 Essays deutscher und polnischer Autoren zu Voraussetzungen und Problemen der deutsch-polnischen Verständigung.*

- Bonifacy Miazek: Studien zur polnischen Literatur, Frankfurt a. M. 1995. *Überblicksdarstellung zu literarischen Epochen und Autoren vom Mittelalter bis zur Gegenwart.*

- Wolfgang Schlott: Polnische Prosa nach 1990. Nostalgische Rückblicke und Suche nach neuen Identifikationen, Münster 2004. *Ein Versuch, die neuesten Trends in der polnischen Prosa zu erfassen.*

- Wacław Walecki (Hg.): Polnische Literatur. Annäherungen. Eine illustrierte Literaturgeschichte in Epochen, Krakau/Oldenburg 1999. *Epochenbezogene Gesamtdarstellung der polnischen Literatur vom Mittelalter bis zur Gegenwart.*

- Norbert Franz (Hg.): Lexikon der russischen Kultur, Darmstadt 2002. *Zentrale Begriffe und Stichworte aus den Bereichen Politik, Geschichte, Philosophie, Kunst, Literatur, Wissenschaft und Alltagskultur werden anschaulich erläutert.* Russland

- Wolfgang Kasack: Lexikon der russischen Literatur: vom Beginn des Jahrhunderts bis zum Ende der Sowjetära, 2. Auflage München 1992; Bibliographische und biographische Ergänzungen, München 2000. *Erfasst werden Autoren aus der Sowjetunion, dem Exil und der postsowjetischen Ära; so wird die russische Literatur in ihrer Gesamtheit mit ihren ästhetischen Leistungen präsentiert.*

- Reinhard Lauer: Geschichte der russischen Literatur. Von 1700 bis zur Gegenwart, München 2000. *Aktuelles Standardwerk zu literarischen Epochen und einzelnen Autoren.*

- Klaus Städtke (Hg.): Russische Literaturgeschichte, Stuttgart/Weimar 2002. *Aktuelles Standardwerk für die soziokulturelle Betrachtung der russischen Literaturgeschichte von den Anfängen bis zur Gegenwart.*

- Bodo Zelinsky (Hg.), unter Mitarbeit von Jens Herlt: Die russische Lyrik, Köln u. a. 2002. *Informative Einführung zur Geschichte der*

Lyrik in Russland von 1700 bis zur Gegenwart mit 28 exemplarischen Interpretationen von Gedichten bedeutender Lyriker.

- Bodo Zelinsky (Hg.): **Der russische Roman**, Köln 2007. *Eine Studiensammlung, die kanonische Romane der russischen Literatur unter Berücksichtigung der kulturellen Diskurse ihrer Zeit neu analysiert.*

- Bodo Zelinsky (Hg.) Das russische Drama, Köln 2010. *Studiensammlung, die wichtige Dramen der russischen Literatur neu analysiert.*

Geschichtsdarstellungen

- Rudolf Jaworski / Christian Lübke / Michael G. Müller: Eine kleine Geschichte Polens, Frankfurt a. M. 2000.

- Günther Stöckl: Russische Geschichte von den Anfängen bis zur Gegenwart, 6. Erweiterte Auflage Stuttgart 2009.

- Klaus Zernack: Osteuropa. Eine Einführung in seine Geschichte, München 1997.

- Klaus Zernack: Polen und Russland. Zwei Wege in der europäischen Geschichte, Berlin 1994. *Ergänzungsband der „Propyläen Geschichte Europas".*

15.2 Zeitschriften und Periodika

- Russian, Croatian and Serbian, Czech and Slovak, Polish Literature, Amsterdam u. a. 1981 – lfd. [Früher: Russian Literature. Amsterdam 1971–81]. *Herausgegeben von Willem G. Weststeijn, Slawisches Seminar der Universität Amsterdam. Die Zeitschrift ist der russischen Literatur und allgemeiner Literaturwissenschaft gewidmet. Verwandte Fragestellungen werden auch an Beispielen aus der kroatischen, serbischen, tschechischen und polnischen Literatur behandelt. Zu den regelmäßig wiederkehrenden Themen gehören die Geschichte der Avantgarde-Bewegungen in Osteuropa sowie Fragen der deskriptiven und theoretischen Poetik. Beiträge in englischer und russischer Sprache.*

- Slavic & East European Information Resources, Binghamton, NY 2000–08. *Herausgegeben von Karen Rondestvedt (Stanford University). Die zentrale Informationsquelle für Osteuropa-Bibliothekare weltweit. Neben Fachartikeln zu verschiedenen Gebieten der bibliothekarischen Arbeit und Berichten aus einzelnen Informationseinrichtungen werden Literaturbesprechungen und Informationen über neu erschlossene Quellen aus dem Bereich der Slawistik veröffentlicht. Erscheint vierteljährlich.*

- Slavic Review: American Quarterly of Russian, Eurasian and East European Studies, New York 1961 – lfd. *Herausgegeben von der American Association for the Advancement of Slavic Studies. Eine internationale, interdisziplinär ausgerichtete Zeitschrift, gewidmet der Erforschung von Ländern und Kulturen Osteuropas, Russlands, des Kaukasus und Zentralasiens in Vergangenheit und Gegenwart. Erscheint als Vierteljahresschrift.*

- The Russian Review: An American Quarterly Devoted to Russia, Past and Present, Malden, MA u. a. 1941 – lfd. *Herausgegeben von Eve Levin (University of Kansas). Eine der bedeutendsten akademischen Zeitschriften auf dem Gebiet der Russistik. Die publizierten Beiträge erfassen alle Lebensbereiche in Russland aus Vergangenheit und Gegenwart. Neben Artikeln zu Geschichte, Literatur, Film, Kunst und Kultur, Gesellschaft und Politik werden zahlreiche Buchbesprechungen veröffentlicht. Erscheint vierteljährlich.*

- The Slavic and East European Journal (SEEJ), Beloit, Wis. 1957 – lfd. *Herausgegeben von der American Association of Teachers of Slavic and East European Languages; University of Wisconsin. Veröffentlicht werden die Beiträge der Mitglieder der Association aus allen Bereichen der Slawistik (Sprache, Literatur und Kultur). Einen Schwerpunkt bildet die Fremdsprachendidaktik.*

- The Slavonic and East European Review, Leeds 1928 – lfd. *Herausgegeben von der Modern Humanities Research Association and School of Slavonic and East European Studies, University of London. In dieser akademisch ausgerichteten Zeitschrift erscheinen englischsprachige Beiträge (Aufsätze und Rezensionen) zu allen Bereichen der Slawistik und Osteuropaforschung: Schwerpunkte sind slawische Sprachen und Literaturen, Geschichte und Gesellschaft, Politik und Wirtschaft sowie Film, Theater und bildende Kunst in Osteuropa. Erscheint vierteljährlich.*

- **Wiener Slavistischer Almanach,** Wien / München 1978 – lfd. *Herausgegeben von Aage A. Hansen-Löve und Tilmann Reuther (Institut für Slavische Philologie, Universität München). Akademische Zeitschrift für Literatur- und Sprachwissenschaft. Erscheint zweimal jährlich.*

- **Wiener Slavistisches Jahrbuch,** Wien u. a. 1975 – lfd. *Herausgegeben von der Österreichischen Akademie der Wissenschaften und vom Institut für Slawische Philologie der Universität Wien. Im Jahrbuch erscheinen wissenschaftliche Aufsätze aus dem Gesamtgebiet der slawischen Philologie, der Volks- und Altertumskunde, ferner diese Fächer betreffende wichtige Materialien sowie Rezensionen zur Fachliteratur.*

- **Zeitschrift für Slawistik (ZfSl),** Berlin 1956 – lfd. *Herausgegeben von Karl Gutschmidt, Witold Kośny, Holger Kuße, Christian Prunitsch, Ludger Udolph und Peter Kosta. Fachorgan für deutsche und internationale slawistische Forschung, veröffentlicht Untersuchungen zu Sprachen und Literaturen, zur Volksdichtung und Kulturgeschichte der slawischen Völker in Vergangenheit und Gegenwart. Besondere Aufmerksamkeit wird den deutsch-slawischen sprachlichen, literarischen und kulturellen Wechselbeziehungen in ihren europäischen Zusammenhängen gewidmet. Literaturberichte und Rezensionen informieren über aktuelle Tendenzen der internationalen slawistischen Forschung, Tagungsberichte über wichtige wissenschaftliche Konferenzen. Beiträge meist in deutscher Sprache.*

- **Zeitschrift für Slavische Philologie,** Heidelberg 1925 – lfd. *Herausgegeben von Tilman Berger, Peter Brang, Helmut Keipert, Walter Koschmal und Dirk Uffelmann. Veröffentlicht Beiträge deutscher und ausländischer Wissenschaftler aus dem Bereich der slawischen Philologie ohne Einengung auf ein spezielles Gebiet oder eine besondere Forschungsrichtung. Das Spektrum umfasst Onomastik und Sprachgeografie, slawische Altertumskunde und Frühgeschichte, slawische Volksdichtung und Volkskunde, Geistes-, Kunst- und Kirchengeschichte der Slawen, jeweils auch in den Wechselbeziehungen zu den Nachbarvölkern. Beiträge in der Regel in deutscher Sprache. Die Zeitschrift erscheint zweimal jährlich.*

15.3 Internetportale

- **LOTSE-Slawistik**, Web-Adresse: http://lotse.uni-muenster.de/slavistik/. *Das Online-Tutorium ist eine Anleitung zum selbstständigen Aneignen fachbezogener Informations- und Kommunikationskompetenz und richtet sich vor allem an Studierende der Slawistik. Das Tutorium wurde an der Universitätsbibliothek Bochum in Verbindung mit dem Seminar für Slawistik der Universität Bochum erstellt.*

  Slawistik allgemein

- **Slavistik Portal der Osteuropa-Abteilung der Staatsbibliothek zu Berlin**, Web-Adresse: www.slavistik-portal.de. *Die Virtuelle Fachbibliothek Slavistik (Slavistik-Portal) ist eine zentrale Anlaufstelle für slawistikbezogene Fachinformationsangebote im Internet.*

- **Slavische Online-Wörterbücher der Universität Bochum**, Web-Adresse: www.ruhr-uni-bochum.de/wwwoerterbuch/. *Eine kommentierte Linksammlung für über 350 slawische (russische, polnische, slowenische, kaschubische u. a.) online-Wörterbücher und Sprachportale.*

- **Online-Bibliothek der deutschsprachigen Slawistik (OlBiSlav)**, Web-Adresse: www.slavistik.uni-potsdam.de/cfdocs/bibliographie/index.htm. *Ein Projekt des Instituts für Slavistik und der Universitätsbibliothek Potsdam, gedacht als Fortsetzung der „Bibliographie der deutschsprachigen Slavistik". Es wird Literatur ab dem Jahr 1993 verzeichnet.*

- **Culture PL**, Web-Adresse: www.culture.pl/de/culture/. *Portal des Adam-Mickiewicz-Instituts in Warschau, unter anderem zur polnischen Kultur, Literatur, Kunst, Film, Theater.*

  Polen

- **Deutsches Polen Institut Darmstadt**, Web-Adresse: www.deutsches-polen-institut.de. *Das Deutsche Polen-Institut Darmstadt ist ein Forschungs-, Analyse-, Informations- und Veranstaltungszentrum für polnische Kultur, Geschichte, Politik und Gesellschaft sowie für die deutsch-polnischen Beziehungen im europäischen Kontext.*

- **Polnische Internet-Bibliothek (Polska Biblioteka Internetowa)**, Web-Adresse: www.pbi.edu.pl/index.html. *Polnisches Kulturgut im Internet: Belletristik, Zeitschriftenliteratur, Archivalien, Musikalien und anderes mehr.*

SERVICETEIL

- Verbund der Polnischen Elektronischen Bibliotheken (Federacja Bibliotek Cyfrowych), Web-Adresse: http://fbc.pionier.net.pl/owoc. *Ermöglicht eine simultane Suche in allen polnischen elektronischen Bibliotheken.*

Russland
- Elektronische Bibliothek der Russischen Staatsbibliothek in Moskau (Elektronnaja Biblioteka RGB), Web-Adresse: http://elibrary.rsl.ru/. *Fachliteratur, Dissertationen, Belletristik, Alte Drucke und Noten aus den Beständen der Russischen Staatsbibliothek in Moskau als Volltexte im Internet. Die Sammlung umfasst neben der russischsprachigen auch fremdsprachige Literatur seit den Anfängen des Buchdrucks bis zur Gegenwart.*

- Russische und Sowjetische Plakate, Web-Adresse: www.russianposter.ru. *Der Plakatserver ist das Ergebnis eines langjährigen Forschungsprojekts (1992–2004) zur Kunst- und Kulturgeschichte der russischen Plakatkunst von 1850 bis 2004, des sowjetischen visuellen Agitprop und seinen Strukturen, Organisationen wie Akteuren.*

15.4 Osteuropastudiengänge

Überblick
- **Studienangebote im Bereich Slawistik und Osteuropastudien deutschlandweit**, Web-Adresse: www.uni-potsdam.de/u/slavistik/slavinst.htm. *Überblicksinformationen über Studienmöglichkeiten in den Bereichen Slawistik und Osteuropaforschung in allen deutschen Universitäten sind umfassend und zeitnah über die Website des Instituts für Slavistik der Universität Potsdam zu erfragen.*

- **Osteuropa studieren in Berlin** und **Brandenburg**, Web-Adresse: www.osteuropa-studieren.de/. *Bietet Informationen über Bachelor-, Master- und Lehramtsstudiengänge in Berlin und Brandenburg, einschließlich der Beschreibung der Institute und Lehrstühle, sowie zahlreiche weitere Tipps für Osteuropa-Fans.*

16 Anhang

→ ASB
Akademie Studienbücher, auf die der vorliegende Band verweist

ASB AJOURI   Philip Ajouri: Literatur um 1900. Naturalismus – Fin de Siècle – Expressionismus, Berlin 2009.

ASB D'APRILE/SIEBERS   Iwan-Michelangelo D'Aprile/Winfried Siebers: Das 18. Jahrhundert. Zeitalter der Aufklärung, Berlin 2008.

ASB BUDDE/FREIST/GÜNTHER-ARNDT   Gunilla Budde/Dagmar Freist/Hilke Günther-Arndt (Hg.): Geschichte. Studium – Wissenschaft – Beruf, Berlin 2008.

ASB FELSNER/HELBIG/MANZ   Kristin Felser/Holger Helbig/Therese Manz: Arbeitsbuch Lyrik, Berlin 2009.

ASB KOCHER/KREHL   Ursula Kocher/Carolin Kehl: Literaturwissenschaft. Studium – Wissenschaft – Beruf, Berlin 2008.

ASB MEYER   Annette Meyer: Die Epoche der Aufklärung, Berlin 2010.

ASB MÜLLER   Harald Müller: Mittelalter, Berlin 2008.

ASB REICHARDT   Ulfried Reichardt: Globalisierung. Literaturen und Kulturen des Globalen. Berlin 2010.

ASB SCHÖSSLER   Franziska Schößler: Einführung in die Gender Studies, Berlin 2008.

ASB STOCKINGER   Claudia Stockinger: Das 19. Jahrhundert. Zeitalter des Realismus, Berlin 2010.

16.1 Zitierte Literatur

Achmatowa 1973   Ein niedagewesener Herbst. Gedichte, hg. v. Edel Mirowa-Florin, Berlin 1973.

Achmatowa 1988   Anna Achmatowa: Die roten Türme des heimatlichen Sodom. Gedichte, ausgewählt und übertragen von Irmgard Wille. Briefe, ausgewählt und übertragen von Rosemarie Düring, Berlin 1988.

Achmatowa 1989   Anna Achmatowa: Poem ohne Held, hg. v. Fritz Mierau, Nachwort von Raissa Orlowa und Lew Kopelew, Göttingen 1989.

Anziferow 2003   Nikolai Anziferow: Die Seele von Petersburg, Nachwort von Karl Schlögel, aus dem Russischen von Renata von Maydell, Wien 2003.

Bachtin 1985   Michail Bachtin: Probleme der Poetik Dostoevskijs, Frankfurt a. M./Berlin/Wien 1985.

Barker 1986   Adele Marie Barker: The Mother Syndrom in the Russian Folklore Imagination, Ohio 1986.

Beauvoir 1992   Simone de Beauvoir: Das andere Geschlecht, Reinbek bei Hamburg 1992.

Belinski 1845   Wissarion Belinski: Sotschinenija Alexandra Puschkina, in: Russkaja kritika, Leningrad 1973, S. 102–179.

ANHANG

Block I und II 1978 Alexander Block: Ausgewählte Werke, 3 Bde., hg. von Fritz Mierau, Berlin 1978.

Boronowski 1994 Peter M. Boronowski: Studie über die ‚Chłopi' und Dorfnovellen Władysław St. Reymonts, München 1994.

Brockmann 2006 Agnieszka Brockmann: Die Figur der Gottesmutter in der polnischen patriotischen Poesie, in: Archetypen der Weiblichkeit im multikulturellen Vergleich. Studien zur deutschsprachigen, polnischen, russischen und schwedischen Literatur, hg. v. Mirosława Czarnecka, Christa Ebert und Grażyna Szewczyk, Wrocław/Dresden 2006, S. 83–98.

Brüne 2001 Peter Brüne: Johann Gotthilf Vockerodt und Voltaire. Zwei Sichtweisen auf Bildung und Bildungspolitik im petrinischen Russland, in: Gabriele Lehmann-Carli/Michael Schippan/Birgit Scholz/Silke Brohm (Hg.), Russische Aufklärungsrezeption im Kontext offizieller Bildungskonzepte (1700–1825), Berlin 2001, S. 453–462.

Bulgakow 1975 Michail Bulgakow: Der Meister und Margarita. Aus dem Russischen von Thomas Reschke, mit einem Nachwort von Ralf Schröder, 2. Auflage Berlin 1975.

Čechov 2003 Anton Čechov: Gesammelte Stücke, hg., übersetzt und kommentiert v. Peter Urban, Zürich 2003.

Chołuj 2004 Bożena Chołuj: Mutterschaft zwischen der individuellen Erfahrung und der sozialen Einbindung von Frauen, in: Christa Ebert/Malgorzata Trebisz (Hg.), „Nation und Geschlecht". Wechselspiel der Identitätskonstrukte, Berlin 2004, S. 113–129.

Chołuj 2008 Bożena Chołuj: Frauen, Frauenbild und Frauenfrage, in: Polen Analysen, 2008, Heft 34 (3.6.2008), Web-Adresse: www.laender-analysen.de/polen/pdf/Polenanalysen34.pdf [Zugriff vom 9.12.2009].

Čudakov 2003 Aleksandr Čudakov: Die Möwe, in, Bodo Zelinsky (Hg.), Tschechows Dramen, Stuttgart 2003, S. 23–46.

Czapliński 2009 Przemysław Czapliński: Polska do wymiany. Późna nowoczesność i nasze wielkie narracje, Warszawa 2009.

Dedecius 1988 Karl Dedecius: Zbigniew Herbert oder die Auflösung der Mythologie, in: ders., Von Polens Poeten, Frankfurt a. M 1988, S. 11–78.

Dedecius 1994 Karl Dedecius: Vorwort, in: ders., (Hg.), Mickiewicz. Dichtung und Prosa, Frankfurt a. M. 1994, S. 11–15.

Dedecius 1996 Karl Dedecius: Vorwort, in: ders. (Hg.), Panorama der polnischen Literatur des 20. Jahrhunderts, Bd. 1, Poesie, Zürich 1996, S. 9–16.

Dershawin 1958 Gawrila Dershawin: Stichotworenija, Moskwa 1958. [Übersetzung der zitierten Gedichte im vorliegenden Band: Christa Ebert].

Dostojewski 2002 Fjodor Dostojewskij: Verbrechen und Strafe. Aus dem Russischen neu übersetzt von Swetlana Geier, Zürich 1994.

Dostojewski 2003 Fjodor Dostojewskij: Puschkin. Essay. Gelesen am 8. Juni 1880 vor der „Gesellschaft der Freunde der Russischen Literatur", in: Statt einer russischen Literaturgeschichte. Puschkin zu Ehren, hg. v. Swetlana Geier, Frankfurt a. M. 2003. S. 25–46.

Dutli 1990 Ralph Dutli: Ossip Mandelstam „Als riefe man mich bei meinem Namen!" Ein Essay über Dichtung und Kultur, Frankfurt a. M. 1990.

Dybciak 2000 Krzysztof Dybciak (Hg.): Polen im Exil. Anthologie, Frankfurt a. M. 2000.

Ebert 2002 Christa Ebert: Vom Byronismus zum überflüssigen Menschen, in: dies (Hg.), Individualitätskonzepte in der russischen Kultur, Berlin 2002, S. 137–156.

ZITIERTE LITERATUR

Ebert 2004 Christa Ebert: „Die Seele hat kein Geschlecht". Studien zum Genderdiskurs in der russischen Kultur, Frankfurt a. M./Berlin/Bern/u. a. 2004.

Ebert 2008a Christa Ebert: Die Glücklichen (?). Familie als Gemeinschaftsutopie in der Prosa von Ljudmila Ulitzkaja, in: Ideen und Bilder von Gemeinschaftlichkeit in Ost und West, hg. v. Christa Ebert und Brigitte Sändig, Frankfurt a. M. 2008, S. 143–157.

Ebert 2008b Christa Ebert: Poesie gegen die Angst in der Zeit des Terrors. Osip Mandel'štams Duell mit Stalin, in: Forum für osteuropäische Ideen- und Zeitgeschichte, 12. Jg., 2008, Heft 1, S. 115–140.

Eichenbaum 1988a Boris Ėjchenbaum: Wie Gogol's „Mantel" gemacht ist, in: Jurij Striedter (Hg.), Russischer Formalismus. Texte zur allgemeinen Literaturtheorie und zur Theorie der Prosa, 4. unveränderte Auflage München 1988, S. 123–159.

Eichenbaum 1988b Boris Ėjchenbaum: Leskov und die moderne Prosa, in: Jurij Striedter (Hg.), Russischer Formalismus. Texte zur allgemeinen Literaturtheorie und zur Theorie der Prosa, 4. unveränderte Auflage München 1988, S. 210–243.

Eichwede/Bock 2000 Wolfgang Eichwede/Ivo Bock (Hg.): Samizdat: alternative Kultur in Zentral- und Osteuropa; die 60er bis 80er Jahre, Temmen 2000.

Eile 2000 Stanislaw Eile: Literature and Nationalism in partitioned Poland, 1795–1918 Studies in Russia and East Europe, Basingstoke 2000.

Etkind 1984 Efim Etkind: Russische Lyrik von der Oktoberrevolution bis zur Gegenwart. Versuch einer Darstellung, München 1984.

Fast 1999 Piotr Fast: Ideology, Aesthetics, Literary History. Socialist Realism and its Others, Frankfurt a. M./Berlin/Bern u. a. 1999.

Fieguth 1983 Rolf Fieguth: Nachwort zu „Ferdydurke", in: Witold Gombrowicz, Gesammelte Werke, Bd. 1, hg. v. Rolf Fieguth und Fritz Arnold, aus dem Polnischen übersetzt von Walter Tiel, München/Wien 1983, S. 371–379.

Figes 2003 Orlando Figes: Nataschas Tanz. Eine Kulturgeschichte Russlands, Berlin 2003.

Fiut 1999 Aleksander Fiut: Literatur der Zwischenkriegszeit, in: Wacław Walecki (Hg.), Polnische Literatur. Annäherungen. Eine illustrierte Literaturgeschichte in Epochen, Krakau/Oldenburg 1999, S. 207–234.

Folejewski 1950/51 Zbigniew Folejewski: Turgenev and Prus, in: Slavonic and East European Review 29, 1950/51, S. 132–138.

Frank 1998 Susi Frank: Gefangen in der russischen Kultur. Zur Spezifik der Aneignung des Kaukasus in der russischen Literatur, in: Die Welt der Slaven XLIII, 1998, S. 61–84.

Freise 1997 Matthias Freise: Die Prosa Anton Čechovs. Eine Untersuchung am Ausgang von Einzelanalyen, Amsterdam 1997.

Gall 2004 Alfred Gall: Romantik und Geschichte. Polnisches Paradigma im europäischen Kontext. Deutsch-polnische Perspektive, Wiesbaden 2004.

Gerigk 2000 Hans-Jürgen Gerigk: Dostojewskij der „vertrackte Russe". Die Geschichte seiner Wirkung im deutschen Sprachraum vom Fin de siècle bis heute, Tübingen 2000.

Gerick/Neuhäuser 2008 Horst-Jürgen Gerigk/Rudolf Neuhäuser: Dostojewskij im Kreuzverhör. Ein Klassiker der Weltliteratur oder Ideologe des neuen Russland? Zwei Abhandlungen, Heidelberg 2008.

Goerdt 1998 Wilhelm Goerdt: Zur Aktualität der russischen Philosophie, in: Maria Deppermann (Hg.), Russisches Denken im europäischen Dialog, Wien 1998, S. 232–245.

Gogol 1977 Nikolai Gogol: Betrachtung über das Werden Kleinrußlands, in: ders., Aufsätze und Briefe, Berlin/Weimar 1977, S. 53–68.

Goscilo 1996 Helena Goscilo: Dehexing Sex. Russian Womanhood During and After Glasnost, Michigan 1996.

Graßhoff 1965   Helmut Graßhoff/Klaus Müller/Gottfried Sturm (Hg.): O Bojan, du Nachtigall der alten Zeit. Sieben Jahrhunderte altrussischer Literatur, Berlin 1965.

Graßhoff 1986   Helmut Graßhoff: Literaturbeziehungen im 18. Jahrhundert. Studien und Quellen zur deutsch-russischen und russisch-westeuropäischen Kommunikation, Berlin 1986.

Grob 2004   Thomas Grob: Literatur, Macht und politisches Ereignis. Der Dekabristenaufstand, der Polenaufstand und die „Romantik", in: Jochen-Ulrich Peters/Ulrich Schmid (Hg), Imperium und Intelligencija. Fallstudien zur russischen Kultur im frühen 19. Jahrhundert, Zürich 2004, S. 139–170.

Günther 1984   Hans Günther: Die Verstaatlichung der Literatur. Entstehung und Funktionsweise des sozialistisch-realistischen Kanons in der sowjetischen Literatur der 30er Jahre, Stuttgart 1984.

Hagenau 1999   Gerda Hagenau: Adam Mickiewicz als Dramatiker. Frankfurt a. M. 1999.

Herbert 1987   Zbigniew Herbert: Das Land, nach dem ich mich sehne. Lyrik und Prosa. Auswahl und Vorwort von Michael Krüger, Nachwort von Jan Błonski, Frankfurt a. M. 1987.

Herbert 1998   Zbigniew Herbert: Pan Cogito, Wrocław 1998.

Herbert 2000   Zbigniew Herbert: Herrn Cogitos Vermächtnis: Gedichte, Frankfurt a. M. 2000.

Herder 1974   Johann Gottfried Herder: Ideen zur Philosophie der Geschichte der Menschheit. 16. Buch, Abschnitt IV: Slavische Völker, in: Herders Werke, 4. Teil. 3. Abt., hg. v. Eugen Kühnemann, Tokio/Tübingen 1974 (Reprint), S. 667–670.

Herdmann 1982   Ute Herdmann: Die Südlichen Poeme A. S. Puškins. Ihr Verhältnis zu Lord Byrons Oriental Tales, Hildesheim/Zürich/New York 1982.

Hielscher 1993   Karla Hielscher: Der Eurasismus. Die neoimperiale Ideologie der russischen „Neuen Rechte", in: Die neue Gesellschaft, Frankfurter Hefte 40, 1993, Heft 5, S. 465–469.

Hielscher 1996   Karla Hielscher: Sozialpathologie oder: Russische Alltagsmythen. Zur Prosa der Ljudmila Petruschewskaja, in: Neue Gesellschaft. Frankfurter Hefte 42, 1995, Heft 2, S. 348–353.

Hielscher 1998   Karla Hielscher: Das Feindbild des Tschetschenen in der klassischen russischen Literatur, in: Im Zeichen-Raum. Festschrift für Karl Eimermacher zum 60. Geburtstag, hg. v. Anne Hartmann und Christoph Veldhues, Dortmund 1998, S. 237–249.

Hildermeier 2006   Manfred Hildermeier: Wo liegt Osteuropa und wie gehen wir mit ihm um?, in: H-Soz-u-Kult, 30.05.2006, Web-Adresse: http://hsozkult.geschichte.hu-berlin.de/forum/2006-05-002 [Zugriff vom 1.2.2010].

Hoefert 1974   Siegfried Hoefert (Hg.): Russische Literatur in Deutschland, Tübingen 1974.

Hoelscher-Obermaier 1999   Hans-Peter Hoelscher-Obermaier: Nachwort, in: Juliusz Słowacki, Beniowski. Eine Versdichtung, übersetzt und hg. v. Hans-Peter Hoelscher-Obermaier, Frankfurt a. M. 1999, S. 163–177.

Hoffmeister 1983   Gerhart Hoffmeister: Byron und der europäische Byronismus, Darmstadt 1983.

Hoffmeister 1990   Gerhart Hoffmeister: Deutsche und europäische Romantik, 2. Auflage Stuttgart 1990.

Jakobson 1987   Roman Jakobson: Von einer Generation, die ihre Dichter vergeudet hat, in: Fritz Mierau (Hg.), Die Erweckung des Wortes. Essays der russischen Formalen Schule, Leipzig 1987, S. 214–236.

Janion 1998   Maria Janion: Vorwort, in: Polnische Romantik. Ein literarisches Lesebuch von Hans-Peter Hoelscher-Obermaier, Frankfurt a. M. 1998, S. 9–42.

Jarzębski 2007   Jerzy Jarzębski: Gombrowicz and the grotesque, in: Russian Literature LXII, 2007, Heft 4, S. 441–452.

Jaworski u. a. 2000   Rudolf Jaworski/Christian Lübke/Michael G. Müller: Eine kleine Geschichte Polens, Frankfurt a. M. 2000.

ZITIERTE LITERATUR

Jerofejew 1990 Wiktor Jerofejew: Letztes Geleit für die Sowjetliteratur, in: Das falsche Dasein. Sowjetische Kultur im Umbruch. Kopfbahnhof. Almanach 2, Leipzig 1990, S. 52–65.

Jobst 2001 Kerstin S. Jobst: Die Taurische Reise von 1787 als Beginn der Mythisierung der Krim. Bemerkungen zum Krim-Diskurs des 18. und 19. Jahrhunderts, in: Archiv für Kulturgeschichte Bd. 83, Köln/Weimar/Wien 2001, Heft 1, S. 121–144.

Jobst 2007 Kerstin S. Jobst: Die Perle des Imperiums. Der russische Krimdiskurs im Zarenreich, Konstanz 2007.

Kaelble 2005 Hartmut Kaelble: Die Debatte über Vergleich und Transfer und was jetzt? (8.2.2005), in: geschichte transnational. Fachforum zur Geschichte des kulturellen Transfers und der transnationalen Verflechtungen in Europa und der Welt, Web-Adresse: http://geschichte-transnational.clio-online.net/forum/id=574type=diskussionen [Zugriff vom 1.2.2010].

Kappeler 1993 Andreas Kappeler: Russland als Vielvölkerreich. Entstehung, Geschichte, Zerfall, 3. durchgesehene Auflage München 1993.

Karasek 1997 Krzysztof Karasek: Współcześni poeci polscy. Poezja polska od roku 1956, Warszawa 1997.

Kasper 2007 Karlheinz Kasper: Terror der Opričnina oder Diktatur der Vampire? Vladimir Sorokin und Viktor Pelevin warnen vor Russlands Zukunft, in: Osteuropa, 57. Jg., 2007, Heft 10, S. 103–125.

Kissel 2002 Wolfgang Stephan Kissel: Die Moderne, in: Klaus Städtke (Hg.), Russische Literaturgeschichte, Stuttgart/Weimar 2002, S. 226–289.

Kissel/Uffelmann 1999 Wolfgang Stephan Kissel/Dirk Uffelmann: Vorwort: Kultur als Übersetzung. Historische Skizze der russischen Interkulturalität (mit Blick auf *Slavia orthodoxa* und *Slavia latina*), in: ders./Franziska Thun/ders. (Hg.), Kultur als Übersetzung. Festschrift für Klaus Städtke zum 65. Geburtstag, Würzburg 1999, S. 12–40.

Klein 2002 Joachim Klein: 18. Jahrhundert, in: Klaus Städtke (Hg), Russische Literaturgeschichte, Stuttgart/Weimar 2002, S. 63–115.

Kluge 1999 Rolf-Dieter Kluge (Hg.): Von Polen, Poesie und Politik, Tübingen 1999.

Kneip 1999 Heinz Kneip: „Pan Tadeusz oder Die letzte Fehde in Litauen" – das polnische Nationalepos, in: Von Polen, Poesie und Politik. Adam Mickiewicz, hg. von Rolf-Dieter Kluge, Tübingen 1999, S. 153–169.

Koehler 1999 Krzysztof Koehler: Die Literatur der Gegenwart, in Wacław Walecki (Hg.), Polnische Literatur. Annäherungen. Eine illustrierte Literaturgeschichte in Epochen, Krakau/Oldenburg 1999, S. 235–254.

Kornblatt 1992 Judith Deutsch Kornblatt: The Cossack Hero in Russian Literature. A Study in Cultural Mythologie, Wisconsin 1992.

Kristeva 2001 Julia Kristeva: Fremde sind wir uns selbst, Frankfurt a. M. 2001.

Kriwoschejew/Sokolow 2002 Ju. Kriwoschejew/R. Sokolow: Russkaja zerkow i ordynskie wlasti (wtoraja polowina XIII-perwaja tschetwert XIV v.), in: Tjurkologitcheski sbornik 2001, Moskwa 2002, S. 156–184.

Królikiewicz 1999 Grażyna Królikiewicz: Literatur der Aufklärung, in: Wacław Walecki (Hg.), Polnische Literatur. Annäherungen. Eine illustrierte Literaturgeschichte in Epochen, Krakau/Oldenburg 1999, S. 83–111.

Krzeminski 2000 Adam Krzeminski: Der Mythos der Nation und seine Rituale in der Republik Polen, in: Yves Bizuel (Hg.), Politische Mythen und Rituale in Deutschland, Frankreich und Polen, Berlin 2000, S. 143–153.

Kuhnke 1995 Ingrid Kuhnke: Polnische schöne Literatur in deutscher Übersetzung 1900–1992/93. Bibliographie, Mainz 1995.

Lam 1983 Andrzej Lam: Mainzer Vorlesungen über die Polnische Literatur seit 1918, München 1983.

Lauer 2000 Reinhard Lauer: Geschichte der russischen Literatur. Von 1700 bis zur Gegenwart, München 2000.

Layton 1994 Susan Layton: Russian Literature and Empire. Conquest of the Caucasus from Pushkin to Tolstoy, Cambridge 1994.

Lednicki 1956a Wacław Lednicki: Mickiewicz's Stay in Russia and his Friendship with Pushkin, in: ders. (Hg.), Adam Mickiewicz in World Literature. A Symposium, Berkeley/Los Angeles 1956, S. 13–89.

Lednicki 1956b Wacław Lednicki: Bits of Table Talk on Pushkin, Mickiewicz, Goethe, Turgenev, and Sienkiewicz, The Hague 1956.

Lehmann-Carli u. a. 2001 Gabriele Lehmann-Carli/Michael Schippan/Birgit Scholz/Silke Brohm: Einleitung: Aufklärungsrezeption und Bildungskonzepte in Russland, in: dies. (Hg.), Russische Aufklärungsrezeption im Kontext offizieller Bildungskonzepte (1700–1825), Berlin 2001, S. IX–XXXVI.

Lemberg 1985 Hans Lemberg: Zur Entstehung des Osteuropabegriffs im 19. Jahrhundert. Vom „Norden" zum „Osten" Europas, in: Jahrbuch für Geschichte Osteuropas 33, 1985, Heft 1, S. 48–91.

Lermontow 1987 Michail Lermontow: Der Tod des Dichters, in: ders., Gedichte und Poeme. Ausgewählte Werke in zwei Bänden, Bd. 1, hg. v. Roland Opitz, Berlin 1987, S. 93–95.

Lermontow 1990 Michail Lermontow: Ein Held unserer Zeit, übers. V. Günther Stein, Dresden 1990.

Lettenbauer 1972 Wilhelm Lettenbauer: Die polnische Romantik, in: Die europäische Romantik, Frankfurt a. M. 1972, S. 479–523.

Libera 1989 Zdzisław Libera (Hg.): Polnische Aufklärung, Frankfurt a. M. 1989.

Lichatschow 1962 Dimitri S. Lichatschow: Die Kultur Russlands während der osteuropäischen Frührenaissance, Dresden 1962.

Loew 1995 Roswitha Loew: Wilhelm Henckel: Buchhändler – Übersetzer – Publizist, Frankfurt a. M. u. a. 1995.

Lomonossow 1965 Michail Lomonossow: Isbrannye proiswedenija, Moskwa/Leningrad 1965.

Lotman 1995 Juri Lotman: „Jewgeni Onegin". Kommentarij, in: ders., Puschkin. Biografija pisatelja. Stat'i i zametki 1960–1990. „Jewgenij Onegin". Kommentarij, Sankt Petersburg 1995, S. 451–462.

Lotman/Uspenski 1977 Jurij Lotman/Boris Uspenskij: Die Rolle dualistischer Modelle in der Dynamik der russischen Kultur (bis zum Ende des 18. Jahrhunderts), in: Poetica. Zeitschrift für Sprach- und Literaturwissenschaft Bd. 9, Amsterdam 1977, Heft 1, S. 1–40.

Madariaga 1996 Isabel de Madariaga: Katharina die Große. Das Leben der russischen Kaiserin, München 1996.

Mandelstam 1985 Ossip Mandelstam: Tristia. Gedichte, hg. von Fritz Mierau, Berlin 1985.

Mandelstam 1991 Ossip Mandelstam: Über Dichtung. Essays, hg. v. Pavel Nerler, Leipzig/Weimar 1991.

Markiewicz 1967 Henryk Markiewicz: „Lalka" Bolesława Prusa, Warszawa 1967.

Mazur 1993 Jan Mazur: Geschichte der polnischen Sprache, Frankfurt a. M./Berlin/Bern u. a. 1993.

Meyer 1995 Holt Meyer: Romantische Orientierung. Wandermodelle der romantischen Bewegung (Russland): Kjuchel'beker – Puškin – Vel'tman, München 1995.

ZITIERTE LITERATUR

Miazek 1995 Bonfacy Miazek: Bolesław Prus, in: ders., Studien zur polnischen Literatur, Frankfurt a. M. 1995, S. 195–215.

Mickiewicz 1976 Adam Mickiewicz: Pan Tadeusz oder Die letzte Fehde in Litauen. Versepos. Aus dem Polnischen nachgedichtet von Hermann Buddensieg, Berlin/Weimar 1976.

Mickiewicz 1991 Adam Mickiewicz: Die Ahnenfeier. Ein Poem. Zweisprachige Ausgabe. Übersetzt, hg. und mit einem Nachwort v. Walter Schamschula, Köln u. a. 1991.

Mickiewicz 1994 Adam Mickiewicz. Dichtung und Prosa. Ein Lesebuch von Karl Dedecius, Frankfurt a. M. 1994.

Miłosz 1983 Czesław Miłosz: The History of Polish Literature. Second Edition Berkeley/Los Angeles/London 1983.

Mühlpfordt 2001 Günter Mühlpfordt: Halle-Leipziger Aufklärung in Russland – ein Faktor der Modernisierung. Von den petrinischen zu den katharinäischen Reformen (mit Vorstufen seit Zar Aleksej und Spätstufen bis zur Regierungszeit Alexanders II.), in: Gabriele Lehmann-Carli/Michael Schippan/Birgit Scholz/Silke Brohm (Hg.), Russische Aufklärungsrezeption im Kontext offizieller Bildungskonzepte (1700–1825), Berlin 2001, S. 405–426.

Nasiłowska 1994 Anna Nasiłowska: Liebe, Postmoderne und Feminismus, in: Deutsch-polnische Ansichten zur Literatur und Kultur. Jahrbuch des Deutschen Polen-Instituts Darmstadt 1994, Heft 6, S. 199–211.

Nasiłowska 2000 Anna Nasiłowska: Ein Rucksack voller Bücher. Verlagswesen und Literatur in Polen zehn Jahre nach der Wende, in: Ansichten. Jahrbuch des deutschen Polen-Institutes, Wiesbaden 2000, Heft 11, S. 115–128.

Nekrassow 1965 Nikolai Nekrassow: Waldkönig Frost, in: ders., Gedichte und Poeme in 2 Bänden, Bd. 1, Berlin/Weimar 1965, S. 238–279.

Nosbers 1999 Hedwig Nosbers: Polnische Literatur in Deutschland 1945/1949 bis 1990. Buchwissenschaftliche Aspekte, Wiesbaden 1999.

Olschowsky 1979 Heinrich Olschowsky: Lyrik in Polen. Strukturen und Traditionen im 20. Jahrhundert, Berlin 1979.

Osterrieder 2000 Markus Osterrieder: Heldenethos und Friedenssehnsucht. Paradoxien im Kriegsbild der polnischen Szlachta (1505–1595), in: Celtoslavica 2000, Web-Adresse: http://www.celtoslavica.de/bibliothek/heldenethos.html [Zugriff vom 1.2.2010].

Pelewin 2000 Wiktor Pelewin: Generation P. Aus dem Russischen von Andreas Tretner, Berlin 2000.

Peters/Schmid 2004 Jochen-Ulrich Peters/Ulrich Schmid: Einleitung, in: dies. (Hg), Imperium und Intelligencija. Fallstudien zur russischen Kultur im frühen 19. Jahrhundert, Zürich 2004, S. 7–22.

Platonow 1989 Andrej Platonow: Die Baugrube. Das Juwenilmeer. Dshan. Aus dem Russischen von Alfred Frank und Werner Kämpfe, hg. und mit einem Nachwort v. Lola Debüser, Berlin 1989.

Platonow 1990 Andrej Platonow: Tschewengur. Die Wanderung mit offenem Herzen. Aus dem Russischen von Renate Landa, hg. und mit einem Nachwort v. Lola Debüser, Berlin 1990.

Popiel 1999 Magdalena Popiel: Literatur des Jungen Polen, in: Polnische Annäherungen. Eine illustrierte Literaturgeschichte in Epochen, hg. von Wacław Walecki, Krakau/Oldenburg 1999, S. 179–206.

Prus 1954 Bolesław Prus: Die Puppe. Aus dem Polnischen von Kurt Harrer, Nachwort von Henryk Bereska, Berlin 1954.

Przybyła 1999 Zbigniew Prybyła: Die Literatur des Positivismus, in: Wacław Walecki (Hg.), Polnische Literatur. Annäherungen. Eine illustrierte Literaturgeschichte in Epochen, Krakau/Oldenburg 1999, S. 145–177.

Puschkin 1980   Alexander Puschkin: Jewgenij Onegin. Roman in Versen. Deutsche Fassung und Kommentar von Rolf-Dietrich Keil (zweisprachig), Gießen 1980.

Puschkin 1985   Alexander Puschkin: Die Fontäne von Bachtschissarai, in: ders., Gesammelte Werke in sechs Bänden, Bd. 2, 4. veränderte Auflage, hg. v. Harald Raab, Berlin/Weimar 1985, S. 151–170.

Puschkin 1988   Alexander Sergejewitsch Puschkin: Puschkin. Ein Lesebuch für unsere Zeit, Berlin/Weimar 1988.

Puschkin 1995   Alexander Puschkin: Der eherne Reiter. Deutsch von Rolf-Dietrich Keil, Sankt Petersburg 1995.

Pynsent 1996   Robert B. Pynsent: The Literature of Nationalism. Essays on East European Identity, Hounsmills/Basingstoke/Hampshire/London 1996.

Reymont I und II 1984   Władisław St. Reymont: Das Gelobte Land, 2 Bde. Aus dem Polnischen übertragen von Aleksander von Guttry, neu durchges. Ausg., ergänzt von Sigrid Möser, mit einem Nachwort von Ulrike Herbst, Leipzig 1984.

Ritz 1994   German Ritz: Moderne polnische Prosa, in: Hans Joachim Piechotta/Ralph-Rainer Wuthenow/Sabine Rothemann (Hg.), Die literarische Moderne in Europa. Bd. 3: Aspekte der Moderne in der Literatur bis zur Gegenwart, Opladen 1994, S. 317–337.

Robel 1992   Gert Robel: Zur Aufklärung in Adelsgesellschaften: Russland und Polen, in: Europäische Aufklärung(en). Einheit und Vielfalt, hg. v. Siegfried Jüttner und Joachim Schlobach, Hamburg 1992.

Różewicz 1983   Tadeusz Różewicz: Gedichte. Stücke, hg. von Karl Dedecius, Frankfurt a. M. 1983.

Różewicz 1999   Tadeusz Różewicz: Niepokój. Formen der Unruhe. Übertragen von Karl Dedecius, Wrocław 1999.

Safranski 2007   Rüdiger Safranski: Romantik. Eine deutsche Affäre, München 2007.

Said 1981   Edward W. Said: Orientalismus, Frankfurt a. M. 1981.

Schaller 1985   Helmut Schaller: Die Geschichte der Slawistik in Deutschland und in der Bundesrepublik, in: Beiträge zur Geschichte der Slawistik in nichtslawischen Ländern, hg. v. Josef Hamm und Günther Wytrzens, Wien 1985, S. 89–170.

Schierle 2006   Ingrid Schierle: „Vom Nationalstolze". Zur russischen Rezeption und Übersetzung der Nationalgeistdebatten des 18. Jahrhunderts, in: Zeitschrift für Slavische Philologie, Bd. 64, 2006, Heft 1, S. 63–85.

Schiller 1983   Schillers Werke. Nationalausgabe, 2. Bd. Teil 1. Gedichte, hg. v. Norbert Oellers, Weimar 1983.

Šklowski 1988   Viktor Šklovskij: Die Kunst als Verfahren, in: Jurij Striedter (Hg.), Russischer Formalismus. Texte zur allgemeinen Literaturtheorie und zur Theorie der Prosa, 4. unveränderte Auflage München 1988, S. 3–35.

Schlögel 2001   Karl Schlögel: Promenade in Jalta und andere Städtebilder, München/Wien 2001.

Schlögel 2008   Karl Schlögel: Terror und Traum, Moskau 1937, Berlin 2008.

Schlott 2004   Wolfgang Schlott: Polnische Prosa nach 1990. Nostalgische Rückblicke und Suche nach neuen Identifikationen, Münster 2004.

Schmid 2004   Ulrich Schmid. Zwischen Mirgorod und Pjantenburg, in: Jochen-Ulrich Peters/Ulrich Schmid (Hg.), Imperium und Intelligencija. Fallstudien zur russischen Kultur im frühen 19. Jahrhundert, Zürich 2004, S. 219–238.

Schmid 2005   Wolf Schmid: Elemente der Narratologie, Berlin/New York 2005.

Shneidman 2004   N. N. Shneidman: Russian Literature 1995–2002, Toronto/Buffalo/London 2004.

Slowar 1998   Slowar krylatych vyrasheni Puschkina, Sankt Petersburg 1998.

ZITIERTE LITERATUR

Smagina 2001 Galina Smagina: Die Bildungspolitik Katharinas II, in: Gabriele Lehmann-Carli/Michael Schippan/Birgit Scholz/Silke Brohm (Hg.), Russische Aufklärungsrezeption im Kontext offizieller Bildungskonzepte (1700–1825), Berlin 2001, S. 125–132.

Städtke 2002 Klaus Städtke: Zwischen Buchmarkt und Zensur, in: ders. (Hg.), Russische Literaturgeschichte, Stuttgart/Weimar 2002, S. 138–153.

Staemmler 1975 Polnische Literatur in deutscher Übersetzung 1945–1975. Ein Verzeichnis bearbeitet von Klaus Staemmler, Dortmund 1975.

Stasiuk 1998 Andrzej Stasiuk: Der weiße Rabe. Übersetzt von Olaf Kühl, Berlin 1998.

Striedter 1988 Jurij Striedter (Hg): Russischer Formalismus. Texte zur allgemeinen Literaturtheorie und zur Theorie der Prosa, 4. Auflage München 1988.

Świderska 2001 Małgorzata Świderska: Studien zur literaturwissenschaftlichen Imagologie: Das literarische Werk F. M. Dostojewskijs aus imagologischer Sicht mit besonderer Berücksichtigung der Darstellung Polens, München 2001.

Świerszcz 2003 Agnieszka Świerszcz: Die ‚literarische Persönlichkeit' von Anna Achmatowa. Eine Rekonstruktion, Hamburg 2003.

Szewczyk 2000 Grażyna Barbara Szewczyk: Der Mythos der Mutterschaft zwischen Heiligkeit und Profanität, in: Mirosła Czarnecka (Hg.), Mutterbilder und Mütterlichkeitskonzepte im ästhetischen Diskurs, Wrocław 2000, S. 9–20.

Szymborska 1980 Wysława Szymborska: Deshalb leben wir. Gedichte, übertragen und hg. v. Karl Dedecius, Frankfurt a. M. 1980.

Tokarczuk 2000 Olga Tokarczuk: Ur und andere Zeiten. Aus dem Polnischen übersetzt von Esther Kinsky, 2. Auflage Berlin 2000.

Tornow 2005 Siegfried Tornow: Was ist Osteuropa? Handbuch zur osteuropäischen Text- und Sozialgeschichte von der Spätantike bis zum Nationalstaat, Wiesbaden 2005.

Trebisz 2003 Małgorzata Trebisz: Aus der Fremde in die Heimat. Die neueste polnische Frauenliteratur, in: Christa Ebert/dies. (Hg.), Feminismus in Osteuropa? Bilder – Rollen – Aktivitäten, Berlin 2003, S. 107–124.

Tschaadajew 1993 Peter Tschaadajew: Geschichtsphilosophische Schriften, hg. und mit einem Nachwort versehen v. Gabriele Lehmann-Carli und Ulf Lehmann, Leipzig 1992.

Turgenjew 1994 Iwan Turgenjew: Vorabend. Väter und Söhne, in: Iwan Turgenjew, Gesammelte Werke in Einzelbänden. Deutsch von Harry Burck und Dieter Pommerenke, Berlin/Weimar 1994.

Ueding 1988 Gert Ueding: Das Leben ein Auftritt, in: Lord Byron. Ein Lesebuch mit Texten, Dokumenten und farbigen Abbildungen, hg. v. Gert Ueding, Frankfurt a. M./Leipzig 1988, S. 432–450.

Urban 1985 Peter Urban (Hg.): Das Čechov Lesebuch, Zürich 1985.

Uspenski 1996 Boris Uspenski: Izbrannye trudy. Tom II. Jasyk i kultura. Isdanie wtoroe, isprawlennoe i pererabotannoe, Moskwa 1996.

Walecki 1996 Wacław Walecki: Polnische Renaissance. Ein literarisches Lesebuch, Frankfurt a. M. 1996.

Weigel 1987 Sigrid Weigel: Die nahe Fremde – das Territorium des ‚Weiblichen'. Zum Verhältnis von ‚Wilden' und ‚Frauen' im Diskurs der Aufklärung, in: Die andere Welt. Studien zum Exotismus, hg. v. Thomas Koebner und Gerhart Pickerodt, Frankfurt a. M. 1987, S. 171–199.

Wett 1986 Barbara Wett: ‚Neuer Mensch' und ‚Goldene Mittelmäßigkeit', München 1986.

Wierlacher 1990 Alois Wierlacher (Hg.): Hermeneutik der Fremde, München 1990.

Witkiewicz 1991 Stanisław Ignacy Witkiewicz: Abschied vom Herbst. Aus dem Polnischen übersetzt von Roswitha Matwin-Buschmann, mit einem Nachwort von Dietrich Scholze, Leipzig 1991.

Wolff 1994 Larry Wolff: Inventing Eastern Europe: The Map of Civilisation on the Mind of the Enligthment, Stanford 1994.

Wyspiański 1992 Stanisław Wyspiański: Die Hochzeit. Drama in drei Akten. Aus dem Polnischen übertragen und hg. v. Karl Dedecius, Frankfurt a. M. 1992.

Yuval-Davis 1977 Nira Yuval-Davis: Gender & Nation, New Dehli 1997.

Żeleński 1992 Tadeusz Żeleński: (Boy) Plauderei über Wyspiańskis „Hochzeit", in: Stanisław Wyspiański: Die Hochzeit. Drama in drei Akten. Aus dem Polnischen übertragen und hg. v. Karl Dedecius, Frankfurt a. M. 1992, S. 266–285.

Zelinsky 1979 Bodo Zelinsky (Hg.): Der russische Roman, Düsseldorf 1979.

Zernack 1977 Klaus Zernack: Osteuropa. Eine Einführung in seine Geschichte, München 1997.

Zernack 1994 Klaus Zernack: Polen und Russland. Zwei Wege in der europäischen Geschichte, Berlin 1994 (Propyläen Geschichte Europas. Ergänzungsband).

Zwetajewa 1980 Marina Zwetajewa: Masslos in einer Welt nach Mass. Gedichte, hg. und mit einem Nachwort versehen von Edel Mirowa-Florin, Berlin 1980.

16.2 Abbildungsverzeichnis

Abbildung 1: Carte Générale: la France et l'Empire, la Pologne et la Russie. *Russie* (Allgemeine Karte: Frankreich und das (Heilige) Römische Reich, Polen und Russland), Frontispitz aus: Chappe d'Auteroche, Voyage en Siberie, Vol. IV., Paris 1768. Courtesy of Houghton Library, Harvard University. FC7.C3683.768v (A).

Abbildung 2: Kyrill und Method schaffen das Alphabet und übersetzen die Apostelgeschichte und die Evangelien ins Kirchenslawische (13. Jahrhundert), aus: V. G. Kostomarov: Žizn' jazyka ot Vjatičej do Moskvičej. Moskva: Pedagogika Press (Pädagogische Presse Moskau) 1994, S. 9.

Abbildung 3: Karol Miller: *Odwiedziny Jana Zamoyskiego w Czarnolesie* (Kanzler Zamoyski zu Besuch in in Czarnolas), Gemälde (ohne Datum). Muzeum Narodowe w Krakowie (Nationalmuseum Krakau).

Abbildung 4: Der kaiserliche Sprung nach Konstantinopel – Karikatur auf die Expansionsgelüste Katharinas II., Radierung (1787). bpk.

Abbildung 5: Mickiewicz – Puschkin. Basrelief von M. Milberger, eingemauert in der Fassade des Hauses, in dem Mickiewicz in Moskau wohnte, aus: Adam Mickiewicz. Leben und Schaffen in Dokumenten, Portraits, Illustrationen, Polonia (Polen, ohne Ort) 1956, S. 50.

Abbildung 6: Ilja Yefimovich Repin: *Die Saporoger Kosaken schreiben dem türkischen Sultan einen Brief*, Gemälde (1880–91). Öl auf Leinwand, 203 × 358 cm. Staatliches Russisches Museum, St. Petersburg.

Abbildung 7: Karl Pawlowitsch Brüllow: *Die Fontäne von Bachtschissarai* (1849), Gemälde zu Alexander Puschkins gleichnamigen Poem (1824). Öl auf Leinwand, 87,5 × 108,5 cm. akg-images.

Abbildung 8: Sittenbilder aus dem Warschauer Hinterhofmilieu (Obrazki z Życia podwórzowego Warszawy).

Abbildung 9: Michail Wassiljewitsch Nesterow: Leo Tolstoj, Gemälde (1900), Staatliches Russisches Museum, St. Petersburg. akg-images.

Abbildung 10: Stanisław Wyspiański: *Chochoły (Die Krakauer Planty bei Nacht)* (1888/89). Muzeum Naradowe w Warszawie (National Museum in Warschau).

Abbildung 11: Leszek Zebrowski: *Gombrowicz im Plakat (Gombrowicz w plakacie)*, Ausstellungsplakat (2004). Leszek Zebrowski.

Abbildung 12: Nathan Issajewitsch Altman: Anna Achmatowa, Porträt (1915). Öl auf Leinwand, 123,5 × 103,2 cm. akg-images.

Abbildung 13: Elżbieta Jabłońska: *Supermatka 3 (Supermutter 3)* (2003). Elżbieta Jabłońska, Bydgoszcz, Poland.

Abbildung 14: Wiktor Pelewin: *Generation П*, Buchcover zur russischen Ausgabe des Romans (2000). Vagrius Verlag Moskau.

Der Verlag hat sich um die Einholung der Abbildungsrechte bemüht. Da in einigen Fällen die Inhaber der Rechte nicht zu ermitteln waren, werden rechtmäßige Ansprüche nach Geltendmachung ausgeglichen.

16.3 Personenverzeichnis

Achmadulina, Anna 189
Achmatowa, Anna 105, 179f., 181–189, 194f., 200f., 213
Adorno, Theodor W. 190
Aitmatow, Dshingis 52
Ajgi, Gennadi 52
Aksakow, Iwan 105
Aksakow, Konstantin 100, 253
Akunin, Boris 216
Alexander I. 84
Alexander III. 90
Alexej Michailowitsch (Zar) 67
Altmann, Nathan Issajewitsch 179f.

Andrejew, Daniil 253
Andruchowich, Juri 94
Anziferow, Nikolai 86, 134
Aristoteles 34
Astafjew, Wiktor 215
August II. 35
August III. 61

Bachtin, Michail 107, 135f., 141, 248
Balzac, Honoré de 119, 121, 127, 129, 133, 137, 142, 250
Baranskaja, Natalja 201
Beauvoir, Simone de 199, 210
Beckett, Samuel 161
Belinski, Wissarion 83, 249
Bely, Andrej 37, 149, 181, 252
Berdjajew, Nikolai 252
Bergson, Henri 152, 185, 248
Bestushew-Marlinski, Alexander 112f.
Bielecki, Krzysztof 220
Bismarck, Otto von 18, 44
Block, Alexander 37, 106f., 149–151, 181–183, 252f.
Bohomolec, Franciszek 64, 66
Bolesław Chrobry
Boy-Żeleński, Tadeusz 154
Brecht, Bertold 161
Brjussow, Waleri 149
Brodski, Josif 53, 213
Brüllow, Karl Pawlowitsch 103
Bryll, Ernest 192, 194
Brzozowski, Stanisław 150
Bulgakow, Michail 105, 166–172, 174, 177f., 213
Bulgakow, Nikolai 70
Bunin, Iwan 53
Büchner, Ludwig 124
Byron, George Gordon (Lord) 74, 76–83, 87, 108, 113

Camus, Albert 161
Calvin, Johannes 31
Celan, Paul 186
Chlebnikow, Welimir 181
Chmielewska, Joanna 215
Chomjakow, Alexej 100, 253
Chwin, Stefan 221, 223f.
Comte, Auguste 49, 121, 251
Custine, Astolphe (Marquis de) 100
Czapliński, Przemysław 221f.
Czatorysky, Adam 62
Czatorysky, Izabela 62

d'Alembert, (Jean Baptiste le Rond) 60
Daschkowa, Katharina 65
Daschkowa, Polina 215
d'Auteroche, Chappe 10
Dąbrowska, Maria 200
Dąbrowski, Jan Henryk (General) 93
Dedecius, Karl 38, 72, 78, 87, 102, 115, 161, 180, 191, 194, 196
Delacroix, Eugène 104
Dershawin, Gawrila 48, 69–71
Dickens, Charles 133
Diderot, Denis 60
Djagilew, Sergej 152, 248
Donzowa, Darja 215
Dostojewski, Fjodor 22, 37, 50, 65, 82, 86, 95, 100f., 105, 119, 121, 132, 133–136, 138, 140f., 144f., 161, 253
Dudinzew, Wladimir 213
Dugin, Alexander 107, 248

Eichenbaum, Boris 165, 252
Eliasberg, Alexander 37
Elisabeth I. 67, 69

Flaubert, Gustave 82, 108, 118f.
Florenski, Pawel 70
Foucault, Michel 19
Fourier, Charles 49, 134, 248
Franzos, Karl-Emil 106
Freud, Sigmund 133, 136, 203
Friedrich II. 58
Fonwisin, Denis 67

Gałczyński, Konstanty Ildefons 196
Gallus, Anonymus 31
Geier, Swetlana 37, 145
Gerigk, Hans-Jürgen 37, 101, 133, 135
Gide, André 119
Girej (Khan) 108f.

PERSONENVERZEICHNIS

Goerke, Natasza 208, 219f., 223
Goethe, Johann Wolfgang von 74, 78f., 92, 109f., 191
Gogol, Nikolai 76, 83, 86, 90, 94–98, 102, 105, 119, 134, 158, 165, 252f.
Gombrowicz, Witold 53, 151, 163f., 165f., 172–178, 213
Gorbatschow, Michail 214
Gorki, Maksim 202
Gregor VII. 28
Gretkowska, Manuela 206–210, 219–221, 223
Grimm, Friedrich Melchior 60
Grochowiak, Stanisław 192
Guevara, Che 212
Gumiljow, Nikolai 186

Harasymowicz, Jerzy 192
Heinrich IV. 28
Hegel, Georg Wilhelm Friedrich 70, 100, 249, 252
Henckel, Wilhelm 37
Herbert, Zbigniew 180, 189–196
Herder, Johann Gottfried 16, 44, 76, 100
Herling-Grudziński, Gustaw 213
Hildermeier, Manfred 14–16, 22f.
Hippius, Sinaida 53, 149f., 201
Hofmannsthal, Hugo von 161
Homer 34, 91, 144
Hus, Jan 32
Huxley, Aldous 167

Ibsen, Henrik 150
Illarion (Metropolit) 66
Ingres, Jean-Auguste-Dominque 104
Iwan III. 45
Iwan IV. („der Schreckliche") 45, 219, 251f.
Iwanow, Wjatscheslaw 149f., 252
Iwanow-Rasumnik (Rasumnik Wassiljewitsch Iwąnow) 252
Iwaszkiewicz, Jarosław 252

Jabłońska, Elżbieta 197
Jakobson, Roman 183
Janion, Maria 88, 99
Jermolow, Alexej (General) 111
Jerofejew, Wiktor 214
Jessenin, Sergej 183
Jewtuschenko, Jewgeni 189
Joyce, James 161

Kadłubek, Vincentius 31
Kafka, Franz 95, 133, 161
Kant, Immanuel 59, 66
Karamsin, Nikolai 253

Karasek, Krzystof 192
Kasprowicz, Jan 181
Katharina II. (die Große) 35, 57f., 60–65, 67, 69, 105, 107, 249
Kim, Anatoli 52
Kirejewski, Iwan 100, 253
Kirejewski, Peter 253
Kissel, Wolfgang Stephan 22, 32, 39, 160
Kochanowski, Jan 31, 34, 41f., 66, 180
Kofta, Krystyna 215
Komar, Witali und Melamid, Alex 253
Komenský, Jan Amos 32
Konarski, Stanisław 64, 66
Kopelew, Lew 195
Kopernikus, Nikolaus 34
Körner, Theodor 11
Kościuszko, Tadeusz 92
Krajewski, Marek 216
Krall, Hanna 200
Krasicki, Ignacy 64, 66
Krasiński, Zygmunt 76
Kristeva, Julia 207, 220
Kuncewiczowa, Maria 200
Kyrill und Method 25f., 28

Lauer, Reinhard 53, 81, 122f., 156f., 167, 170, 227
Layton, Susan 111, 113, 116
Lec, Stanisław Jerzy 196
Leibniz, Gottfried Wilhelm 60
Lelewel, Joachim 78
Lemberg, Hans 11, 23
Lermontow, Michail 61, 76, 80, 82f., 105, 112f., 115f., 180, 253
Leskow, Nikolai 252
Lessing, Gotthold Ephraim 59
Leśmian, Bolesław 37, 150f., 166, 181
Lettenbauer, Wilhelm 80, 83
Lichatschow, Dmitri 33
Limonow, Eduard 107, 215
Lomonossow, Michail 30, 68–70
Lotman, Juri 66, 68, 82f.
Loti, Pierre 108
Luther, Arthur 116
Luther, Martin 21, 31

Madariaga, Isabel de 60
Mæterlinck, Maurice 158
Majakowski, Wladimir 181, 183
Malinowski, Bronisław 172
Maistre, Joseph de 100
Mallarmé, Stéphane 150
Mandelstam, Ossip 180–189, 193–196, 213
Mann, Thomas 119f., 133

Marinina, Alexandra 215
Markiewicz, Henryk 126
Matejko, Jan 98, 152, 155
Maupassant, Guy de 118f.
Melamid, Alex [und Komar, Witali] 253
Mendelssohn, Moses 59
Mereshkowski, Dmitri 53, 158
Method [und Kyrill] 25f., 28
Meyerhold, Wsewolod 151, 161
Miazek, Bonfacy 129f., 137, 152f., 161, 227
Michalkow, Nikita 71
Mickiewicz, Adam 36f., 73–88, 90–96, 98f., 101f., 108–111, 115, 120f., 128, 138, 144, 154, 180, 200, 250
Mieszko I. 30f.
Miller, Karol 41f.
Miłosz, Czesław 52f., 56, 94, 110, 153, 213, 227
Mrożek, Sławomir 53, 151, 213
Musil, Robert 161
Murko, Matthias 18

Nabokow, Wladimir 53, 83
Nałkowska, Sofia 200
Napoleon I. (Napoleon Bonaparte) 12, 47, 77, 91
Narbikowa, Tatjana 216
Nekrassow, Nikolai 180, 199f.
Nesterow, Michail 131f.
Nietzsche, Friedrich 133, 149f., 161, 181, 250
Nikolai I. 46f., 248
Nowaczyński, Adolf (Neuwert) 196
Nowakowski, Marek 221
Nowikow, Nikolai 61, 68
Nowosilzew, Nikolai 84

Okudshawa, Bulat 189
Olschowsky, Heinrich 181f., 190f., 193f., 196
Orwell, George 167
Orzeszkowa, Eliza 50, 120, 200
Ostrowski, Nikolai 158
Owen, Robert 49

Palej, Marina 201
Peiper, Tadeusz 181f.
Pelewin, Wiktor 211f., 217f., 224
Peter I. (der Große) 12, 17, 29, 30, 35, 45, 60f., 64, 67–69, 84f., 134
Petruschewskaja, Ljudmila 202–205, 208, 210
Pilch, Jerzy 220f.
Platonow, Andrej 166–172, 177f., 213
Polozki, Simeon (Bischof) 67
Poniatowski, Stanisław August 61, 64
Potjomkin, Grigori (Fürst) 252

Potocka, Maria 108, 110
Potocki, Jan 108
Prigow, Dimitri 216
Prokopovič, Feofan 67
Prus, Bolesław 50, 118, 120, 122, 125–130, 136, 142
Przerwa-Tetmajer, Kazimierz 37, 150, 154, 181
Przyboś, Julian 181f.
Przybyszewski, Stanisław 149, 151, 154, 173
Pugatschow, Jemeljan 61, 69
Puschkin, Alexander 37, 47f., 61, 70, 73–88, 91, 101, 103–105, 108–110, 112f., 115f. 121, 124, 128, 134, 149, 180f., 183f., 186, 189, 219, 248, 253

Radistschew, Nikolai 61
Rasputin, Grigori 172, 215
Redliński, Edward 220
Rej, Mikołaj 31
Repin, Ilja 89f., 98
Reymont, Władysław Stanisław 50, 132, 136–138, 141–145, 250
Rousseau, Jean-Jacques 59, 76, 141
Roshdenstwenski, Robert 189
Rożewicz, Tadeusz 180, 189–196
Rubinstein, Lew 216
Rybakow, Anatoli 213
Rydel, Lucjan 153

Said, Edward 23, 104, 116, 251
Saint-Simon, Henri de 49
Samjatin, Jewgeni 166f.
Sand, George 78, 119
Sartre, Jean-Paul 161
Schelling, Friedrich Wilhelm Joseph 252
Schklowski, Wiktor 165, 168, 248, 254
Schiller, Friedrich 74, 78f.
Schischkow, Alexander (Admiral) 253
Schlegel, Friedrich 75
Schopenhauer, Arthur 125, 250
Schulz, Bruno 166, 174
Schwarz, Johann 68
Scott, Walter 74, 76, 78
Sienkiewicz, Henryk 106, 120, 142
Sinjawski, Andrej (Abram Terz) 253
Shakespeare, William 74–76, 78
Shirmunski, Wiktor 248
Słonimski, Antoni 252
Słowacki, Juliusz 77, 83, 99, 180
Sobieski, Jan III. 105
Solowjow, Wladimir 252f.
Solshenizyn, Alexander 53, 219
Sorokin, Wladimir 217–219, 224
Sostschenko, Michail 166

Staël, Madame de (Anne Louise Germaine) 21
Staff, Leopold 150, 181
Stalin, Josif 46, 71, 109, 170, 812, 186, 192, 205, 213, 253
Stanislawski, Konstantin 151, 158–160
Stasiuk, Andrzej 94, 215, 221–223
Sue, Eugène 133, 250
Sumarokow, Alexander 67
Szczypiorski, Andrzej 223
Szymborska, Wisława 192, 201

Taine, Hippolyte 49
Tetmajer, Włodzimierz 154
Tjutschew, Fjodor 180
Tokarczuk, Olga 206–210, 221–224
Tokarewa, Wiktoria 201
Tolstaja, Tatjana 217, 219
Tolstoi, Lew 22, 46, 50, 82, 100, 112–116, 119, 121, 127, 129, 132, 138–143, 145
Tornow, Siegfried 13, 16f., 23, 31f., 226
Towiański, Andrej 250
Trediakowski, Wassili 30
Trubezkoi, Sergej 70, 248
Tryzna, Tomek 221
Tschaadajew, Piotr 100
Tschechow, Anton 148, 151, 156–161
Tschernyschewski, Nikolai 49
Tulli, Magdalena 208, 221
Turgenjew, Alexander 68
Turgenjew, Iwan 36f., 50, 82, 105, 118f., 122–130, 157f., 250, 253
Tuwim, Julian 181, 252

Uffelmann, Dirk 22, 32, 39, 230
Ulizkaja, Ljudmila 202–205, 210
Uspenski, Boris 29, 66, 68

Vasmer, Max 18
Verdi, Giuseppe 152
Verhæren, Émile 150
Vogüé, Eugène-Melchior 133
Voltaire (François Marie Arouet) 59f., 69, 74, 77

Wagner, Richard 150
Wajda, Andrzej 138, 153
Weber, Carl Maria von 152
Wernadski, Georgi 248
Wierlacher, Alois 36
Wilde, Oscar 150
Witkacy (Stanisław Ignacy Witkiewicz) 151, 166, 172–178
Wladimir Swjatoslawitsch (der Heilige) 66, 249
Wolff, Christian 60
Wolff, Larry 11, 23
Wysozki, Wladimir 189
Wyspiański, Stanisław 86, 147f., 151–156, 160f., 172

Yuval-Davis, Nira 200

Załuski, Józef (Bischof) 66
Zamoyski, Jan 41f.
Zapolska, Gabriela 200
Zebrowski, Leszek 163
Zelinsky, Bodo 88, 119, 130, 139, 141, 145, 161, 170f., 178, 196, 227f.
Zernack, Klaus 13, 28, 96, 228
Żeromski, Stefan 173
Zola, Émile 119, 121, 137, 141f.
Zwetajewa, Marina 53, 183, 201, 213
Zygmunt I. 105

16.4 Glossar

Äsopischer Sprachgebrauch (Inoskasanie) Gemeint ist das Sprechen in Allegorien und Gleichnissen, für das der griechische Fabeldichter Äsop berühmt geworden ist. Es wurde in der russischen Literatur häufig praktiziert, um Sachverhalte zu umschreiben, die aus Zensurgründen nicht direkt benannt werden durften. → KAPITEL 3.2

Akmeismus Dichterschule der russischen Moderne, die die transzendentale Ästhetik des Symbolismus durch „schöne Klarheit" der Sprache und klassische Formenstrenge ersetzen wollte. → KAPITEL 10.1, 12.2

Ästhetisches Objekt Nach Michail Bachtin künstlerisch geformter Inhalt, der sich erst in der Rezeption durch den Betrachter/Leser vollendet. → KAPITEL 7

Ballets russes Theatertruppe, die aus der Künstlergruppe *Welt der Kunst* hervorging, unter der Leitung von Sergej Djagilew seit 1909 mit Opern- und Ballettaufführungen in Paris gastierte und durch das Zusammenwirken von Musik, Tanz, Bühnenausstattung ein Gesamtkunstwerk-Theater etablierte, das in ganz Europa berühmt wurde. Die Truppe blieb nach der Revolution in Frankreich und setzte ihre Karriere im Westen fort. → KAPITEL 10.1

Bergsons Lebensphilosophie Der französische Philosoph Henri Bergson (1859–1941) gilt als Vorläufer des Existentialismus. Seine Lebensphilosophie gründet sich auf die Annahme, dass es eine alles Seiende durchdringende Kraft gäbe, die sich in allen Schöpfungsakten manifestiere: den *élan vital*. → KAPITEL 10.1

Close Reading Von der amerikanischen literaturtheoretischen Schule des *New Citicism* entwickelte sprachorientierte Textlektüre, die die Interpretation nicht aus den Kontexten, sondern aus dem genauen Studium der Textbeschaffenheit ableitet. → KAPITEL 1.3

Dekabristen Mitglieder zweier Geheimbünde, die die Autokratie in Russland abschaffen wollten und die am 14. (jetzt 26.) Dezember (russisch *dekabr*) 1825 auf dem Petersburger Senatsplatz dem neuen Zaren Nikolai I. den Eid verweigerten. Der Aufstand der jungen, liberal gestimmten Offiziere, unter denen auch mehrere Dichter waren, wurde niedergeschlagen, acht Anführer wurden gehenkt, über 100 nach Sibirien verbannt. → KAPITEL 3.2, 5.4, 13.1

Diglossie Eine besondere Form der Zweisprachigkeit: innerhalb einer Gesellschaft koexistieren zwei funktional getrennte Sprachen. → KAPITEL 2.1

Drugi Obieg (Zweiter Umlauf) Inoffizielles Netzwerk und Literaturvertrieb der Opposition in Polen, das zwischen 1975 und dem Ende des Kriegsrechts 1984 zum wichtigsten Publikations- und Informationskanal der kritischen Intelligenz und der Solidarność-Bewegung wurde. → KAPITEL 3.4, 14.1

Echte Romantik (Istinny romantism) So bezeichnete Alexander Puschkin sein poetisches Verfahren seit dem Versroman *Eugen Onegin* (1825–31). Von der nachfolgenden Kritik wird das Spätschaffen Puschkins häufig bereits in das Paradigma des Realismus eingeordnet. → KAPITEL 5.3

Eurasismus Eine in den 1920er-Jahren von russischen Exilanten (Nikolai Trubezkoi und Georgi Wernadski) begründete Ideologie, die Russland geopolitisch als kontinentale euro-asiatiatische Macht der angelsächsisch geprägten atlantischen Macht gegenüberstellt. Erfährt gegenwärtig eine primitiv-nationalistische militante Renaissance bei Alexander Dugin. → KAPITEL 1.1, 7.1

Fabel und Sujet Die Unterscheidung von Fabel als Handlungsgeschehen und Sujet als Verknüpfung der Handlungselemente im Akt des Erzählens wurde vom russischen Formalisten Wiktor Schklowski und dem dieser Richtung nahe stehenden Wiktor Shirmunski vorgenommen. → KAPITEL 5.3

Fourieristen Anhänger der Ideen des utopischen Sozialismus, die der französische Philosoph Charles Fourier (1722–1837) entscheidend mit inspirierte und die in Russland in den 1840er-Jahren sehr populär waren. Fourier wollte neue harmonische Gemeinschaften schaffen (*phalanges*), die in gemeinsamen Wohnstätten (*phalanstères*) leben und arbeiten sollten. → KAPITEL 9.1

GLOSSAR

Große Instruktion *(Nakas)* Abgekürzter Name für das umfangreiche, aber nicht vollendete Gesetzeswerk, das Katharina II. 1865 in Auftrag gab, um Russlands Gesellschaft zu modernisieren. Als Grundlage diente Montesquieus Staatslehre, die von Katharina bevorzugte Staatsform blieb die Monarchie.
→ KAPITEL 4.1

Hagiographie → Homiletik und Hagiographie

Hegelianismus Unter den Vertretern der jungen liberal gestimmten Adels- und → Rasnotschinzen-Intelligenzia der 1830er/40er-Jahre in Russland erfreute sich Georg Wilhelm Friedrich Hegel/1770–1831) großer Wertschätzung. Das Zentrum des Hegelianismus bildete der mit der Moskauer Universität verbundene philosophische Studierzirkel, wo z. B. der Kritiker Wissarion Belinski zu einem überzeugten Hegelianer wurde. → KAPITEL 3

Homiletik und Hagiographie Bereiche der geistlichen Literatur: Als Homiletik werden die bibelerklärenden Predigttexte bezeichnet, die vor allem mündlich vorgetragen wurden. Hagiographie befasst sich mit der Darstellung und Erforschung des Lebens der Heiligen. Beides sind Gattungen der hohen Literatur, die rhetorische Kunstfertigkeit und sprachliche Vielfalt erfordern und deshalb in der Forschung gern als Beleg für literarische Qualität in mittelalterlichen Texten herangezogen werden. → KAPITEL 2.2

Katastrophistisch, Katastrophismus Bezeichnung einer ideologisch-künstlerischen Strömung in der polnischen Kultur der Zwischenkriegszeit, die sich insbesondere in Lyrik und Dramatik als Gegenpol zum naiven Optimismus der Avantgarde etablierte und für die Zukunft als Endzeit, als Katastrophe imaginiert wurde. → KAPITEL 12.3

Kiewer Rus *Rus* war ursprünglich der Name eines Normannen- bzw. Warägerstammes und wurde zur Bezeichnung des frühmittelalterlichen Großreichs, das Oleg/Helgi, der Fürst von Kiew, im 9. Jahrhundert durch die Vereinigung der Warägerherrschaften im Norden (um Nowgorod) mit denen im Süden (um Kiew) gründete. Sein riesiges Gebiet wurde von Slawen, Finnen und Balten sowie (marginal) von iranischen und turkstämmigen Völkern bewohnt. Die Waräger stellten die Oberschicht, die sich hauptsächlich aus dem Adel, aus Händlern und Kriegern rekrutierte. Die dominierende Kultur und Sprache war jedoch die Slawische, und die Waräger waren bereits nach wenigen Generationen vollständig „slawisiert". Im 10. Jahrhundert hatte die Kiewer Rus ihre Blütezeit. Es kam zu engen Handels- und Kulturbeziehungen zu Byzanz, die sich noch festigten, als Fürst Wladimir 988 den griechisch-orthodoxen Glauben annahm. So entstand aus der Verschmelzung von Skandinaviern und Slawen mit byzantinischer Kultur und Religion das Volk der Ostslawen, aus dem später Russen, Ukrainer und Weißrussen hervorgegangen sind. Mit dem zweiten Mongoleneinfall unter Batu in die südliche Rus wurde Kiew 1240 zerstört. Mit diesem Ereignis wird häufig das Ende der Kiewer Rus datiert.

Kosaken (Begriff tatarischer Abstammung = freier Kämpfer; ukrainisch *kosaki* russisch *kasaki*, polnisch *kozacy*). Name für Gemeinschaften aus geflohenen leibeigenen russischen und ukrainischen Bauern sowie desertierten Tataren, die sich ab dem 15. Jahrhundert in der südrussischen und ukrainischen Steppe als Wehrbauern zusammenschlossen. Ihre gemeinsame Grundlage war der russisch orthodoxe Glaube. In der Ukraine bildete sich im 17. Jahrhundert das quasistaatliche Kosaken-Hetmanat (→ Sitsch) heraus, das gegen die polnische Gutsherrschaft kämpfte. Bis zum 18. Jahrhundert waren sowohl russische als auch ukrainische Kosaken vom Zarenreich teilweise unabhängig, dann wurden sie nach und nach als freie Kavallerieverbände in die russische Armee integriert und dienten als Schutzmacht des russischen Imperiums. Hauptsiedlungsgebiete der Kosaken waren das Don- Dnepr- und Ural-Gebiet. → KAPITEL 6.2

Kresy (Grenzland) Bezeichnete nach dem Zerfall der → Kiewer Rus die zum Königreich Polen gekommenen östlichen Regionen. Nach der Vereinigung mit Litauen (1569) wurden darunter die gesamten zur polnischen Krone gehörigen östlichen Landesteile verstanden, die sich bis an den Dnepr, der die Grenze zum Tatarenreich bildete, erstreckten. In der Zwischenkriegszeit (1918–39) verstand man unter Kresy die östlich der Curzon-Linie gelegenen Gebiete, die 1939 von der Sowjetunion besetzt und nach 1945 annektiert wurden. Für die polnischen Vertriebenen wurden die Kresy zum Ort der verlorenen Heimat. Seit dem Zusammenbruch des sowjetischen Imperiums werden Kresy im *mental mapping* polnischer und ukrainischer Künstler als multikulturelle Grenzräume mythisiert, die positiv (als multikultureller Lebensraum) oder negativ (als verlassene, unzivilisierte Landschaft) konnotiert sein können. → KAPITEL 6, 14.1

Literarizität *(Literaturnost)* Zentralbegriff der russischen Formalen Schule. Er zielt darauf ab, die spezifische ästhetische Qualität eines literarischen Textes als Untersuchungsgegenstand der Literaturwissenschaft gegen eine biografisch ausgerichtete Literaturgeschichte zu etablieren. → KAPITEL 1.3, 10.1

Lodzer Mensch Durch Władysław Stanisław Reymonts Roman *Das Gelobte Land* (1899) formulierter Begriff für einen besonderen Typus von Geschäftsmann, der im urbanen Mikrokosmos der Industriemetropole Lodz entstand. Er bildete trotz unterschiedlicher ethnischer Herkunft einen ähnlichen Habitus aus: rational, geschäftstüchtig, effizient. Die Ambivalenz des Lodzer Menschen (Rationalität statt Gefühl) wird bis heute unterschiedlich gedeutet – entweder überwiegend positiv oder überwiegend negativ. → KAPITEL 9.2

Magnat Angehöriger der polnischen aristokratischen Oberschicht, des Hochadels, der sich vom kleinen, meist wenig ländlichen Gutsbesitzer, dem → *szlachcic*, sozial deutlich abhob. Die Magnaten wurden von wenigen Familiendynastien vertreten. → KAPITEL 6

Młoda Polska (Junges Polen) Bezeichnung für eine Richtung des Modernismus in der polnischen Kunst, Musik und Literatur. Die gleichnamige Künstlergruppe existierte in den Jahren 1890 bis 1918. Der Begriff geht zurück auf den Schriftsteller Artur Górski (1870–1959), der in einem programmatischen Manifest die damals vorherrschende Strömung des literarischen → Positivismus kritisierte und ihr ein literarisches Programm junger Künstler entgegenstellte. → KAPITEL 9. 4, 10.1

Messianismus National und religiös fundierte Erlösungsideologie, die, inspiriert durch den Mystiker Andrzej Towiański (1799–1878) die Dichter der polnischen Emigration in Paris (insbesondere Mickiewicz und Słowacki) zur Grundlage ihres Schaffens und ihres patriotischen Kampfes erhoben. Kerngedanke war, dass das verfolgte und geknechtete Polen christusgleich die Sünden der Welt trage dadurch die Welt erlösen werde. → KAPITEL 2.3, 5.2

Moskauer Konzeptualismus Inoffizielle Kunst- und Literaturbewegung der 1960er- bis 1980er-Jahre, die von westlicher Popart inspiriert, eine eigenständige, auf sowjetische Tradition rekurrierende und diese dekonstruierende Kunstszene etablierte, die nur im privaten Raum agierte. → KAPITEL 14.2

Naród Polnisch für Volk (im Sinne von Volksgemeinschaft) und Nation. → KAPITEL 3.1

Narodnost Vom russischen Wort *narod* = Volk abgeleitet, bezeichnet Volkstum, Volkstümlichkeit und Nationalität gleichermaßen. Im → Sozialistischen Realismus nur im Sinne von Volkstümlichkeit verwendet. → KAPITEL 5.3

Narodniki (Volkstümler) Name einer Bewegung der revolutionären russischen Intelligenzia, die in der zweiten Hälfte des 19. Jahrhunderts „Gänge in Volk" organisierte und die Landbevölkerung aufrief, sich gegen die Unterdrücker zu erheben. Als die Agitationsbewegung scheiterte, rekrutierte sich aus ihrem radikalen Kern die terroristische Vereinigung „Erde und Freiheit" *(Semlja i wolja)*, die den Sturz der autokratischen Ordnung nunmehr gewaltsam durch Attentate auf deren Potentaten herbeiführen wollte. → KAPITEL 3.3, 8.2

Natürliche Schule *(Naturalnaja schkola)* Literarische Richtung der 1840er-Jahre in Russland, inspiriert durch den französischen Positivismus. Auf der Milieutheorie sowie den Gesellschaftsstudien Honoré de Balzacs und Eugène Sues basierend, strebt sie eine soziologische und physiologische Beschreibung der unterschiedlichen russischen Gesellschaftsschichten an, insbesondere der bislang in der Literatur vernachlässigten Unterschichten. → KAPITEL 8

Nihilismus (lateinisch *nihil* = nichts) Bezeichnet eine philosophische Orientierung, die auf der Verneinung jeglicher Seins-, Erkenntnis-, Wert- und Gesellschaftsordnung basiert. Iwan Turgenjew wandte Arthur Schopenhauers philosophischen Begriff des Nichts auf eine politische Bewegung an: Er nannte die Anhänger sozialrevolutionärer Ideen „Nihilisten". So trug er zur Popularität dieses Begriffs bei, der von russischen Anarchisten zu Selbstbezeichnung aufgegriffen und in diesem Sinne auch von Friedrich Nietzsche rezipiert wurde. Nietzsche spricht in *Jenseits von Gut und Böse* (1885) von einem

GLOSSAR

„Russischen Nihilin", von einem Pessimismus, „der nicht bloss Nein sagt, Nein will, sondern ... Nein tut." → KAPITEL 8.2

Obstschina (Dorfgemeinde) Im 15. Jahrhundert entstandene und seit dem 16. Jahrhundert offiziell anerkannte demokratische Form der bäuerlichen Selbstverwaltung. Vom 18. bis 20. Jahrhundert lebte fast die gesamte Bauernschaft des europäischen Russland mit Ausnahme des Baltikum in der Obstschina, die die Bauern auch *Mir* (= Frieden; friedliche Gemeinschaft) nannten. Diente den → Slawophilen als Gegenstand für ihren Mythos eines genuin russischen Gemeinschaftssinns. → KAPITEL 6.3, 9

Opritschniki Name der 1565 gegründeten, berüchtigten Leibgarde Iwans des Schrecklichen, die Russland mit einem Terrorregime überzogen. Ziel war es, die alten Bojarengeschlechter, die Iwan als Thronrivalen fürchtete, zu bekämpfen. Sie bildeten einen eigenen Staat, den Iwan vom Reich abtrennte: die *Opritschnina*, das Land, das in der Verfügungsgewalt der Bojaren blieb, nannte man: *Semstschina*. → KAPITEL 14.2

Organische Arbeit (Praca organiczna) Bezeichnung des Programms der polnischen → Positivisten, das die Abkehr von der Aufstandsideologie der Romantiker verkündete und zur Mobilisierung aller Kräfte der Nation, zu sinnvoller Arbeit und Modernisierung der Gesellschaft aufrief. Die Prinzipien sahen z. B. die Bildung der Massen sowie die Steigerung des ökonomischen Potenzials vor, um so der Gemanisierungs- und Russifizierungspolitik der Teilungsmächte eine eigene nationale Kraft entgegenzusetzen. → KAPITEL 3.3, 9.2

Orientalismus Mit diesem Begriff bezeichnet Edward Said den eurozentrischen, westlichen Blick auf die Gesellschaften des Vorderen Orient bzw. auf die arabische Welt als einen Herrschaftsstil und Autoritätsdiskurs über den Orient. Hierin zeige sich ein Überlegenheitsgefühl gegenüber dem Orient, das Teil der modernen politischen und intellektuellen Kultur unserer Gegenwart sei. Said stellt einen Zusammenhang zwischen Imperialismus und Orientalismus her und unterstellt der akademischen Forschung, die imperialen Herrschaftsansprüche des Westens (insbesondere behandelt er England und Frankreich) über die Länder des Orient mit legitimiert zu haben. Seine Thesen haben seither für heftige Kontroversen gesorgt. Die Anwendbarkeit der Thesen von Said auf das imperiale Russland wird in der Forschung ebenfalls kontrovers diskutiert. → KAPITEL 7

Petersburg-Text Begriff aus der russischen Kultursemiotik, der die Behandlung des Motivs und Symbols „Petersburg" in der russischen Literatur seit dem Klassizismus als einen sich permanent fortschreibenden (Inter-)Text betrachtet. → KAPITEL 5.4

Polnische Teilungen Unter Ausnutzung innenpolitischer Konflikte teilen die Großmächte Russland Österreich und Preußen Polen schrittweise unter sich auf: Erste Teilung 1872: Polen verliert Westpreußen an Preußen, Galizien an Österreich, Weisrussland an Russland. Zweite Teilung 1793: Die Hälfte des polnischen Reiches geht an Russland und Preußen. Dritte Teilung 1795: Aufteilung Restpolens unter die drei Teilungsmächte.

Positivismus Polnische Variante des europäischen Realismus. Er entfaltete sich in der zweiten Hälfte des 19. Jahrhunderts, bevorzugte publizistische Genres und Didaktik. Nach der Niederschlagung des Januaraufstandes von 1863/64 verbreitete sich unter der demokratisch gesinnten Jugend die Überzeugung, dass die fremde Vorherrschaft in Polen nicht durch eine militärische Auseinandersetzung zu beenden sei. Inspiriert von den Ideen des französischen Philosophen Auguste Comte, der eine „Positive Philosophie" entwarf, entwickelten die Positivisten das Konzept der → „organischen Arbeit" und eröffneten eine Aufklärungs- und Bildungskampagne. Sie organisierten polnischen Sprachunterricht und gründeten die „Fliegenden Universitäten", wo in heimlichen Zusammenkünften soziale, naturwissenschaftliche und medizinische Themen diskutiert wurden. → KAPITEL 3.3, 8.1

Rasnotschinzen Name für die aus verschiedenen Schichten (*rasnye tschiny* = verschiedene Ränge) stammende junge Intelligenzia im Russland der zweiten Hälfte des 19. Jahrhunderts, die die alte Adelselite ablöste und meist progressiv oder revolutionär gesinnt war. → KAPITEL 3.3

Religionsphilosophie (Religiosnaja filosofija) Die russische Religionsphilosophie entstand am Ende des 19. Jahrhunderts als eine Ideenlehre, die Philosophie und Theologie verbinden wollte und damit die Einheit der Welt, die Einheit von Glauben und Wissen postulierte. So sollten die Defizite des west-

ANHANG

lichen Rationalismus und der Spezialisierung der Diskurse kompensiert werden. Ausgehend von Wladimir Solowjows Idee der „Alleinheit" (*wseedinstwo*) erfuhr die Religionsphilosophie unterschiedliche Ausprägungen. → KAPITEL 4.3

Russische Idee Sammelbegriff für die seit der → Slawophilenbewegung in der russischen Geistesgeschichte virulente Idee einer eigenständigen geistigen, mentalen und kulturellen Identität. Die bekannteste Zusammenfassung dieses Denkens findet sich in Nikolai Berdjajews Abhandlung *Die russische Idee. Grundprobleme des russischen Denkens im 19. Jahrhundert und zu Beginn des 20. Jahrhunderts* (1946). → KAPITEL 14.2

Rzeczpospolita Lehnübersetzung aus dem lateinischen *res publica* (Republik, eigentlich: „Sache des Volkes" bzw. „öffentliche Sache"). Bezeichnet die durch die Vereinigung von Polen und Litauen gebildete Adelsrepublik von 1569 bis 1795. → KAPITEL 3.1

Sarmatismus Ideologische Konstruktion des polnischen Adels im 17. und in der ersten Hälfte des 18. Jahrhunderts, der seine Herkunft genealogisch auf das legendäre iranische Reitervolk der Sarmaten zurückführt. Die Sarmaten siedelten zwischen dem 6. Jahrhundert v. Chr. und dem 4. Jahrhundert n. Chr. in südrussischen und ukrainischen Steppengebieten. Sie verdrängten oder ersetzten die → Skythen, ein anderes, wahrscheinlich verwandtes Reiternomadenvolk. Ab 370 n. Chr. zerfiel das lockere Stammesbündnis der Sarmaten, als die Hunnen aus dem Osten vordrangen und die Völkerwanderung Richtung Westen auslösten. → KAPITEL 4.2, 6.1, 7.1

„Sammeln der russischen Erde" Unter dieser Losung fand vor allem der Aufstieg des Moskauer Reiches vom 13. bis 17. Jahrhundert statt, das unter der Mongolenherrschaft gegründet und unter Iwan dem Schrecklichen vollendet wurde. → KAPITEL 3.2

Samisdat (Selbstverlag) Wurde aus den Wörtern *Sam* (= Selbst) und *Izdatelstwo* (= Verlag) gebildet und bezeichnete in der Sowjetunion und später auch in anderen Ostblockstaaten die Herstellung und den Vertrieb von alternativer, nicht systemkonformer Literatur auf nichtoffiziellen Kanälen: Handschriften, Maschinenschriften, Fotokopien, Tonbandkopien. → KAPITEL 3.4, 14.1

Sitsch, „Saporoger Sitsch" Name eines im 17. Jahrhundert gegründeten autonomen → Kosakenverbandes, den die ukrainische Geschichtsschreibung als ersten ukrainischen Staat bezeichnet. Er wurde 1775 durch Fürst Potjomkin zerstört und damit die kosakische Autonomie beendet. → KAPITEL 6.2

Skamander Polnische Dichtergruppe der Avantgarde, die 1920 von Jarosław Iwaszkiewicz, Antoni Słonimski, Julian Tuwim u. a. gegründet wurde. Sie setzte dem mythisierenden neoromantischen Modernismus eine konkrete Gegenwartspoesie entgegen. Ihre Themen fand sie in der urbanen Lebenswelt, sie bediente sich einer alltäglichen Sprache. → KAPITEL 11.1

Skythentum (*Skifstwo*) Eine im Zuge der russischen Revolution von 1917 kurzzeitig aufflammende, mystisch-anarchistische geistige Strömung, die der Literaturkritiker und Sozial-Revolutionär Iwanow-Rasumnik ins Leben rief und der sich u. a. Alexander Block und Andrej Bely kurzzeitig anschlossen. Die Skythen wurden als mythisches Vorbild für Russland betrachtet, das die kranke westliche Zivilisation durch ihre ungestüme unverbildete Natur reinigen und erneuern könnte. Skythen war der Name für einige der frühesten Reiternomadenstämme, die im 1. Jahrtausend v. Chr. aus Asien vordrangen und im eurasischen Steppengürtel nördlich des Schwarzen Meeres und auf der Krim lebten. → KAPITEL 7.1

Skas (von russisch *skasat* = sagen, reden) Vom russischen Formalismus (besonders durch Boris Eichenbaum) in die Erzähltheorie eingeführter Begriff, mit dem die Stilisierung von mündlichen, folkloristischen Erzählweisen, z. B. bei Nikolai Gogol und Nikolai Leskow, bezeichnet wird. → KAPITEL 11.2, 13.2

Slavia orthodoxa / Slavia latina Bezeichnung für die fundamentale Zweigeteiltheit der slawischen Kulturen, die sich entweder im Machtbereich der Griechisch-Orthodoxen oder der Römisch-Katholischen Religion entfalteten. → KAPITEL 1

Slawophilie Bezeichnung für eine geistige Strömung, die sich in der ersten Hälfte des 19. Jahrhunderts vor allem in Russland, aber auch in anderen slawischen Ländern, insbesondere in Böhmen, entfaltete. Der Begriff Slawophile wurde in Deutschland geprägt, wo Georg Wilhelm Friedrich Hegel und Friedrich Wilhelm Joseph Schelling sich für ein heldenhaftes Slawenideal begeisterten und wo auch viele Slawophile studierten. Die wichtigsten russischen Slawophile waren Alexej Chomjakow, die Brüder Iwan und Konstantin Aksakow und die Brüder Iwan und Petr Kirejewski. Sie entwarfen eine rückwärtsgewandte, an der russischen Dorfgemeinde (→ Obstschina) und der russischen Orthodoxie orientierte Zukunftsutopie für Russland und lehnten eine Nachahmung westlicher Gesellschaftsstrukturen und Lebensweisen ab. → KAPITEL 6.3

Sophia, Weltseele Sophia (griechisch *sophia* = Weisheit) Bezeichnet ursprünglich die Tugend oder göttliche Weisheit. Der russische → Religionsphilosoph Wladimir Solowjow erhob die Sophia als Inkarnation der Weltseele zu einer tragenden Säule seiner Glaubenslehre, ergänzend zum rationalen Logos. Damit sollte die Alleinheit der Welt als Synthese von Glauben und Wissen garantiert werden. Von mystisch gestimmten russischen Autoren, insbesondere Fjodor Dostojewski, Alexander Block und Daniil Andrejew, wurde das Symbol der Sophia aufgegriffen und literarisch verarbeitet. → KAPITEL 4.3

Soz-Art Der Begriff wurde 1972 von dem Moskauer Künstlerduo Komar & Melamid geprägt, der ironisch auf die Begriffe Pop Art und → Sozrealismus anspielte. Soz-Art war eine inoffizielle Kunstbewegung, die sich am Propaganda-Apparat der Sowjetunion abarbeitete. Ironisch wie provokativ wurde der „Überfluss an Ideologie" in der Sowjetunion mit dem „Überfluss an Konsumgütern" im Westen verglichen. In der Perestroika-Zeit erlangten die Soz-Art-Künstler und ihre Werke im Westen, insbesondere, in den USA, Popularität. → KAPITEL 14.2

Sozialistischer Realismus Bezeichnung für die auf dem Sowjetischen Schriftstellerkongress 1934 beschlossene, allein gültige Darstellungsmethode für sozialistische Kunst, Musik und Literatur. Die kulturpolitische Doktrin blieb in der Sowjetunion und den Ostblockstaaten bis 1989 im Wesentlichen in Kraft. Ihren dogmatischen Höhepunkt hatte sie in der Zeit direkt nach dem Zweiten Weltkrieg. Nach Stalins Tod 1953 wurden die Vorgaben etwas gelockert. → KAPITEL 3, 11

Sozrealismus Der Begriff wurde von dem Dissidenten Andrej Sinjawski (1925–97) in einem 1959 unter dem Pseudonym Abram Terz veröffentlichten Artikel *Was bedeutet sozialistischer Realismus?* eingeführt, der die Mängel dieser Methode aufführte und sie als Ursache für die schlechte Qualität der sowjetischen Literatur nannte. Er forderte stattdessen die Rückkehr des Phantastischen in der Tradition von Gogol. Sinjawski wurde 1966 zu 7 Jahren Arbeitslager verurteilt.

Streit der Klassizisten und der Romantiker Auch in Russland fand der in Frankreich ausgetragene „Streit der Alten und der Modernen" (*La Querelle des Anciens et des Modernes*) Widerhall, mit dem sich die Poetik der Romantik als modern gegenüber dem an der Antike orientierten klassizistischen Sprach und Gattungsmustern zu Wort meldete. Allerdings unter anderen kulturgeschichtlichen Bedingungen. Er entzündete sich an der Frage, welche Grundlage die künftige russische Literatursprache haben sollte: das Altkirchenslawische (vertreten von Admiral Alexander Schischkow) oder eine moderne, noch zu schaffende, am Französischen orientierte Sprachstruktur (vertreten vom Dichter und Historiographen Nikolai Karamsin). Alexander Puschkin nahm in der Diskussion eine Zwischenposition ein, leistete aber mit seinen Werken einen erheblichen Beitrag zur Schaffung der modernen russischen Literatursprache. → KAPITEL 5.2

Sujet → Fabel und Sujet

Szlachta, szlachcic Das polnische Wort *Szlachta* (polnisch sz = deutsch sch) bedeutet Adel (deutsche Wortherkunft). Der Adlige heißt *szlachcic* (sz = sch, ci = tchi, c = z), im Deutschen auch mit *Schlachzitz* (oder *Schlachtschitz*) wiedergegeben. Der polnische Adel war ursprünglich eine Kriegerkaste und erstritt in der Auseinandersetzung mit der Königsmacht im Jahre 1505 (bzw. 1569) die in Europa einmalige Adelsrepublik. Die Szlachta geht vermutlich auf die Dynastie der Piasten zurück, die sich aus wehrhaften Bauern entwickelte, welche sich in den ständigen Kämpfen gegen die Nachbarn, das Königreich Böhmen, die deutschen Kaiser, Litauen, Pommern, die Prußen und den Deutschen Orden herausbildete. → KAPITEL 6

Überflüssige Helden (*Lischnie ljudi*) So wurden von der russischen revolutionären Kritik in der zweiten Hälfte des 19. Jahrhunderts die zentralen literarischen Figuren der Adelsliteratur der ersten Hälfte des 19. Jahrhunderts bezeichnet (Puschkin, Lermontow, Turgenjew), die sich mit ihrer Klasse überlebt hätten und durch „neue Menschen", aktiv tätige und revolutionär gestimmte Helden abgelöst werden sollten. → KAPITEL 5.3

Verfremdung *(Ostranenie)* Von Wiktor Schklowski in die Literaturtheorie des russischen Formalismus eingeführter Begriff, der nicht-mimetische Darstellungsweisen bezeichnet, die nicht auf Wiedererkennen und realistische Nachahmung abzielen, sondern durch besondere Perspektivierung eine neue Wahrnehmung ermöglichen. Verfremdung ist eine Grundkategorie der Avantgarde-Ästhetik. → **KAPITEL 11.1, 11.2**

Zweiter Umlauf → Drugi Obieg

Danksagung

In den verschiedenen Phasen der Erarbeitung dieses Studienbuches haben mich mehrere Personen mit Rat und Tat unterstützt, denen ich ausdrücklich danken möchte.

Mein besonderer Dank gilt meinem Lehrer, Herrn Prof. Dr. Klaus Städtke, der das gesamte Manuskript aufmerksam gelesen hat und dessen kritische Kommentare mir sowohl für die Gesamtkonzeption als auch für Einzelfragen eine wertvolle Hilfe waren.

Das Gleiche gilt für Frau Dr. Agnieszka Brockmann, die den Schreibprozess aufmerksam und mit kritischen Hinweisen begleitete und die auch an der Erstellung des Serviceteils einen gewichtigen Anteil hat.

Mit Fragen zu polonistischen Problemen konnte ich mich jederzeit an Frau Dr. Ulrike Herbst wenden, deren Auskünfte mein Wissen über polnische Literatur und Gesellschaft erweitert haben.

An der Literatur- und Bildrecherche und -beschaffung, sowie der Erarbeitung des Serviceteils hat Frau Sabrina Bobowski aktiv und unermüdlich mitgewirkt.

Zur kurzfristigen redaktionellen Durchsicht des Anhangs konnte ich Inken Frost gewinnen.

Das gesamte Projekt wurde organisatorisch mit großer Umsicht und Geduld von Frau Marita Miekeley begleitet.

Für die engagierte Unterstützung des Projekts sowie die gewissenhafte redaktionelle Betreuung vonseiten des Verlags möchte ich Frau Dr. Katja Leuchtenberger herzlich danken.

www.ingramcontent.com/pod-product-compliance
Lightning Source LLC
Chambersburg PA
CBHW032109220426
43664CB00008B/1191